U0934968

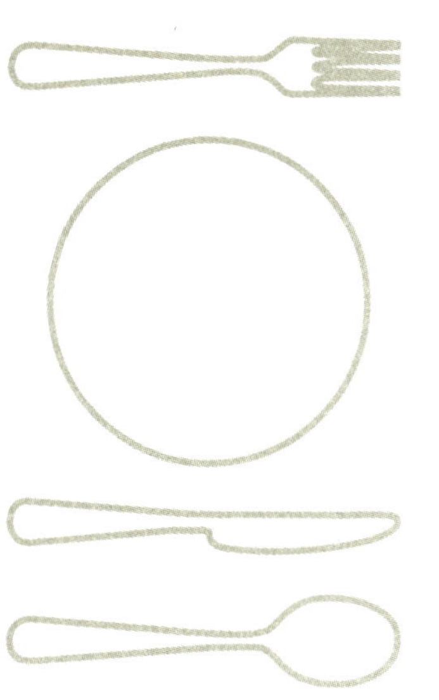

国家示范性高职高专院校重点建设专业酒店管理专业系列教材

酒店餐饮运行管理实务

OPERATION AND MANAGEMENT OF HOTEL FOOD & BEVERAGE DEPARTMENT

李勇平 主编

目　录
CONTENTS

前　言

《酒店餐饮运行管理实务》一书系上海旅游高等专科学校（上海师范大学旅游学院）酒店管理系参加由国家教育部发起、学校组织的全国高职高专示范院校建设的建设成果之一。编写本书的工作始于两年前，由于编者一直忙于日常教学和科研工作，这本书的写作工作就被耽搁下来了。直到最近正好有一时间窗口，紧赶慢赶总算可以交稿了。在此，我要感谢中国旅游出版社的付蓉编辑，她一直关注着本教材的写作进程，到如今本人终于能够交上早就应该交出的书稿了。整整两年的时间过去了，付编辑不弃不放，始终耐心地提醒并等待着我的写作；另外，还得感谢她的编辑工作，使本书终于能够在今天呈献给各位读者了。

本书既可以作为全日制高职高专与应用型本科酒店管理专业、旅游管理专业的教材，也可以作为酒店行业在职培训用书。

本书在结构上分为三大部分十二章，第一部分为酒店餐饮运行管理背景，由三章组成，分别对餐饮业进行了概述，介绍了酒店餐饮部的地位、任务、经营特点，以及酒店餐饮部的组织结构与主要岗位的职责；第二部分为酒店餐饮业务运行管理基础，共有四章内容，首先叙述了酒店餐饮目标顾客的确定方法，然后介绍了酒店餐饮用餐氛围该如何营造，接着说明了酒店餐饮服务人员应该掌握的服务基本功，最后是酒店餐饮常用服务方式与运行流程；第三部分为酒店餐饮运行管理实务，由五章组成，分别是酒店菜单筹划与设计制作，酒店餐饮原料采购、验收、储藏管理，酒店餐饮生产加工管理，酒店餐饮销售管理和酒店餐饮服务管理。

为了方便读者更好地学习掌握本教材所提供的知识与信息，每章最后还附有复习思考题。

由于本人的学识及能力有限，书中不尽之处在所难免，欢迎专家、同行、读者批评指正。

最后，再次感谢中国旅游出版社的有关同志，尤其是付蓉、黄志远编辑。

李勇平

2012年9月于上海

前言

第一章

餐饮业概述

学习意义 本教材的主题是酒店餐饮运行管理实务，在进入主题前有必要对酒店餐饮运行的大背景——整个餐饮业的“昨天”、“今天”、“明天”有一个基本的了解，将酒店餐饮放在整个大餐饮的环境下进行介绍。

内容概述 酒店餐饮作为餐饮业的一部分存在于整个大餐饮环境之中，本章介绍了中外餐饮业发展的基本情况和当代人对餐饮的新需求；并列举了中西方餐饮企业的主要表现形式。

学习目标

知识目标

1. 了解中外餐饮业发展概况。
2. 知晓中外餐饮发展进程中形成的习俗、文化。
3. 熟悉各类餐饮企业的表现形式。

能力目标

1. 能够在日后的工作生涯中，运用中外餐饮发展进程中形成的优良习俗、礼仪。
2. 熟悉并适应餐饮企业的各种表现形式。

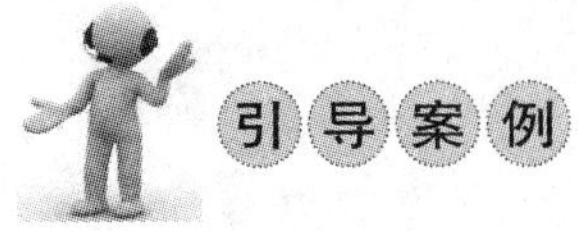

中国餐饮业的飞速发展

历经60年的发展，新中国的餐饮业作为第三产业中的一个传统行业，已由规模小、网点少、设施简陋、对国民经济贡献率低的小行业，发展成规模不断扩大、增长势头强劲、对社会经济和人民生活具有较大影响力的重要行业，对经济增长、社会就业产生了积极显著的影响，在国民经济中的地位和作用日益突出，成为中国服务业的支柱性行业，在扩大内需、繁荣市场、吸纳就业和改善人民生活质量等方面发挥着越来越重要的作用，在带动相关产业和区域经济发展等方面的作用亦日益凸显。中国烹饪协会发布的2009年度餐饮业发展报告显示：在经济不景气的2009年，国内餐饮业每月的零售额均超过了1300亿元，增长率稳定在14.4% ~ 21.6%。2009年全社会餐饮业零售额达到了17998亿元，同比增长16.8%。

——资料来源：刘长忠 . 综述：跨越60年中国餐饮业销售额增长逾千倍 . 中国新闻网，http//www.chinanews.com.cn/cj-cyzh/news/2009/09-23/1880367

“我国餐饮业产业规模2011年首次突破2万亿元大关，力争‘十二五’期间，餐饮业保持年均16%的增长速度”，中国烹饪协会昨天发布消息称。中国餐饮业也是科技的产业，“中国餐饮产业发展大会暨2012年国际餐饮博览会”7月6日在北京国家会议中心召开，一种15年以后的“未来餐厅”也提前和市民见面。

中国烹饪协会表示，2011年我国餐饮业延续了20多年来保持两位数增长的态势，实现收入20635亿元，同比增长16.9%，占社会消费品零售总额的11.2%，对社会消费品零售总额增长的贡献率为11.1%，远高于2010年的贡献率，拉动社会消费品零售总额增长1.9个百分点，这距2006年突破1万亿元营业额仅5年的时间，且年均增长2000亿元以上。

——资料来源：京华时报，2012年7月4日

餐饮业的持续快速发展，显示出社会需求和经济发展的大背景，行业总体规

模日益扩大，拉动消费、繁荣市场、安置就业和带动产业经济发展的能力越来越突出，在国民经济中的地位和作用明显提升和加强。以上两则信息反映了自新中国成立以来，尤其是改革开放30多年来，中国餐饮业的飞速发展状况。请思考中国餐饮业取得如此骄人业绩的主要原因有哪些。

第一节　餐饮业发展概况

一、餐饮业发展概况

俗话说“民以食为天”。饮食是人类赖以生存的最重要的物质条件之一。人类饮食的发展历史同人类本身的发展一样悠久。它经历了由低档饮食活动向高档饮食活动、由简单粗糙的饮食产品向复杂讲究的饮食产品逐步发展的过程。饮食活动中的礼仪、礼节、观念、习俗也应运而生。

（一）中国餐饮业发展概况

1. 先祖们的饮食活动

考古工作者经过考古发掘，揭示了大约170万年前，生活在中国这块土地上的人类祖先已经开始有意识地利用火来加工、烧烤食物。中华民族的摇篮之一——长江中下游地区的考古发现进一步揭示，在六七千年之前，生活在现浙江省余姚市河姆渡地区的先人已经大面积地种植水稻并饲养牲畜，食物的生产改善了人们的物质生活，并为餐饮业的形成奠定了物质基础。

2. 最早的聚餐形式——筵席

何为筵席？唐朝以前的古人席地而坐，“筵”和“席”都是铺在地上的坐具。《周礼 · 春官 · 司几筵》注疏说：“铺陈曰筵，藉之曰席。”意思是说：铺在地上的叫作“筵”，铺在“筵”上供人坐的叫“席”。所以“筵席”二字是坐具的总称，酒食菜肴置于筵席之前。

记述战国、秦汉时期礼制的《礼记》有这样的记载："铺筵席，陈尊俎，列笾豆。"其中的"尊"、"俎"、"笾"、"豆"都是古代用于祭祀和宴会的礼器，分别用来盛放酒、牛羊、果脯、腌菜、酱菜。这样，筵席又含有进行隆重、正规的宴饮的意思。"筵席"这个名词正是在这个意义上沿用下来的，后来专指酒席。

3. 夏、商、周三代——餐饮发展为一个独立的行业

历史的车轮驶入夏、商、周三代，餐饮业逐渐形成为一个独立的行业。尤其是周代，我们今天能接触到的史料更为丰富，其菜肴的丰盛与精致程度足以令现代人叹服。从周代起，中国出现了烹调食谱，《周礼·天官》中记录了我国最早的名菜——八珍。从《楚辞》中我们可以看到其所例举的酒类和食品已相当丰富，如《招魂》篇中所列的一份菜单，记有红烧甲鱼、挂炉羊羔、炸烹天鹅、红焖野鸭、铁扒肥雁和大鹌、卤汁油鸡、清炖大鱼等。

用现代人的眼光看，周代的就餐礼仪与程式是极其讲究的。这从就餐垫坐的筵席数量和动用的鼎数多少可以反映出来。就垫坐的筵席而言，规定天子之席五重，诸侯之席三重，大夫之席二重；就盛装菜肴等的鼎而言，天子九鼎，诸侯七鼎，大夫五鼎，士三鼎；后来，鼎不仅是盛装食物的用具，亦成了王权的象征，故有"问鼎"一说。

商周时期，音乐助餐已经出现。《周礼·天官》云："以乐侑食，膳夫受祭，品尝食，王乃食，卒食，以乐彻于造。"连餐后将剩余的食品撤入厨房这一过程，也是在音乐伴奏下完成的。

在周代，宫廷中餐饮的专职服务机构和服务人员已具有相当规模。宫廷宴会由尚食、尚酒等内侍人员担任服务，为防止下毒，先尝食而后献食。据专家统计，周朝王室管理饮食的机构有 22 个，服务人员有 2332 人。

4. 汉代与西域的交往促进了餐饮业发展

自汉代以来，餐饮业有了很大发展，"熟食遍地，殽旅成市"。汉朝与西域的通商贸易使西部少数民族的饮食习俗传入中原，又将中原的饮食文化带至西部。长安市内为少数民族客商所建的高档客栈附近出现了大批的餐饮店。

5. 唐宋尤其是南宋时期餐饮业已具相当规模

唐朝以后的餐饮宴席从席地而坐发展为坐椅而餐。北宋名画家张择端的《清明

上河图》以不朽的画卷向后人展示了当时汴梁人的市井生活，酒楼、茶馆成为画面的重要组成部分。当时的酒店可将三五百人的酒席立即办妥，可见规模之大，分工之细，组织之全。南宋时期，杭州的饮食店从种类上说有直卖店（只卖酒）、分茶酒店、包子酒店、散酒店（普通酒店）、巷酒店（有娼妓服务的酒店）、面食店、荤素从食店、茶坊、北食店、南食店、川酒店、罗酒店（山东、河北风味）等；从等级档次上说有高级酒店、花园酒店、普通酒店、低档酒店和走街串巷的饮食挑子。在今天的西湖上还保留有提供餐食的游船，其中最大的游船可同时提供百人以上的宴会。这种把宴会与旅游结合在一起的做法一直保留到今天。

6. 晚清五口通商以后沿海城市出现西餐馆

西方列强用坚船利炮冲开中国国门之后，西方的经济、文化、生活习俗蜂拥而至，西餐在中国的沿海城市如广州、福州、厦门、宁波、上海等以及北方大都市如天津、北京等纷纷登场。

伴随着20世纪70年代末80年代初我国的改革开放，粤菜异军突起，迅速在960万平方公里的土地上得到认可，并成为高档宴饮活动的首选菜系。在随后的20年左右的时间里，粤菜不断变革、发展，牢固地占据着中国菜系高端市场“大哥大”的位置。试分析粤菜得以发展和保持生命力的原因。

（二）外国餐饮业发展概况

1. 古埃及人的餐饮状况

古代埃及人崇尚节制和俭朴，吃得较简单，但十分好客。如遇男客在家中用餐，则由妇女陪伴进餐。

古埃及的等级观念在餐厅的装修和家具上得以充分反映。农夫与普通艺人只使用简单的陶器，坐在未经修饰的长条凳上，在低矮的泥屋中进餐。而富人的餐厅如同宫殿，有水池和花园环绕，室内富丽堂皇，餐桌上使用绣花织物，家具中有镶嵌着黄金或大理石的软垫扶手椅，储存室内有精美的雕花木勺或象牙勺，盛器中有玻璃杯和用金银或最珍贵的铜做的碗。

2. 古希腊人的餐饮状况

古希腊人对餐饮业的贡献主要体现在两个方面：一是为了使上餐桌的鹅足够肥硕，喂养时用浸湿的谷物进行填食，与今天北京填鸭极其相似。二是约在公元前3世纪，雅典人发明了第一辆冷盘手推车，厨师将大蒜、海胆、用甜葡萄酒浸过的面包片、海扇贝和鲟鱼装在盘子里放在车上，推入餐厅供人们选择、享用。这些做法对今天的餐饮业仍有影响。

3. 古罗马人的餐饮状况

古罗马人对当今餐饮文明的最大贡献就是创造了西餐的雏形。最早的西餐起源于今日的意大利。从专业角度看，就餐时人们使用餐巾也是由古罗马人引入餐馆的。除此之外，在餐馆的餐桌上放置玫瑰花、重大宴会像文艺演出时叫报每道菜的菜名等做法，均由古罗马人最早发明。

4. 中世纪时期及之后的法国人餐饮状况

中世纪时期及之后的法国对世界餐饮业发展的贡献主要表现在如下两个方面：

其一，法国人使西餐的发展达到顶级程度，当今法式西餐的选料、烹饪和服务均盖世无双。

其二，由于历史上路易王朝中好几位国王对西餐烹饪、服务的重视和讲究，使得法式餐饮带有王室华贵、高雅的气度与风格。

一个国家的餐饮业发展，除了受传统影响外，也受到科学技术、经济发展的影响。20世纪以来，随着交通工具的发展，人们越来越多地往返于世界各地，各种不同的餐饮习俗相互交融。目前中餐的烹饪、调味、服务中不少行之有效的方法和规程就是从西方社会引进的，这些都极大地促进了中餐烹饪及服务的发展。因此，了解并熟悉各国的餐饮历史和习俗，对餐饮从业人员无疑是十分有益的。

（三）当代人对餐饮的要求

随着生活水平的日益提高，人们对餐饮的要求也在不断地变化，反映着当代人的生活追求、生活习惯和生活质量。这些要求大致体现在如下几个方面：

1. 营养上的全面、平衡

经济收入的提高，使人们在一段时间内片面地大量摄入富含蛋白质、脂肪的高热量的动物类食物，肥胖症、心血管病等猛增。目前人们已逐渐意识到其危害性，正在通过控制动物蛋白、脂肪的摄入量、增加植物类原料的比例来全面、平衡地调节饮食。

2. 卫生方面的高标准、严要求

我国肝炎等传染病的发病率远远高于西方发达国家，究其原因主要是餐饮生产人员及生产、就餐环境的卫生状况所致。1987 年年末、1988 年年初上海市区“甲肝”大流行，2003 年横扫全国的“非典”疫情，造成众多餐馆、酒店门可罗雀，经营一落千丈。最近几年，许多正规的餐饮企业在当地卫生主管部门的指导帮助下已经意识到这些问题并正在改善卫生状况。如今大家对“绿色食品”、“绿色原料”情有独钟，也反映人们在用餐时的卫生健康意识已大有提高。

3. 餐饮经营活动对社会发展的责任心

餐饮经营的绿色、安全体现在餐饮运营的全过程，即从菜式的确定、菜肴品种的挑选、原料的采购、产品的生产加工制作到餐饮服务等诸环节，不仅要体现出经营者、消费者、监管者（政府）三者间的共赢和共利，还要体现出整个经营活动对人类社会健康、可持续发展的贡献程度。

4. 餐饮服务的规范化和个性化

目前的餐饮企业已基本能对大多数无特殊要求的就餐者提供统一规范的服务，满足用餐者对服务的基本需求。但许多用餐者对餐饮企业提出了各不相同的服务需求，如有的客人自带原料，要求厨房代为加工；有的客人要求厨房按自己的口味加工列在菜单上的菜肴；有的客人自带酒水用餐，凡此等等都对餐饮企业如何做好经营管理与服务提出了新的要求。

第二节　餐饮企业经营形式及基本特点

餐饮企业的经营形式丰富多彩、各具特色，不同形式的餐饮企业其经营档次、目标市场、提供的餐饮产品等不尽相同。本节首先介绍目前中国国内的餐饮企业经营形式及基本特点，然后介绍以美国为代表的西方餐饮企业的经营形式及基本特点。

一、中国餐饮企业的经营形式及基本特点

中国大陆餐饮企业的经营形式主要有：

（一）高档酒楼

以高端消费者为主要客户群体的就餐场所。商务宴请、私人盛宴往往是这类酒楼的主要业务。酒楼的硬件设施一流而富丽堂皇，提供的餐饮产品和服务极富特色，消费标准高。

（二）酒店（宾馆）餐厅

设在酒店（宾馆）内的用餐场所。酒店餐饮经营点的表现形式较复杂，通常有咖啡厅（餐厅）、中餐零点餐厅、西餐零点餐厅、中西餐宴会厅、其他种类餐厅（因酒店不同而各异）等。酒店餐饮的消费群体一般为酒店所在地的党政军机关、企事业单位的正式公请者，以及酒店所在地的高档婚宴者、暂住酒店的中外宾客等。酒店餐饮的硬件条件显得庄严大气、高档正式，提供的餐饮产品和服务规范、高档、温馨，消费标准一般较高。

（三）家庭餐馆

以家庭或家族为主要经营管理主体又以家庭为主要顾客对象的餐饮机构。此类餐饮机构多以中档及中档偏下的消费群体为市场目标，菜肴质量尚可、价格中规中

矩，环境基本舒适、整洁。

（四）火锅店

以燃料加热锅具内的汤汁使之沸腾，再放入食品原料涮一下即可食用的餐饮经营场所。中式火锅店的经营场所面积有几十平方米至上千平方米，火锅的口味千差万别，但以辣为主旋律，尤以巴蜀风格的火锅店最受欢迎，经营的产品比较单一，经营管理与服务相对简单，价格也普遍能为大众所接受。发展扩张时多以连锁形式进行。

（五）快餐店

为急于解决吃饭问题的过客提供餐食服务的餐饮场所。通常位于交通要道，如车站、码头、机场、主要商业街区等，其提供的餐食简洁、方便，价格便宜，餐饮产品基本是预先制作的食品。

（六）食街和小吃

经营场所一般位于主要商业街区或闹市中心的商业大楼内。其经营特点是将某一地区乃至全国的名优小吃集于一个空间之内，使食客们能够非常方便地挑选自己中意的美食，产品的价格一般较公道。

（七）团体供餐（也称“机构性餐饮企业”）

专为团体单位提供餐食服务的餐饮机构，操作时由提供此种服务的餐饮企业派出经营管理及生产服务人员，进入被服务的单位主持餐饮设施的运行并提供生产服务工作，也可以是提供此种服务的餐饮企业在自己的生产场所将餐饮产品加工好，运送到被提供服务的单位进行服务。“团体供餐”是社会分工专业化在餐饮服务领域的体现，它最早兴起于美国，发展到今天已能为学校、企业、机关、医院、监狱、军队等场所提供餐食服务。20 世纪 90 年代后，中国大陆也开始在单位中实行后勤工作的社会专业化分工改革，并已获得明显成效。这种形式的最大优点是提高了原有单位的餐饮服务质量，降低了单位的运行成本。

（八）西餐馆

主要提供西式菜肴产品的餐饮机构，集中于我国的大中城市。其表现形式分为酒店西餐厅与社会西餐馆两种。一般而言，国内传统西餐馆提供的西餐菜式比较落伍，酒店西餐厅提供的西餐能反映当今国际西餐的发展潮流。

（九）饮品店

以提供咖啡、甜品、商务套餐等为基本特征的餐饮机构，如星巴克、上岛咖啡等，这是最近几年兴起的一种餐饮机构形式，多开于商业活动较发达的中心城市，其主要目标市场是谈生意的商务客人，产品价格不菲。

（十）茶餐厅

与饮品店类似，也是最近几年新出现的餐饮形式，源于香港地区。其主要目标市场以中低档客人为主，比快餐店层次略高，通常可供选择的餐饮产品有几十种，由中餐、西餐和香港特色的餐食组成，价格为一般用餐者所接受，基本做到现点、现烹、现卖，经营地点多选择商务办公区域及中高档居民住宅区，营业时间较长。目前在中国大陆的大城市中也能见到。

二、西方国家餐饮企业的表现形式及基本特点

以美国为例，综合其酒店及餐饮教育专家的观点，美国的餐饮企业可以被划分成以下几种表现形式：

（一）社会餐馆

社会餐馆（Restaurant）又可具体细分为：

1. 全套服务餐馆

全套服务餐馆（Full Service）的餐位数通常为 75 ~ 200 个，一般位于城市或乡村的交通要道处，提供餐桌式服务（Sit-down Table Service），并以法式服务居多，菜式类别齐全，消费水平较高。

2. 主题餐馆

主题餐馆（Theme Restaurant）餐位数通常为 100 ~ 400 个，位于商业中心区及

次交通繁忙区，提供餐桌式服务，消费水平略高于平均程度。

3. 咖啡馆

咖啡馆（Coffee Shop）餐位数为 35 ～ 300 个，通常位于交通繁忙的区域，消费及服务方式为餐桌、卡座、吧台等，消费水平中档。

4. 简餐餐馆

简餐餐馆（Cafeteria）餐位数为 100 ～ 400 个，位于购物中心，服务较简单，通常由用餐者自己挑选食物，根据所选食物的量与质收取费用，用餐者一般为家庭、对价格较敏感的购物者。

5. 快餐馆

快餐馆（Fast Food Restaurant）餐位一般少于 100 个，通常位于交通要道并较易进出，食品简便、有限，提供的服务不多。

（二）酒店（宾馆）餐饮

酒店（宾馆）餐饮（Lodging）又可具体细分为：

1. 酒店餐厅

酒店餐厅（Dining Room）一般位于一流酒店及一流度假酒店内，提供餐桌式（通常为法式）服务，消费水平较高。

2. 酒店咖啡厅

大部分酒店有咖啡厅（Coffee Shop），通常提供宽松、随意的服务，价格适中，营业时间往往是酒店所有餐厅中最长的，通常位于酒店大堂附近。

3. 酒店宴会厅

大部分酒店拥有宴会厅（Banquet Hall），通常进行重要餐饮活动时用。

4. 酒店客房用餐服务

为住在酒店中的客人提供的送餐进客房（Room Service）的餐饮服务。菜单所列的食品少于餐厅，收费高于餐厅消费。

（三）团体供餐

团体供餐（Institutional Food Service）企业也称“机构性餐饮企业”，前文已介绍，此处略。

（四）俱乐部餐厅

俱乐部餐厅（Clubs Hall）位于各种类型的俱乐部内，提供餐食服务，但收费较高。

（五）餐饮外卖服务

提供包括宴会在内的餐饮上门服务（Catering），收费一般较高。

相关链接 搜索

饭店、酒店、宾馆、餐馆、酒楼等概念的联系与区别

总体而言，在中国，这些概念都是指提供住宿或住宿加餐饮等服务的机构。如果要加以区分的话，饭店、酒店、宾馆通常是指提供住宿与餐饮等服务的机构（“饭店”这个词既可指同时提供住宿与餐饮服务的场所，也可单指仅有餐饮服务的地方），而被称为餐馆、酒楼的机构一般只有膳食供应。英语中把提供住宿加餐饮等服务的机构称作“Hotel”，把仅提供膳食服务的场所叫作“Restaurant”。

本章小结

本章第一节首先介绍了中外餐饮业的发展情况及目前中餐对西餐的借鉴，然后阐明了现代人对餐饮发展的现实要求；第二节首先展示了国内各类餐饮企业的经营形式及其基本特点，然后以美国为例介绍了西方国家餐饮企业的经营形式及特点。

通过介绍，希望学习者能够了解餐饮业发展的昨天，把握餐饮业前进的今天，迎接餐饮业将要来临的明天。

复习与思考

一、思考题

1. 中国古代相关朝代中，餐饮发展各有什么特点？

2. 西餐发展进程中，相关国家的贡献主要体现在哪些方面？

3. 现代人对餐饮的要求有哪些？

4. 中国餐饮企业的经营形式主要有哪些？

5. 以美国为代表的西方国家的餐饮企业有哪些表现形式？

二、练习题

1. 单选题

（1）一般认为，中国古代的餐饮宴席由席地而坐发展为坐椅而餐的开始时间是（　）。

A. 秦朝　　B. 汉朝　　C. 唐朝　　D. 明朝

（2）西餐起源于今天的（　）。

A. 意大利　　B. 法国　　C. 俄罗斯　　D. 奥地利

（3）风靡大陆、港台的“茶餐厅”起源于（　）。

A. 香港　　B. 台湾　　C. 大陆　　D. 澳门

（4）酒店（酒店、宾馆）餐饮部中营业时间最长的餐厅是（　）。

A. 咖啡厅　　B. 零点餐厅　　C. 旋转餐厅　　D. 中餐厅

2. 判断题

（1）“筵席”的出现与中国古代的祭祀活动有关。（　）

（2）餐厅服务中使用手推车，与古代希腊人有着一定的关系。（　）

（3）“茶餐厅”是以提供商务套餐为主打产品的餐饮机构。（　）

（4）“团体供餐”机构一般都在自己的用餐场所向消费者提供用餐服务。（　）

第二章 酒店餐饮部的地位、任务、经营特点

学习意义 通过本章内容的学习，从酒店组织的角度熟悉并掌握酒店餐饮部的地位和主要任务以及酒店餐饮部的经营特点。

内容概述 酒店餐饮部是酒店的主要业务部门之一，本章介绍了酒店餐饮部在酒店内外的地位，阐述了酒店餐饮部的主要任务，并从餐饮部的生产、销售、服务等方面介绍其经营特点。

教学目标

知识目标

1. 了解酒店餐饮部的地位。
2. 明确餐饮部的任务。
3. 熟悉餐饮部的经营特点。

能力目标

1. 能够辨析酒店餐饮部的地位、任务、经营特点，并处理好其中的相互关系。
2. 能够根据酒店餐饮部的经营特点，区分其与工厂企业经营特点的差异。

宾馆（酒店）餐饮经营的再定位

国内的宾馆业几乎是与改革开放同时起步的。在起步阶段，由于当时社会上国营商业系统的大多数饭店档次低、服务差、经营管理水平落后，宾馆行业凭着自身高雅的环境、优厚的待遇，一枝独秀，并成为年轻人工作就业的向往之处。宾馆餐饮也因其高档的产品、一流的服务、丰厚的回报，在同行业中独占鳌头。但随着改革开放的日益深入，大量的国有商业系统的饭店转制，迸发了新的活力与青春，同时民营餐饮企业又如雨后春笋般地发展成长。宾馆餐饮一枝独秀的局面不再，从经营数据看不少宾馆餐饮财务报表的最后一行频现红字。宾馆餐饮在与其他同行的激烈竞争中，该认真考虑自身的再定位，梳理企业的任务、地位、顾客群体等。

——资料来源：作者自身的社会专业体验和教学实践活动

上述情况表明随着社会和行业的发展，各种餐饮机构都要与时俱进，不断调整其市场定位、经营理念、管理和服务方式，如此才能做到常战常胜，跟上时代的步伐。

第一节　酒店餐饮部的地位

酒店餐饮部不仅要满足住店客人对餐饮产品和服务的需求，还要接待大量来自店外的餐饮消费业务，这就要求酒店餐饮部对内、对外均应有良好的企业形象，要为企业创造较好的经济效益。酒店餐饮部的经营和服务还是展示酒店档次、特色等的重要窗口。

一、酒店餐饮部生产满足人们基本生活需要的产品

民以食为天，饮食是维持生命的基本条件。西方著名心理学家马斯洛将饮食列为人类五个需要层次中最基本的需求之一。酒店餐饮部是中高档餐饮消费者主要的膳食消费地点，众多的餐厅、宴会厅、酒吧等餐饮设施，为酒店所在地的各行各业、各个阶层、中高档消费者提供了美味可口的食品和优雅的消费环境。

二、餐饮部的收入是酒店总收入的重要组成部分

餐饮部是酒店获得经济收益的重要部门之一。餐饮部的收入在酒店总收入中所占的比重因地、因酒店状况而异，它受到酒店本身的经营思想、经营传统、酒店的位置、内部的装潢设计、档次等主客观条件的影响。就目前国内酒店而言，大部分地区酒店的餐饮收入已大大超过酒店的客房收入，占整个酒店营业收入的一半以上，这同西方发达国家的酒店餐饮收入所占比重及地位是比较吻合的。因为酒店客房数量基本上是固定不变的，所以其最高收入是一个常量；而餐饮部的最高日收入则是个变量，虽然餐位数是固定不变的，但餐饮部可以通过提高工作效率、提高服务质量、提高菜肴质量等措施，使餐座的周转率和客人的人均消费水平得以提高，最终使餐饮部的营业收入达到最大值。

即使从部门盈利角度来讲，虽然餐饮部的成本开支大，其盈利仍可占到酒店利润总额的10%～20%。

三、餐饮部的管理、服务水平会直接影响酒店的声誉

美国酒店业的先驱斯泰勒先生（Mr.Staler）曾经说过："酒店从根本上说，只销售一样东西，那就是服务。"提供劣质服务的酒店是失败的酒店，提供优质服务的酒店才是成功的酒店。酒店的目标应是向宾客提供最佳服务，而酒店经营的根本宗旨也是为了使宾客得到舒适和便利。

餐饮服务水平的高低仅仅是种表象，是宾客能够直接感受和体会到的，而决定服务水平高低的内在因素则是酒店餐饮管理水平的高低。管理水平的高低制约着服务水平的高低，而服务水平的高低是管理水平的最终表现。餐饮的有形产品，不仅

可以满足宾客最基本的生理需求，还可以其色、香、味、形、器等使宾客得到感官上的享受。宾客在典雅舒适的就餐环境中受到热情款待和周到服务的同时，又可以获得精神上的享受和满足。

酒店餐厅的服务人员与宾客直接接触，其一举一动或只言片语均会在宾客心目中留下深刻的印象。宾客可以根据餐饮部为他们提供的食品、饮料的种类、质量和分量，服务态度及方式来判断一家酒店服务质量的优劣和管理水平的高低。所以，餐饮管理与服务水平的高低直接关系到酒店的声誉和形象。

四、餐饮部的经营活动是酒店营销活动的重要组成部分

在日趋激烈的酒店市场竞争中，餐饮部占有极其重要的地位，一直充当着酒店营销的先锋。与酒店的其他营业部门相比，餐饮部在竞争中更具有灵活性、多变性和可塑性。就现代酒店而言，如果是同星级的，其客房设施标准相对比较接近，而餐饮和其他服务设施则常被客人作为挑选酒店的重要因素。卓越的餐饮经营必然会对酒店客房及其他综合服务设施的销售产生良好的影响，还可以为本地消费者提供良好的就餐场所。上海锦江集团所属的酒店大部分是新中国成立之前建造的，虽然设备、设施等已经更新改造，但在硬件方面与同星级的新建酒店相比总还存在着一定的不足。但锦江人扬长避短，发挥自己经营历史悠久、特色鲜明的优势，使每家所属酒店的餐饮都独树一帜，如锦江酒店的川菜、粤菜，和平酒店的淮扬菜，国际酒店的京鲁菜，金门大酒店的闽菜等，在餐饮业的激烈竞争中独执牛耳，成为同行瞻目的领头羊；餐饮经营的红火，又反过来促进了酒店其他部门的生意。

除此之外，酒店餐饮部还可以根据自身的优势和环境的状况，举办各种食品节、餐饮推广活动、义卖活动等，树立酒店的市场形象，增加酒店的餐饮收入。

五、酒店餐饮部是酒店中用工最多的部门

餐饮业属于劳动密集型行业，酒店餐饮部也是如此，是酒店内用工量最大的部门，而且这些岗位对员工的文化要求并不苛刻，因而很受社会上普通劳动者的欢迎和青睐。由于酒店餐饮部大量使用这些无特殊技能要求的劳动力，客观上为社会减轻了一定的就业压力。

在国内外不少地方，酒店餐饮的营业收入比酒店客房的营业收入要高，但餐饮部的纯利润率却低于客房部，这是为什么？

第二节　酒店餐饮部的任务

酒店餐饮部主要承担着向店内外宾客提供优质菜肴、饮料、点心和优良服务的重任，并通过满足用餐者的各种需求为企业创造更多的营业收入。

一、向宾客提供以菜肴等为主要代表的有形产品

这是餐饮部最基本的任务，也是首要任务。各种档次、各种风格的酒店餐饮营业点依据自己的市场定位和经营策略，提供能满足客人所需的优质产品。

二、向宾客提供满足需要的、恰到好处的服务

酒店餐饮部生产、提供有形产品，但这些有形产品最终能否转化为商品还取决于餐饮服务人员能否向就餐者提供令人满意的服务。在用餐过程中，客人不仅关注所点用的食物本身，同时注意烹饪技艺、服务态度与技巧、用餐环境与气氛等无形产品。就餐者在购买餐饮产品的同时，也期望得到与有形产品同时销售的服务，并希望获得方便、周到、舒适、友好、愉快等精神方面的享受。

这种服务和精神享受必须是恰如其分和恰到好处的，服务中要做到招之即到，挥之即去，唯有如此才是有效的。恰到好处的服务首先应该是及时的，其次是具有针对性的，最后必须是洞察客人心理而与他们的愿望相吻合的。

三、增收节支，搞好餐饮经营管理

增加餐饮收入与餐饮利润是餐饮部的主要目标。餐饮部应依据所在地的市场变化情况以及本身的状况，设定经营范围、服务项目和产品品种。充分利用各种节日、会议、重大活动等进行推销。通过举办各种食品节，推出新颖的餐饮产品和用餐方式等，加强食品饮料的销售；也可以采用扩大用餐场所，增加餐饮接待能力的手段扩大经营；用外卖、上门服务、团体供餐等方法扩大餐饮服务的外延，提高餐饮销售量，以达到增加餐饮收入的目的。

对酒店餐饮部来讲，餐饮成本所占的比重较大。在一家三星级酒店中，其餐饮原料成本会占到50%左右；餐饮产品从原料到成品经历的环节较多，成本控制的难度较大，从而造成的浪费和损失较多。这需要制定严密、完整的操作程序和成本控制措施，并加以监督、执行。

四、为酒店树立良好的社会形象

酒店餐饮部与客人接触的面广、量大，且又是直接接触，面对面服务时间长，从而给宾客留下的印象最深，并直接影响客人对整个酒店的评价。

要想从餐饮角度为酒店树立良好的社会形象就必须加强餐饮部的自身形象建设。而形象的建设主要通过硬件和软件两个方面体现出来。餐饮部的硬件建设要首先从餐饮设施的功能着手，各类餐厅、宴会厅、酒吧及餐饮与娱乐相结合的设施要齐全；其次是这些设施的档次高低、先进水平如何；最后是这些硬件设施的风格与整个酒店的经营目标是否一致。餐饮部的软件质量主要体现在管理水平、服务质量和员工素质等方面。

第三节　酒店餐饮部的经营特点

本节从餐饮生产、餐饮销售和餐饮服务三个方面阐述酒店餐饮部的经营特点。

一、餐饮部的生产特点

酒店餐饮部既生产有形的实物产品，如各色美味佳肴，又生产无形的服务产品，如优良的进餐环境和热情周到的接待服务等。与其他产品生产相比，它具有以下特点：

（一）餐饮生产属个别定制生产，产品规格多、量小

酒店餐厅销售的菜肴基本上是客人进入餐厅后，经客人分别选点，然后制成产品的。它与工业产品大批量、统一规格生产是不同的。这给餐饮产品质量管理和统一标准带来了一定难度。

（二）餐饮生产时间短

餐饮生产基本上是现点、现做、现消费，就餐者从点菜至消费的时间相当短暂。一家生意兴隆的餐厅，只有依靠经验丰富的厨师，才能满足客人的需求。

（三）餐饮生产量难以预测

与工业产品的生产不同，只有就餐者上门，餐厅才有生意做，而就餐者到来的时间、人数、消费要求很难准确预估，产量的随机性很强且难以预测。

（四）餐饮原料、成品容易变质

餐饮原料、餐饮成品均属于食品类，门类众多，大多数的原料又是鲜活货，具有很强的时间性和季节性，处理不当极易腐烂变质，而餐饮成品同样具有如此鲜明的特征。餐饮原料及成品的质量与时间成反比例。

（五）餐饮生产过程的管理难度较大

餐饮生产从食品原料的采购到验收、贮存保管、领用、粗加工、切配、烹饪、销售服务和收款，整个过程中的业务环节很多，任何一个环节出现差错都会影响产品质量，所以管理上的困难较大。

二、餐饮部的销售特点

（一）餐饮销售量受餐饮经营空间大小的限制

餐饮部各营业点接待客人的人数受到餐饮经营面积大小、餐位数量多少的限制。因此，必须在已确定的硬件条件下，改善就餐环境，提高服务质量，增加餐饮销售量。

（二）餐饮销售量受餐饮就餐时间的限制

一般人的就餐规律大致相同。进餐时间一到，餐厅宾客盈门，高朋满座；而用餐时间一过，宾客席终人散，餐厅则门可罗雀。餐饮就餐时间、经营状况呈现明显的间歇性。餐饮部应在正常就餐时间之外多做文章，如延长各营业点的营业时间、提高餐台利用率、提高餐饮销售量。

（三）餐饮经营毛利率较高、资金周转较快

中高档酒店的餐饮综合毛利率一般都较高，以三星级酒店为例，其毛利率一般在50%左右，四星级、五星级酒店的餐饮毛利率更有在70%左右的。如果做好有关费用的管理，则能产生相当可观的纯利润。另外，餐饮销售收入相当一部分是收取现金，而餐饮原料大部分是当天采购、当天生产、当天销售的，因此，资金周转也较快。

（四）餐饮经营中变动成本的比重大

餐饮经营活动中固定成本占有一定比重，但餐饮变动成本更大，如员工的报酬，水、电、煤等消耗，餐饮原料的支出等。因此，餐饮部的员工必须尽量减少原材料消耗，降低各项费用指标，以节支的方法，达到增收的目的。

盛夏的一天，某乡镇的一个村长去某直辖市里办事，事毕恰好路过一

家五星级宾馆，炎热的天气让他无意中来到了宾馆的大堂吧。服务员热情地招呼其入座，并询问他要喝些什么。这位村长看看周边，见有人在喝可乐，便忙应着："来一听可乐。"饮毕，服务员递上账单，村长吓了一大跳，"一听可乐，售价 40 元人民币"。

试分析这家宾馆这样做是否有道理。

三、餐饮部的服务特点

餐饮服务是酒店餐饮部员工为就餐宾客提供菜肴、饮品等服务的过程。餐饮服务可以分为直接对客的前台服务和间接对客的后台服务。前台服务是指餐厅、宴会厅、酒吧等营业场所面对面为宾客提供的服务；后台服务则是在客人视线不能及的地方，如厨房、管事部等为生产、服务而进行的保障性服务工作。前台服务与后台服务相辅相成，后台服务是前台服务的基础，前台服务是后台服务的继续和完善。只有高质量的菜点，没有良好的前台服务不行；只有良好的前台服务，没有高质量的食物也不行。因此，只有美味佳肴配以恰到好处的服务，才会受到宾客的欢迎。餐饮服务大致有如下特点：

（一）无形性

同其他任何一种服务一样，餐饮服务很难量化，就餐者能感觉到被服务的感受与好坏程度，但不能用量化的方法来描述。餐饮服务的无形性还指餐饮服务只能在就餐宾客购买并享用了餐饮产品后，从其生理与心理的满足程度来评估其质量的优劣。

餐饮服务的无形性给餐饮部经营带来诸多困难，而且餐饮服务质量的提高是无止境的。这就需要前台、后台一起抓，服务态度、服务技能一起抓，全方位提高餐饮服务水平。

（二）一次性

餐饮服务的一次性指餐饮服务只能当次使用，当场享受。这同酒店的客房、飞机的座位一样，如客房当日租不出去或航班没满座，那么酒店或航空公司所失去的收入是无法弥补的。因此，餐饮部应接待好每位宾客，在接待中注意自己的言行举止，给客人留下良好的印象，争取使宾客再次光顾，使头回客成为回头客，最终让回头客成为常客。

（三）同步性

同步性即直接性。餐饮服务的同步性是指餐饮部的绝大多数产品的生产、销售、消费几乎是同步的，餐饮产品的生产过程也就是就餐者的消费过程。同步性决定了餐饮部应重视餐饮销售环境，使每位餐饮服务员上岗之后全身心地投入推销与服务中去，为企业售出更多的产品，创造更多的利润。

（四）差异性

餐饮服务的差异性主要从两个方面反映出来：一方面，餐饮服务员由于受年龄、性别、性格、受教育程度、培训程度及工作经历等不同条件的限制，为就餐者提供的服务肯定不尽相同；另一方面，同一名服务员在不同的场合、不同的时间、不同的情绪状况下，其服务方式、服务态度等也会出现一定的差异。餐饮部应制定出餐饮服务质量标准和操作程序标准，使员工的服务工作尽可能规范化、标准化，同时在管理上要做到制度化。

本章小结

本章第一节介绍了酒店餐饮部的地位，第二节介绍了酒店餐饮部的任务，第三节从餐饮生产、销售、服务三个方面阐述了酒店餐饮部的经营特点。这些内容的集合，构成了学习酒店餐饮部运行与管理实务的基础与必要条件。

复习与思考

一、思考题

1. 酒店餐饮部的地位如何？

2. 酒店餐饮部的任务有哪些？

3. 酒店餐饮部的经营特点是怎样的？

二、练习题

1. 多选题

（1）下列选项中，属于餐饮产品在生产上的典型特征的是（　）。

A. 属个别定制生产　　B. 生产过程短

C. 生产量容易预测　　D. 原料及成品不易保存

E. 生产过程的管理难度不大

（2）餐饮产品在销售上的典型特征有（　）。

A. 对销售环境的要求不高　　B. 销售上以收取支票、信用卡为主

C. 销量受场地大小的限制　　D. 销量受时间限制

E. 销量的指向性明确

（3）餐饮产品在服务上的典型特征有（　）。

A. 同步性　B. 差异性　C. 多次性　D. 有形性　E. 排他性

2. 判断题

（1）与高科技企业类似，餐饮企业的用工人数一般不多。（　）

（2）酒店餐饮部门担负着为酒店树立良好社会形象的重任。（　）

（3）与酒店的客房部一样，餐饮部的主要成本是固定成本。（　）

（4）餐厅营业活动中的结账以收取现金为主。（　）

第三章 酒店餐饮部组织结构及主要岗位职责

学习意义 通过本章内容的学习，了解并熟悉酒店餐饮部的组织结构状况，了解酒店餐饮部的主要岗位职责，为接下来专业业务内容的学习打好基础。

内容概述 本章介绍了酒店餐饮部的内部组织结构状况，阐述了酒店餐饮部的主要工作岗位职责。

学习目标

知识目标

1. 熟悉酒店餐饮部的组织结构。
2. 了解酒店餐饮部主要工作岗位的工作职责。
3. 明确餐饮部与酒店内其他部门间的关系。

能力目标

1. 能够区分酒店餐饮部组织内不同岗位的职责，掌握酒店餐饮部内各个机构的作用。
2. 从整体上认清酒店餐饮部的组织机制、岗位职责及与其他部门的关系。

一正八副的酒店领导层

因工作关系，笔者与酒店接触较多，正反两方面的案例也收集了不少。作者在20世纪90年代曾了解到华南某省和中原某省的两家地级市市属酒店领导层的配备情况，均为酒店总经理1名、酒店副总经理8名的超常配备。俗话说“一个和尚挑水喝，两个和尚抬水喝，三个和尚没水喝”。当众人都成为领导时，往往意味着任何人都不能成为真正意义上的领导。其结果是人浮于事、遇事扯皮、内耗不断、企业经营管理不善，华南的那家酒店最后破产、解体。

本案例说明，“火车跑得快，全靠车头带”。一家企业成功与否，组织结构的配置好坏能起到决定性作用。

第一节　酒店餐饮部的组织结构

酒店餐饮部是整个酒店组织机构中的重要组成部分。作为酒店经营部门中最重要的部门之一，管辖面很广，各营业点分散于酒店的不同区域、楼面；作为酒店唯一生产实物产品的部门，集生产、加工、销售、服务于一身，管理过程全、环节多；从人员结构讲，其拥有的员工数占酒店的首位，且工种多、文化程度差异大。在酒店业中盛行着这样的说法：餐饮部是酒店中最难管理的一个部门。

要将这样一个复杂的部门管理好，必须建立起合理、科学、有效的组织网络，进行科学分工，使各部门各司其职，保证部门整体的正常运转，并出色完成本部门的各项职责。本节先介绍酒店餐饮部的组织机构，然后按职能分别叙述其相关的作用。

为便于管理，酒店餐饮部均配有组织机构图，其主要作用在于：其一，可以清楚地反映部门和个人职责；其二，可以防止重复工作；其三，可以直观地反映每个员工对谁负责、向谁汇报工作，避免越级或横向指挥；其四，使每个员工清楚自己在本部门中的位置和发展方向。

酒店餐饮部的规模、大小不同，其组织机构也不尽相同。

一、小型酒店的餐饮部组织机构

小型酒店餐饮部的组织机构应比较简单，分工也不宜过细，其清洗主管类似大中型酒店管事部主管的职能，如图 3–1 所示。

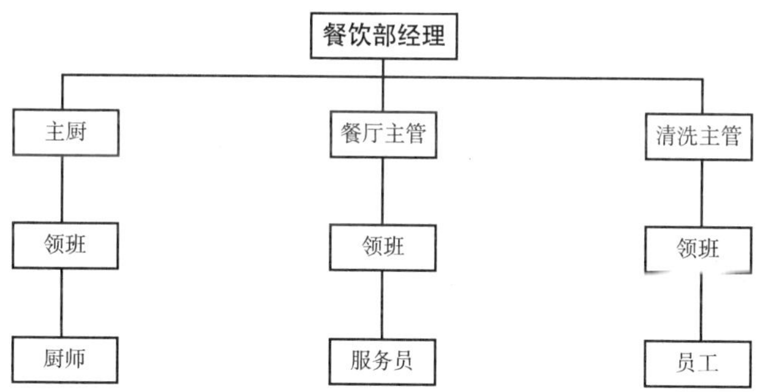

图 3–1　小型酒店餐饮部组织机构图

二、中型酒店的餐饮部组织机构

相对于小型酒店来说，在中型酒店的餐饮部组织机构中，分工更加细致，功能也比较全面，如图 3–2 所示。

三、大型酒店的餐饮部组织机构

大型酒店的餐饮部组织结构复杂，层次多，分工明确细致，如图 3–3 所示。

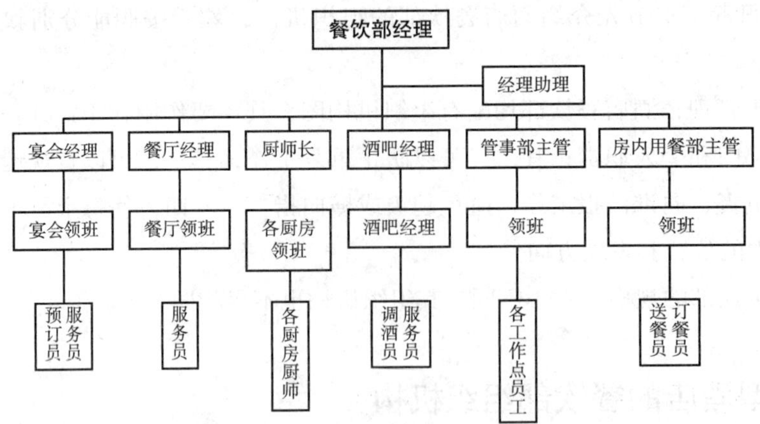

图3–2　中型酒店的餐饮部组织机构图

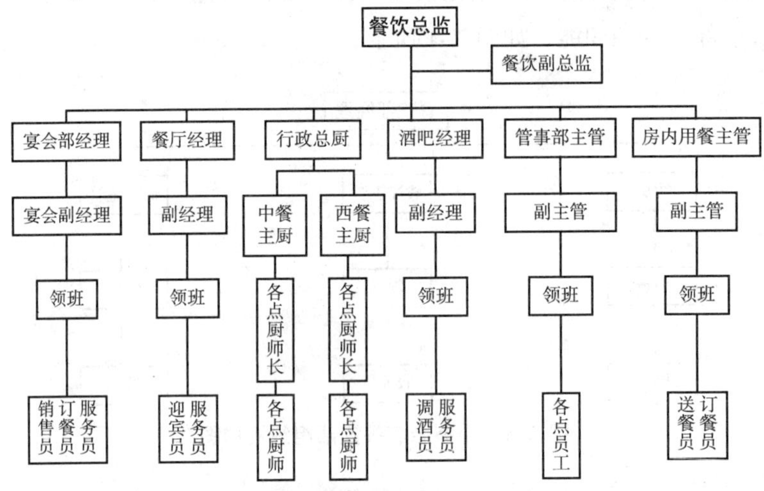

图 3–3　大型酒店的餐饮部组织机构图

何种情况下，餐饮企业需设立“餐饮总监”一职？

四、按功能块划分的酒店餐饮部下属部门岗位职责与作用

上文按酒店的规模大小，列举了三种餐饮部组织机构图。如进一步研究，不

难发现，不管酒店餐饮部的规模大小如何，其基本职能与作用都是相同或相似的。

（一）按业务功能划分的酒店餐饮部组织机构图

按功能划分，餐饮部的组织机构如图 3–4 所示。

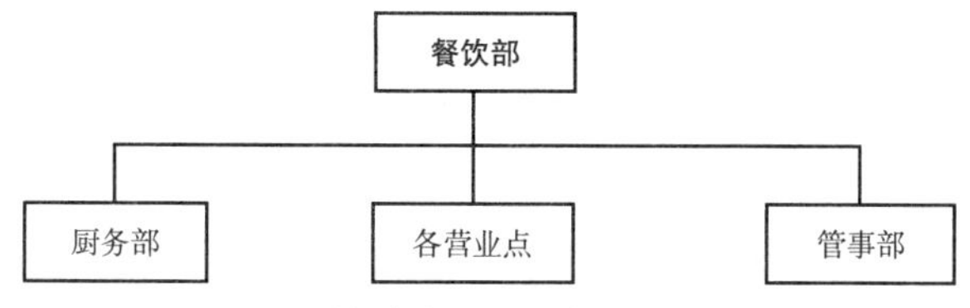

图 3–4　按功能划分的餐饮部结构图

（二）各业务功能块的职责与作用

如图 3–4 所示，无论酒店规模大小，餐饮部主要在上述三块功能中进行运转与相互联系。各功能块的职责与作用如下：

1. 厨务部

厨房部（Kitchen）负责餐饮产品中的菜肴、点心等的烹饪加工。从过程上看，从原料的粗加工直到菜肴的成菜出品，均由厨务部负责完成。从产品质量方面看，厨务部依据不同的消费档次，制定并执行不同的制作质量标准。

2. 各营业点

酒店餐饮部的各营业点（Outlets），包括各类餐厅、宴会厅、酒吧、房内用餐服务部等，是餐饮部直接对客服务部门。这些营业点服务水平的高低、经营管理状况的好坏，最终关系到餐饮产品能否变为商品。

3. 管事部

管事部（Steward）是餐饮运转的后勤保障部门，担负着为前后台提供物资用品，清洁餐具、厨具，并负责后台清洁卫生和贵重餐具保管保养的重任。

相关链接　搜索

简洁的组织结构、高效的营业运行

近年来，全国知名的连锁型经济酒店锦江之星整体发展取得了长足进步，全年的客房出租率保持在80%~90%。总结其成功的经验，除了准确的产品市场定位之外，简洁的组织结构设置为高效的营业运行提供了保障。锦江之星的所有门店一般只设两大部门，即营业部与管理部。营业部负责前厅、客房、餐饮等对客部门的运行、服务与管理；管理部负责后台运行，并负责前台运行的后勤保障工作。

由于酒店的各个营业功能块（前厅、客房、餐饮等）统一由一个部门管理，保证了在对外服务这个酒店的头等大事上以一种声音、一样的行为表现。

五、酒店餐厅的经营形式

酒店是由客房、餐厅、酒吧、商场以及宴会、会议、通信、娱乐、健身等设施组成的，能够满足客人在出行目的地的食、住、行、游、购、娱、通信、商务、健身等各种需求的多功能、综合性的服务设施。“餐厅”、“宴会厅”等作为酒店满足消费者有关餐饮方面需求的基本设施，其实就是“餐馆”在酒店中的表现形式。酒店内的餐厅是多种多样的，常见的餐厅类别有：

（一）咖啡厅

咖啡厅（Coffee Shop）是酒店中营业时间最长（高星级酒店24小时营业），以供应中西餐及本地小吃为主的餐厅。

（二）中餐厅

中餐厅（Chinese Restaurant）从餐厅供应的品种、装潢到服务等都具有中国特色。各酒店的中餐厅因提供中国国内不同的菜系菜品而风格各异。

（三）法式餐厅

法式餐厅（Grill Room）也称“扒房”，以供应法式菜为主，属高档西餐厅，多在高星级酒店出现。此类餐厅多用法式服务，餐厅布置豪华、优雅，富有浪漫情调，设备、设施配置精良、一流，相当一部分菜肴需在客人面前当面烹制。

（四）多功能厅

多功能厅（Function Room）是用于举行各种宴会、酒会、自助餐和其他各种会议等活动的场所，通常具有可分割成大小厅的功能。

（五）风味特色餐厅

风味特色餐厅（Specialities Room）供应本地或本酒店特色菜肴。如海鲜厅、野味厅或日本厅、韩国厅、意大利厅等。

（六）其他种类的餐厅

其他种类的餐厅表现形式多样，如花园餐厅、池边酒吧、旋转餐厅、屋顶餐厅、客房用餐服务部等。

酒店餐厅的形式多种多样，但无论何种形式，餐饮的销售对酒店来说都非常重要，因而应尽可能利用有潜力、能盈利的餐饮形式。除了酒店本身的房客以外，还得尽全力招徕同一市场上的其他顾客和本地有消费能力的居民来酒店餐厅用餐。

第二节　酒店餐饮部主要工作岗位职责

一、餐饮部前台服务性工作岗位的职责

（一）迎宾员岗位职责

迎宾员也称为领位员，其岗位职责是：

（1）迎送、接待用餐的客人。

（2）掌握每天的预订信息和餐桌安排，了解当日菜点情况，准确、周到地为客人提供服务。

（3）热情主动，礼貌迎客。根据餐桌安排和空位情况、客人的不同特点引领客人到适当的餐桌，保持和各台位服务员的联系。

（4）主动征求客人意见，微笑送别客人。

（5）参加餐厅餐前准备工作和餐后清理工作。

（6）参加定期的班组例会和业务培训，不断提高服务质量。

（二）值台服务员岗位职责

值台服务员的岗位职责是：

（1）按照餐厅服务工作程序和质量要求，做好餐前准备、餐间服务和餐后清理工作。

（2）了解每天的客源情况、宴会预订、用餐预订和餐桌安排，及时、准确、有针对性地提供服务。

（3）掌握当日菜单和菜点的供求情况，主动向客人介绍菜肴和酒水，做好推销工作。

（4）认真听取客人对服务质量和菜点质量的意见，做好信息反馈工作。

（5）保持餐厅的环境整洁，确保餐具、布件清洁完好和物料用具的完备。

（6）做好餐厅财产设备的使用和清洁保养工作。

（7）搞好员工之间的团结协作，积极参加业务培训，不断提高业务水平。

（三）传菜服务员岗位职责

传菜服务员的岗位职责是：

（1）按照餐厅服务规程和质量要求做好送单、传菜工作。

（2）负责开餐期间菜单、菜肴和酒水的传递，配合服务员做好菜肴的推销。

（3）配合做好餐厅开市前的准备工作，负责餐厅和厨房之间通道的清洁工作，做好传菜用具和各种调料备品的准备。

（4）掌握当日菜单和菜点的供应情况，熟悉餐厅台位布置，熟记台号，传递点菜单迅速正确，按点菜先后次序准确无误上菜走菜。

（5）协助值台服务员及时清理和更换餐具、酒具，搞好餐后整理清扫工作。

（6）妥善保存点菜单，以便事后复核审查。

（7）积极参加培训，发挥工作主动性，搞好员工之间的团结协作，完成上级交办的其他任务。

二、餐饮部后台主要工作岗位职责

（一）厨师的岗位职责

（1）按照工作程序与标准及上级的指派，优质高效地完成菜点的制作，并及时供应餐厅销售。

（2）按照工作程序与标准做好开餐前的准备工作。

（3）保持本岗位工作区域的环境卫生，做好本岗工具、用具、设备、设施的清洁、维护和保养。

（4）完成上级指派的其他任务。

（二）餐饮物品采购及仓库保管人员的岗位职责

1. 餐饮物品采购人员的岗位职责

（1）根据上级分配的采购申请单具体实施择商、报价。

（2）依据批准后的采购订单取得付款票据，实施购买。

（3）具体办理提货、交验、报账手续。

（4）保存采购工作的必要原始记录，做好统计，定期上报。

（5）随时了解市场情况，提供市场信息，努力降低采购成本。

2. 仓库保管人员的岗位职责

（1）负责填写申请采购单，注明各种物资的品名、数量。写明库存量、月用量、申购量、确认无误后交上级审批。

（2）货物入库必须严格检验，根据申购的数量及规格，检查货物的有效期、数量、质量，符合要求方可入库。

（3）在货物入库时，物品装卸要轻拿轻放，分类摆放整齐，杜绝不安全因素。

（4）加强对库存物品的管理，落实防火措施及卫生措施。保证库存物品的完好无损，存放合理，整齐美观。

（5）物品到货后要及时入账，准确登记。

（6）发货时按规章制度办事，领货手续不全不发货，如有特殊原因需得到仓库及其他相关领导的审批后方可出库。

（7）发货后要及时按发货单办理物品的出库手续，登记有关账卡。

（8）经常与用料部门保持联系，了解物品的使用情况，迅速高效地完成本职工作。

（9）积极配合财务部门做好每月的盘点工作，做到物卡相符，账卡相符，账账相符。

（10）下班时要及时检查库房有无隐患，关闭电源，锁好库门，根据规定摆放好仓库钥匙，方可下班。

（三）工程设备维护保养人员的岗位职责

（1）确保水、电、煤等的正常供给并控制其能耗。

（2）做好设施、设备的选择与评估。

（3）做好设备、设施的日常管理。

（4）负责设备、设施的安装调试或安装调试的管理工作及技术支持。

（5）做好设备维护保养与修理。

（6）做好设备技术管理。

（7）做好设备备件管理。

（8）做好设备改造、更新工作。

（9）经营区建筑、装饰的养护与维修。

（10）筹划建筑的改建、扩建与新建。

（四）安保人员的岗位职责

（1）执行落实国家安全保卫工作的方针、政策和有关法律、法令、法规及企业的规章制度。

（2）协助有关领导对员工进行防火、防盗、防治安灾害事故的教育。

（3）落实各项安全工作的岗位责任制，保证用餐客人的人身及财产安全。

（4）配合国家有关机关对违法犯罪行为进行调查取证。

（5）对企业的重点安全环节制定安全管理制度，加强检查加以落实。

（6）认真贯彻消防法规，学习宣传防火、灭火知识，并定期举行实操训练。

（7）维护企业的治安、运营秩序。

第三节 酒店餐饮部与酒店其他部门间的关系

一、酒店餐饮部同前厅部的关系

酒店餐饮部与前厅部之间的关系主要体现在内部信息的沟通和工作的协调上。具体表现为：

（1）根据前厅部提供的住客量预测餐饮日常销量。

（2）根据前厅部提供的团队用餐单安排团队客人的餐饮活动。

（3）根据前厅部提供的贵宾（VIP）入住通知及接待规格在贵宾的客房中放置水果、花篮、点心及“欢迎卡”等。

（4）根据前厅部提供的住店客人的信用信息，决定是否给予赊账等。

（5）主动向前厅部提供大型餐饮活动、重要宴会等方面的信息。

二、酒店餐饮部同销售部的关系

酒店餐饮部与销售部在业务上的关系主要体现在如下方面：

（1）与销售部互通信息，向销售部提供各种餐饮促销资料。

（2）主动了解销售部掌握的就餐客人对餐饮状况的意见、建议和投诉。

（3）承接由销售部接订的各种餐饮消费活动。

三、酒店餐饮部同采购部的关系

酒店餐饮部与采购部的关系主要体现在如下方面：

（1）酒店餐饮部根据自己的业务活动需要，向采购部提出餐饮原材料的质量、数量、成本、价格等方面的要求。

（2）主动与采购部沟通，提出新用品、新设备、新器具等方面的要求。

四、酒店餐饮部同财务部的关系

酒店餐饮部与财务部的关系主要体现在如下方面：

（1）协助财务部做好及时、准确的餐饮日报，以便正确掌握实际经营情况。

（2）发挥财务部的成本控制作用，及时向财务部提供餐饮成本的实际情况，协助做好餐饮成本的控制与监督工作。

五、酒店餐饮部同工程部的关系

酒店餐饮部与工程部之间的关系主要体现在如下方面：

（1）酒店餐饮部使用的设备、设施的专业保养工作由工程部负责进行。

（2）协助工程部做好机械设备的日常保养、维护工作。

本章小结

本章第一节介绍了酒店餐饮部的组织结构，第二节阐述了酒店餐饮部前后台的主要岗位职责，第三节展示了酒店餐饮部与酒店内其他部门间的关系与业务联系情况。通过本章的学习，初学者应该可以从组织层面上对酒店餐饮部有基本、完整的了解。

复习与思考

一、思考题

1. 酒店餐饮部的前台主要由哪些岗位组成？

2. 按功能看，酒店餐饮部可以分为哪些分部门？

3. 酒店餐厅有哪些表现形式？

4. 酒店餐饮部与酒店采购部的业务关系主要体现在哪些方面？

二、练习题

1. 单选题

（1）负责菜肴、点心等烹饪加工任务的是酒店的（　）。

A. 管事部　　B. 厨务部　　C. 宴会服务部　　D. 后勤部

（2）负责餐饮后台清洁卫生工作任务的是酒店的（　）。

A. 管事部　　B. 厨务部　　C. PA 小组　　D. 后勤部

（3）酒店餐饮部下辖餐厅中营业时间最长的是（　）。

A. 咖啡厅　　B. 零点餐厅　　C. 旋转餐厅　　D. 中餐厅

2. 判断题

（1）在大型酒店中，前台各岗位的分工相对稳定，各司其职开展工作。（　）

（2）酒店的客房部承担住店客人在酒店客房内用餐的服务工作。（　）

（3）酒店前厅部根据餐饮部的宴会接待通知单，负责制作并放置宴会活动引导指示牌。（　）

第四章 酒店餐饮目标顾客的确定

学习意义 通过本章内容的学习，首先了解酒店餐饮的四类主要目标顾客群体，在此基础上，进一步去开发酒店餐饮的其他潜在的客户群体。

内容概述 本章介绍了四类酒店餐饮的核心目标顾客群体——酒店所在地的政府等机关的接待消费、酒店所在地的大中型企事业单位的接待消费、酒店所在地的中高档婚宴、住店客人的自助早餐，并介绍了如何来确认其他目标顾客群体。

学习目标

知识目标

1. 懂得将四类顾客作为酒店核心目标顾客群体的原因。
2. 知晓从地域、年龄、收入等角度去辨别酒店餐饮目标顾客的方法。

能力目标

1. 牢记并掌握辨别酒店餐饮核心目标顾客群体的方法。
2. 学会从理性角度分析各种潜在酒店餐饮顾客群体的手段。

做好核心顾客的餐饮服务工作

时间：20世纪90年代中期

地点：华东某中心城市的一家外方独资的五星级酒店的宴会厅

经过：该市的一位副市长身着白色西服套装，正在举行一个宴会款待西方的一位政要。宴会进程已过半，宾主双方的交谈渐入佳境，气氛相当热烈。此时值台服务员开始上其中的一道菜，不知何种原因，上菜服务员手中的餐盘翻倒在侃侃而谈的副市长的白色西服上。顷刻间，宾主与服务员均一脸通红、十分窘迫。宴会经理与其他服务员赶紧将翻落在副市长身上的菜及汤汁擦掉，并立刻找了件合身的西装换下副市长身上的白西服，宴会得以继续进行。当宴会将要结束、宾主正要握手告别时，值台服务员手捧整洁如初的白西服出现在宴会厅，这位副市长认真地说："你们的餐饮服务，当然还包括后面的补救措施及速度，将使我终生难忘！"

对核心顾客（或重点顾客）的服务好坏，直接关系到酒店及酒店餐饮的经济与社会效益，请参考经济学中的"二/八理论"，思考如何做好每项重点服务工作。

第一节　酒店餐饮的核心目标顾客

作为中国餐饮业的一种重要业态——酒店餐饮有着与其他餐饮企业不一样的顾客群体。这些顾客群体的存在支撑着酒店餐饮的运行与发展；反过来，酒店餐饮的存在也满足了这部分人的高品质餐饮消费需求。

酒店餐饮的核心目标顾客包括以下部分：

其一，酒店所在地国家机关单位的接待消费。一些国家机关承担着大量的迎来送往的礼宾活动，这些礼宾活动中的重要组成部分——餐饮活动通常会在中高星级的酒店内进行。究其原因，一是这些接待活动带有一定的不宜对外性；二是酒店有较好的安全保卫工作；三是酒店尤其是高星级酒店，既有较好的硬件条件，如空间场地宽敞、设施设备一流，又有高素质的管理与服务及烹饪团队，在此用餐可以满足礼宾接待的需求。因此，这类活动基本在酒店进行，其差别只是在哪家酒店进行而已。这就需要酒店的经营销售人员下足功夫，争取到更多的餐饮消费业务。

其二，酒店所在地大中型企事业单位的接待消费。酒店所在地的大中型企事业单位每年有大量迎来送往的接待活动，出于同样的原因，他们也喜欢将这些接待活动放在中高星级酒店内进行，酒店餐饮应当仁不让地满足这些刚性消费需求。除此之外，这些大中型企事业单位每年还有一定量的单位内部员工的聚餐活动，一般也会选择在酒店内进行。

其三，酒店所在地的中高档婚宴。中高档婚宴的主办者通常具有一定的社会与经济地位，家境殷实、出手阔绰，按照中国的传统，主办者都希望把自家的婚事办得风风光光。一般的酒楼、餐馆，因场地空间有限，知名度与管理服务及烹饪水平不济，很难满足这部分消费群体的婚庆宴席需求，酒店餐饮则当仁不让地成为这类婚庆宴席消费的提供方。

其四，住店客人的自助早餐消费。按国内大部分星级酒店的做法，住店客人住店期间的早餐花费已被计算在房费内，也就是业内所言的“房费包早”。正是由于这部分消费已提前被算入房费之中，有些酒店就不太重视向住店客人提供“免费”早餐，在每天的早餐环节频出问题。殊不知，对住店客人的早餐服务不好，不仅影响酒店餐饮方面的形象和声誉，同时很可能会影响住店客人下次对所住酒店的选择，影响整个酒店的整体营销经营。因此，住店客人同样是酒店餐饮的主要客源。

为什么酒店餐饮部，尤其是高星级酒店的餐饮部，没有把酒店所在地普通大众的餐饮消费列为自己的主要目标客户群体？

第二节 酒店餐饮其他消费顾客的确定

除去本章第一节所确定的四类客人作为酒店餐饮的首要目标顾客群体之外，我们还需要其他消费者作为补充，如何来确定这些其他的目标消费者呢？下面就是一些较好的建议。

一、从地域角度寻找目标市场

从地域角度着眼，餐饮目标市场有本地客源市场和异地客源市场两类。异地客源市场又可以分为外地客源市场和国际客源市场。

（一）本地客源市场

本地客源市场，包括本地居民和流动人口。对一家在本地成长起来的餐饮企业来说，本地客源市场永远是主要的目标市场。餐饮业的产地与销地基本无法分开。一家开在上海的餐饮企业，其产品（或服务）产在上海，也销在上海。这家餐饮企业要想将产品销在北京，就要设法在北京开设新的网点使产品产在北京。因此，餐饮企业不得不重视本地客源市场。尤其是人口多、经济发达的大城市（如北京、上海、广州等）的本地客源市场很大，这些地方的餐饮企业尤其要重视本地客源市场。

本地客源市场，又可以细分为本地人客源市场和外地人客源市场。对一家以本地菜（或本帮菜）为特色的餐饮企业来说，本地人客源市场可能比外地人客源市场更重要一些，因为本地人更习惯于本地菜。但人的餐饮习惯是会改变的，本地居民中的外地人客源市场也不应忽视。中国自改革开放以来，人口流动和迁移大大加快，城市居民中外地人越来越多。外地人为了在本地生存和发展，一般都练就了较强的环境适应能力，其中包括餐饮习惯的适应能力。随着时间的推移，外地人对本地菜会逐渐习惯，外地人与本地人的差异会缩小。

对一家以外帮菜为特色的本地餐饮企业来说，本地客源市场中的本地人和外地人一样重要。例如，对开在上海的四川火锅店来说，在上海的四川人当然很重要，可以成为四川火锅店的骨干顾客，但在上海的四川人占上海人的比例毕竟有限，因此，四川火锅店还必须在上海本地人和四川人以外的外地人中发展顾客。

不同城市的本地居民中，本地人与外地人所占的比例可能不同。一般来说，中小城市本地人的比例较高，而大城市本地人的比例较低；中西部地区城市本地人的比例较高，而东部沿海城市本地人的比例较低。不同城市的餐饮企业在考虑本地目标及战略时，要了解本地人与外地人的比例及其变化趋势。

（二）异地客源市场

随着酒店企业规模的扩大，随着国内外市场的开放，异地连锁联营等性质的市场机会越来越多，异地客源市场早晚会进入餐饮企业的视野并成为新的目标市场。20 世纪 90 年代后期，大批杭州菜餐馆涌入上海及国内许多大城市，并取得良好的经营业绩，便是一个很好的例子。

当然，对一家在本地发展起来的餐饮企业来说，异地客源市场的拓展要比本地客源市场的拓展困难。这是一种挑战，因为餐饮习惯的地域性，异地居民不容易接受来自外地的餐饮。应对异地客源市场挑战的对策，主要是将本地特色与异地市场的口味结合起来。

不过，随着城市的开放，随着人口的流动和迁移，异地居民的结构和异地客源市场会出现变化：①异地居民中本地人有可能增加；②在本地居住的异地人有可能将其在本地接受的餐饮习惯带回异地并对异地居民产生一定的影响；③异地人通过经商、打工、上学或旅游等对本地餐饮有一定的了解。这些变化，对本地餐饮企业进入异地客源市场是有利的。

例如，北京全聚德烤鸭的异地客源市场越来越大，其不仅在上海、广州等国内城市，而且在海外也开设了许多分店。异地成为北京全聚德的目标市场，是与下述背景有关的：①流入外地和外国的北京人在增加，他们在外地或国外成为北京烤鸭的主要顾客；②在北京居住的外地人和外国人越来越多，他们在回乡时会在当地传播全聚德烤鸭的餐饮文化；③在北京经商、打工、上学或旅游的人越来越多，他们对全聚德烤鸭有一定的了解。以上三类人构成全聚德烤鸭异地客源市场的基础。

又如，杭州餐馆之所以选择上海作为目标市场，除了上海市各级政府的服务意识和政策环境、上海的餐饮价格高而成本低等原因外，一个重要的原因是杭州餐馆注意并分析了以下事实：①上海居民中浙江籍的人很多；②到上海打工、经商和上学的浙江人很多；③到杭州旅游过的上海本地人很多。因此，总的来说，上海人对杭州菜不陌生甚至比较喜欢，这就是杭州菜进军上海的市场基础。

二、由年龄差异确定目标顾客

酒店餐饮也可以从人口结构中寻找目标市场，即可以考虑年龄、收入、家庭、职业、受教育程度、民族、宗教、密度和流动性等因素。其中，年龄是最值得考虑的一个目标市场因素。人口的不同年龄段可以形成不同的目标市场，如儿童市场、青年人市场、中年人市场和老年人市场。

（一）儿童市场

一般的餐馆、酒店不太欢迎小孩来就餐，怕小孩闹或损坏器物。其实，小孩是一个有价值的目标市场。第一，小孩上餐馆通常有大人陪伴，带小孩就餐的家庭所花的费用也比不带小孩的多。第二，现在的小孩基本上是独生子女，他们在饭馆可能对家长的购买有较大的影响。根据国外的经验，如果餐馆菜单用图画等形状，会对小孩更有吸引力，餐馆有可能借小孩的力量引导家长做出购买决策。第三，餐馆如果能在就餐时对小孩照顾和服务得好一点，能换得家长加倍的愉快，从而有利于培养回头客。世界名店麦当劳、肯德基的成功，与它坚持以少年、儿童为目标市场有关。

（二）青年人市场

青年人是许多餐馆、酒店的目标市场，因为青年人喜欢赶时髦、赶潮流、追求高消费，虽然收入不是很高，但攀比心理强；另外，青年人好奇心也强，对没有见过的餐饮产品有强烈的兴趣。这些特点使得餐馆、酒店喜欢选择青年人作为目标市场。

（三）中年人市场

由于历史的原因，现在的城市人口中中年人的比例很大，平均收入也比较高，因此，是一个亟待开发的目标市场。但中年人都有家庭，习惯于在家用餐。因此，如何将中年人从家里吸引出来，是餐饮企业一个营销目标。现在，餐饮市场存在“酒店门口摆粥摊”的现象，即在大酒店附近，一些小餐馆、小酒楼照样开得很红火。一个重要原因是这些小饭馆、小酒店能提供大酒店可能较难提供的比较随和、周到的“家庭式就餐”气氛，对广大中年顾客很有吸引力。这一点值得大饭馆、酒店思考。

（四）老年人市场

老年人市场也是一个很值得开发的目标市场。例如，上海现在55岁以上的老年人已超过20%，而且这个比例还在增长。老年人不仅数量在不断增加，而且他们在穿、用、住上的开销比之其他年龄阶段的人相对要少一些，在吃和保健上的消费额比例相对要大一些。另外，现在的老年人大多数有一定积蓄和离退休工资，有一定的购买力。现在发达国家在人口“老”化的趋势下很重视发展所谓“银发产业”，餐饮业一马当先。如何以餐饮业为支柱或龙头来发展中国的“银发产业”是一个大课题。

三、从收入和家庭因素确定目标顾客

现在全国财产逾百万元的人不计其数，发展高消费型的餐厅有一定的条件。但大多数餐馆、酒店恐怕还是应瞄准中低收入的顾客。根据恩格尔定律，高收入人群的钱花在吃上的比例低于中低收入的人群，因此，餐饮业市场的增长与人口数量的相关程度远远高于与收入的相关程度，餐饮业的第一目标应当是中低收入的大众市场。如上海新亚大包开业以来坚持了“大众化”市场的目标，以“便民、利民、为民”为经营宗旨，实现了中式快餐的成功运营。又如南京市餐饮业经历了几年的市场震荡和磨砺，重新回到中低收入的“平民”市场。事实上，从中国的国情看，餐饮企业完全瞄准高收入人群是很难行得通的。在大众市场方面，麦当劳曾有过这方面的教训。送盒饭出生的麦当劳曾经想消除“送盒饭”的形象，为此决定向高档餐饮企业的方向发展，并推出了一系列措施。但这偏离了餐饮市场的主体——大众，也不符合麦当劳的优势，因此失败了。总结教训后，麦当劳仍然回到大众化的市场方向。

从家庭因素看，餐饮市场可以分为大家庭市场、小家庭市场、单亲家庭市场、丁克家庭（不想生育的家庭）市场、结婚者和准结婚者市场、单身市场。不同性质的家庭对餐饮的需要和消费行为可能不同。从数量比例看，我国城市的家庭餐饮市场主要是小家庭。小家庭数量大，而且人均收入比大家庭或单亲家庭高，是大众化市场的主体，是餐饮业值得考虑的目标市场。

四、从消费性质和消费行为确定目标顾客

从消费性质看，餐饮市场可以分为生活性消费和生产性消费两类市场。过去企事业单位的用餐是靠自己的食堂解决的，随着企事业单位的改革，这类生产性用餐将逐步由餐饮企业来供应，这是一个潜在的大市场。不少餐饮企业已经瞄准这个市场。例如，上海的大中小学的学生用餐市场正在形成。上海浦东外高桥加工区等许多经济开发区的用餐已由餐饮企业（包括酒店餐饮）包了下来。另外，商务用餐市场也被餐饮企业看好。

从消费行为看，餐饮企业顾客也可以分为不同的类型。比如可以分为老顾客、常顾客和新顾客等。现在有的餐馆、酒店喜欢改名。但改名可能会丢失一批老顾客，会付出不小的代价。许多年前，上海北站地区有一批中小餐馆，北站撤走以后，这一地区的中小餐馆的生意仍然很兴旺，为什么呢？因为许多外地老顾客对北站这个地方熟悉，有感情，所以尽管北站中小餐馆的装修、服务水平不是很高，但仍然能吸引这些外地客。

仍从消费行为来看，餐饮企业顾客又可以分为“追求家庭快乐”、“追求特殊气氛”和“追求风味品尝”等类型。餐饮企业应针对顾客不同的追求采取不同的营销策略。如针对“追求特殊气氛”的顾客，餐馆、酒楼必须在店堂环境和菜肴品质上下工夫，在方便性、价格和菜肴品种上则不必多动脑筋。

20世纪90年代中期，上海一家著名的五星级酒店在浙江省一个经济发达城市的市中心接管了一家旋转餐厅，接管方按星级酒店的思路对就餐环境进行了包装，产品也定位为高档星级酒店的产品，开门营业了一段时间之后却经常是门可罗雀，令人大失所望。请分析这其中可能的原因。

相关链接 搜索

恩格尔定律（系数）

1857 年，世界著名的德国统计学家恩思特 · 恩格尔（Ernst Erngel）阐明了一个定律：随着家庭和个人收入增加，收入中用于食品方面的支出比例将逐渐减小，这一定律被称为恩格尔定律，反映这一定律的系数被称为恩格尔系数 (Engel's Coefficient)。其公式表示为：

恩格尔系数（%）= 食品支出总额 / 家庭或个人消费支出总额 ×100%

恩格尔定律主要表述的是食品支出占总消费支出的比例随收入变化而变化的一定趋势。揭示了居民收入和食品支出之间的相关关系，用食品支出占消费总支出的比例来说明经济发展、收入增加对生活消费的影响程度。众所周知，吃是人类生存的第一需要，在收入水平较低时，其在消费支出中必然占有重要地位。随着收入的增加，在食物需求基本满足的情况下，消费的重心才会开始向穿、用等其他方面转移。因此，一个国家或家庭生活越贫困，恩格尔系数就越大；反之，生活越富裕，恩格尔系数就越小。

国际上常用恩格尔系数来衡量一个国家和地区人民生活水平的状况。根据联合国粮农组织提出的标准，恩格尔系数在 59% 以上为贫困，50%~59% 为温饱，40%~50% 为小康，30%~40% 为富裕，低于 30% 为最富裕。

本章小结

本章第一节介绍了酒店餐饮的四类核心消费群体，第二节阐述了酒店餐饮在明确了四类核心消费群体后，如何从不同角度去开发其他潜在的酒店餐饮顾客群体。

复习与思考

一、思考题

1. 酒店餐饮的核心顾客群体有哪些，为什么？

2. 为何说住店客人的自助早餐与酒店的主体业务休戚相关？

3. 酒店餐饮可以从哪些角度去开发其他潜在的顾客群体？

二、练习题

1. 单选题

（1）下列选项中，哪个选项不属于酒店餐饮的核心业务消费（　　）。

A. 政府接待花费　　B. 大公司招待花费

C. 中高档婚宴花费　　D. 零点客人花费

（2）从经营上看，住店客人的自助早餐非常重要的原因是，自助早餐好坏影响（　　）。

A. 酒店的客房业务　　B. 酒店的餐饮业务

C. 客人的身体康健　　D. 客人的人际交往

（3）从年龄角度看，更喜欢在家用餐的人群是（　　）。

A. 儿童　　B. 少年　　C. 青年　　D. 中年人

2. 判断题

（1）政府机关选择酒店餐饮作为其消费场所的主要原因是，酒店可以提供政府认可的消费发票。（　　）

（2）中高档消费者选择酒店作为婚宴场所的原因是，酒店的价位低于社会酒楼。（　　）

（3）根据“恩格尔系数”定律，高收入人群钱花在吃上的支出比例低于中低收入人群。（　　）

第五章 酒店餐饮用餐氛围的营造

学习意义 良好的、赏心悦目的用餐环境，帮助就餐者在享受美味佳肴的同时更在精神方面获得愉悦。通过本章内容的学习，认识酒店餐饮用餐氛围营造的意义，懂得酒店餐饮经营场所空间是如何划分的、氛围是如何营造的。

内容概述 本章介绍了酒店餐饮内部空间是如何划分与怎样组成的，以酒店零点餐厅为例，从影响服务环境布置与安排的因素着手，从六个方面分析酒店餐饮用餐氛围如何打造。

教学目标

知识目标

1. 了解并熟悉影响服务环境布置与安排的因素。
2. 掌握酒店餐饮内部空间在总体上分为哪两块、酒店餐饮的前台空间由哪三部分组成、酒店餐饮后台空间的划分比例原则。

能力目标

1. 掌握餐饮服务场所设计与布局的六大方面。

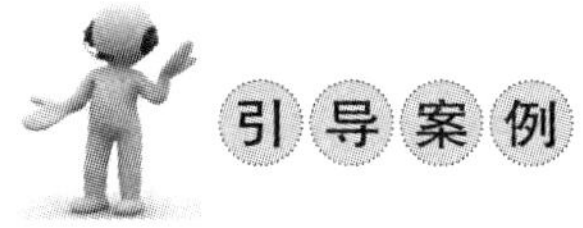

出菜口距餐厅有百米之遥

多年前笔者曾与几位老师一块前往华东某省一家开业不久的三星级酒店进行培训与整肃，这家宾馆的总体硬件条件尚可，但因宾馆设计时考虑不周，未在宾馆主体建筑内安排厨房，而是将主体建筑边上百米开外处的一个锅炉房改造后充作厨房，每道菜（包括其他餐饮产品，如点心等）皆由传菜员在日晒雨淋、有时刮风的环境下送到主楼，四季如此，菜肴的卫生、温度，上菜的即时性等可想而知。经笔者建议，最终在出菜口与酒店主建筑间加盖了一道封闭的长廊，才算把可能出现问题的隐患予以解决。

影响餐饮产品质量的因素有许多，我们必须处处设防、严格把关，杜绝一切问题隐患。

第一节　酒店餐饮内部空间划分

一、酒店餐饮内部空间的总体划分

整个酒店餐饮内部空间按其运行功能可以粗分为两块，即前台，客人用餐的服务功能区域；后台，餐饮产品生产与其他辅助功能的区域。依据经验及调查统计，比较理想的餐饮前、后台的空间划分比例约为 1 : 1，即前后台的面积各占 50%（目前国内酒店餐饮部在这个问题上还存有较大的提升空间）。

二、酒店餐饮前台的空间划分

酒店餐饮前台的空间也就是客人用餐服务功能区域空间。这一空间主要由顾客空间、公用空间和管理服务空间三部分组成。

三、酒店餐饮后台的空间划分

酒店餐饮后台空间中厨房所占的面积最大，约占整个后台面积的50%；仓库面积约占整个后台面积的20%，当然仓库面积的大小还受酒店餐饮部经营品种（单一经营品种还是多品种；中餐还是西餐）、管理水平（主要指成本控制水平）、原料市场供应状况等因素的影响；洗碗及备餐间约占后台面积的15%；办公室与员工设施等约占后台面积的15%。

第二节　酒店餐饮用餐氛围的营造

广义的餐厅设计与布局是指餐饮用餐环境的氛围营造。具体有餐厅的面积、空间、档次、风格、光线与色调、温度、湿度、声音等诸多方面。就餐者到餐馆就餐，在消费餐厅提供的美味佳肴和优良服务的同时，还从周围的环境获得相应的感受。因此，要为就餐者提供一个舒适、美好的就餐环境。

本节主要以酒店零点餐厅为例进行介绍。

一、影响服务环境布置与安排的因素

（一）酒店餐饮的市场定位

不同的客人对就餐环境的要求是不一样的。餐厅首先应该确定谁是自己的顾客，根据他们的要求来布置餐厅，确定环境的基调和主题。

（二）营业场所的建筑结构

餐厅等营业场所在建筑结构方面有各种形状，布置安排时必须因地制宜。服务设施的安排、服务路线的设计都要考虑到与现有的建筑结构相协调。

（三）餐厅所提供的服务类型

不同的服务方式，对环境布置、安排的要求是不一样的。如中餐和西餐，它们无论对装潢、气氛还是对家具、餐具都有不同的要求。

（四）餐饮机构的档次和规格

尽管餐厅的档次和规格由很多因素决定，但经营者在心目中必须有自己企业在市场上的定位，应谨慎地选择目标市场，如从消费水平看，是吸引一般消费者还是吸引中等水平消费者或是吸引高水平的消费者？有了明确的目标，就有利于装修装潢的投资决策，也就从某种程度上确定了餐厅的布置与安排。

（五）餐厅所处的地点和位置的影响

在酒店中，不同类型的餐厅对位置的选择是不一样的，布置与安排也不相同。例如，咖啡厅一般位于人流较大的酒店底楼大堂边上，在布置上要求简洁、明快、色彩活泼；餐具简单实用、轻巧。

（六）酒店的资金能力

毫无疑问，这是决定餐厅布置、设备选择的主要因素之一。资金能力不强，就会束缚餐厅应有能力的发挥。

上述 6 条影响服务环境布置与安排的因素中，资金能力的大小、营业场所的建筑结构与餐饮机构的市场定位三项因素最为重要。餐饮经营管理人员应该根据具体情况，分清主次，把握好餐饮服务环境的布置与安排。

二、餐饮服务场所的设计与布局

餐饮服务场所的设计与布局应有利于餐饮产品的服务与销售，能让顾客流连忘返，吸引回头客人再次光顾，能在同行业的竞争中保持不败之地。餐饮企业间的激烈竞争，要求我们在设计工作上对营业方式、经营格调、空间规划、设备配置、照明及色调变化、适应顾客心理等方面面面俱到，树立与别家不同的独特风格。

餐饮服务场所的设计与布局要能使就餐者回味无穷，留下深刻的印象。所以理想的设计应具有下列 4 种作用：吸引并招徕顾客来餐厅用餐；留给顾客一个深刻的印象；能体现本餐厅产品的特色；吸引顾客在本餐厅多消费。

无论采用哪种经营形式，设计安排如能具有以上作用，必能提高对客人的吸引力，使其产生好感与信任感。在设备配置上，讲究实用性；在格调上，力求美观脱俗，表现个性与特色。最佳的创意效果，应该做到“只此一家，别无其他”。

任何一家餐饮服务场所的设计与布局都有许多规范可循，本书就一般的规范进行重点介绍。

（一）餐厅的店面、外表设计

餐厅店面的设计，在于显示餐厅这个“特殊商品”包装的格调。店面设计是室内设计的一部分，二者在实质上均追求美观与实用，但店面更注重招徕吸引顾客，是要让店外的大众感觉到本餐厅的存在，并能吸引其来本餐厅用餐。因此，餐厅的店面不仅具有“辨认”之功能，同时要有美观的外表，两者不可偏废。因此，餐厅前的门面大小，大门口、展示窗、霓虹灯、招牌等，要力争让人过目不忘。独到的外表还要充分烘托出餐厅的“商品”特征，使经过者一望即知本餐厅经营的是什么菜。目前的餐厅早已脱离了“守株待兔”的经营方式，在风格处理上尽量采用自然鲜明的色彩，减少过分的装饰堆砌，要有和谐的气氛，强调协调，追求“人情化”的餐饮空间。

另外，餐厅门面的设计要显示出卫生与清洁格调。这从颜色的运用、设备的风格、空间的安排及其本身具有的清洁程度上均能反映出来。

同时，也要配合街景，食品展示柜内要有餐饮产品的陈列，注意突出重点，霓虹灯做的招牌文字要简明，图案新颖而醒目，标志鲜明，要与建筑的造型协调，显示独特的形象，容易让匆忙过路的行人注意与记住。名称同样很重要，好的名称朗朗上口，便于认记。

总之，餐厅外表的设计能激发起人们对餐饮产品的想象，使人们在远处一望就知道这是哪种类型的餐厅，甚至能估计出其消费水平，这些均来自餐厅店面设计。

（二）餐厅内部空间、座位等的安排与布局

由于现代城市人口密集、寸土寸金、地价十分昂贵，故餐饮设施应有效地利用好空间。餐厅内的客人容量太大或太小均不可取，应以餐厅设定的接待客人数量来决定营业面积的大小。厅大客少，不但企业赔钱，客人也觉得没有气氛，生意必定趋于清淡；同样有些餐厅因为生意火爆而加倍增大营业面积，生意反倒一落千丈，可能是由于火爆气氛消失所致。在中国经营餐饮业应十分注意适应中国人喜欢热闹的习惯，国内外许多餐饮企业在中国大陆、香港和台湾均注意这方面的特点，每日高朋满座的肯德基炸鸡店在上海等地区的成功就是这个原因。“庙不在大，香火旺盛”，大型的餐厅并非就是一流的或最完美的餐厅。

餐厅的空间无论大小均应有其特点，空间各部分的组合具有内在的比例关系，这种比例具体表现在：一度空间的“点”，二度空间的“线”，三度空间的“面”，四度空间的“立体效应”，由点、线、面、立体综合而给人以美感。

1. 餐厅内部空间划分

在设计、布局餐厅时，应将营业面积按使用功能划分成如下几个部分：

（1）顾客空间。这一空间内有客人通道、电话、餐桌、餐椅等。

（2）管理服务空间。这一空间中有服务台、办公室、服务人员休息室、储藏室等。

（3）公用空间。含有洗手间、衣帽间、贵宾室等。

2. 餐厅内餐桌、餐椅的安排布局

餐饮服务场所的餐桌、餐椅配置、安排，应以餐厅的档次、面积及经营性质来确定。餐桌、餐椅的布置应考虑适用、调和、统一的原则，构成一个系统。在布置时要注意以下因素：

（1）餐桌、餐椅的外表形式。立式、柜台式、卡座式等。

（2）餐桌、餐椅的功用形式。茶座用、零点就餐用、宴会用等。

（3）餐桌、餐椅的布置形式。集中式、分散式、纵式、横式、纵横交错式、变形式等。

（4）餐桌、餐椅的餐别形式。如中餐、西餐之分；韩、日餐的餐厅家具等。

（5）餐桌、餐椅的大小形式。1 人桌、2 人桌、3 人桌、4 人桌、多人桌等。

以上因素均应考虑。这里需要着重介绍的是如何确定 2 人桌、4 人桌或多人桌

之间的数量比例问题，这不仅涉及餐厅的整体布置效果，而且涉及餐座的利用率。4人餐桌同时供4位客人使用时，其利用率是百分之百，然而当只有2位客人占用时，其使用率就下降了一半。如果餐厅的餐桌大多是这种情况，初一看是满座，其实餐座使用率不高。因此，各种大小不同的餐桌的配置就值得研究，据调查，一般进入餐厅就餐的客人中，成双成对者约占50%；独自就餐者占30%左右；3人或3人以上者占20%上下。一般零点餐厅的餐桌应以2人桌为主，这种2人桌最好采用标准尺寸的方形桌，这样2人桌可以随时转变为3人桌、4人桌，拉开翻板又可以增加至5人或6人。在可坐多人的大圆桌上摆置“留座”牌号，以免少数人占用一张大圆桌。

（三）餐厅人员流动路线安排

客人、服务人员在餐厅中的行走流动路线就是人员的通道。在安排人员通道时首先应考虑尽可能选取直线，避免迂回的曲线，使客人与工作人员能在第一时间内到达想要到达的位置；其次是主要通道与次要通道之分，主要通道的宽度要明显大于次要通道；最后是主要通道或次要通道均应考虑服务人员操作手推车的通行宽度。

（四）餐厅的光线与色调

1. 餐厅的光线

餐饮服务场所的光线首先应考虑光源的形式。在餐厅中大致有三种光源：自然光源（阳光）、人工光源、自然光源与人工光源混合形式。人工光源分为电灯光源和烛光光源。餐厅采用何种形式的光源，受餐厅档次、风格、经营形式与建筑结构的制约。酒店中的餐厅多用混合光源照明，在咖啡厅、快餐厅中，自然光源的比重大些；而在高档宴会厅和法式餐厅中，人工光源的比例会大些，要利用不同的光源形式营造不同的就餐氛围。

餐厅光线方面需要引起重视的是餐厅受光的强度。光的强、弱、明、暗会产生不同的效果，利用各种光线的强弱并配以色彩变化，可以炫耀各种菜肴的特色与美观，给就餐者留有深刻的印象，并产生食欲；同时，光线强弱的变化还可以引起餐厅色彩的无穷变化。一般而论，越是高档的餐厅，餐厅整体光线的强度相对越弱，突出的是餐桌上方为菜肴打光的聚光灯；反之，餐座周转率较高的餐厅普遍使用光照度较强的配置。平均来说，餐厅中任何一张餐桌上的光照度都应保持在100烛光为宜。当然许多餐厅已普遍使用调光开关来调节灯光亮度。

餐厅光线方面需考虑的第三个因素是电灯的类型。餐厅中使用较多的电灯是白炽灯和日光灯两类。从餐厅使用效果看，日光灯宜用在快餐厅等大众消费的场合；而豪华餐厅基本使用白炽灯。因为日光灯极易使菜肴产生色偏差，这种偏差会使就餐者的食欲大打折扣。

2. 餐厅的色调

不同的色彩给人不同的感受。通常人们将色彩分为冷、暖两大类别。暖色调可使人觉得紧凑、温暖；冷色调可使空间显得比实际要大并产生凉爽之感。因此，餐厅在运用色彩时，应根据餐厅的风格、档次、空间大小，合理地运用好色调，墙壁、天花板、地面等颜色要注意合理地搭配，产生预期的效果。以下是有关餐厅用色的建议：

（1）豪华餐厅。宜使用较暖或明亮的颜色，夜晚当灯光在50烛光时，建议使用暗红或橙色，地毯使用红色，可增加富丽堂皇的感觉。

（2）正餐厅。此类餐厅需要有“增进食欲”的色彩，如橙黄、水红、青莲等。

（3）快餐厅。此类餐厅的设计特点以明快为基调，因此灯光、墙壁等物以乳白色、黄色等暖色调为宜，给人清新、舒畅的印象。

以上几种餐厅的基本色调只是一般规律而已。另外，餐厅中装饰或装饰物如盆景、艺术画、窗帘、花卉等的合理运用能增加餐厅的情趣。餐桌的形状、色调同样也是餐厅布置的一部分，其基本色调不宜与餐厅基色太接近，不然颜色会相互“同化”，也不能太突出，以选用中间色调为宜，加上白色台布，显得明亮，并能衬托出桌面上的菜肴。因此，餐厅的基调、灯光的强弱以及图画和其他饰品都必须协调，不可太刺眼，要使光线、色彩安排得恰到好处，与餐厅经营主题相映生辉。选择颜色时，墨绿色、暗紫色、灰色及黑色应避免使用。

布置餐厅时，就餐者最不喜欢哪些基色？

（五）餐厅的温度调节

餐厅中如能四季如春，则不仅客人愿意在此用餐，而且为员工提供了一个良好的工作环境。春秋两季时，室内外温度相差不大；夏冬季节时，餐厅内外反差很大。国内餐厅冬季主要靠暖气供热。中国幅员辽阔，同在冬季，南北温度相差很大，这里不作详述。夏季时，南北方的最高气温相差不大，表 5–1 可以作为全国大部分地区夏季经营时室内外温、湿度等对比调节的参考。

表5–1　夏季餐厅内外温度和湿度的对比

室外温度（℃）	建议餐厅内的室内温度（℃）	建议餐厅内的相对湿度（%）
25	23	65
26	24	65
28	24	65
30	25	60
32	26	60
35 或以上	28 ~ 29	60

（六）餐饮服务场所的音响调节

许多餐饮服务场所内喜欢配置音乐播放系统，在客人用餐过程中播放音乐能增进客人的食欲。音响系统调节、控制得当，能促使客人在生理上获得满足的同时得到精神上的享受。餐厅音响系统的调节与控制要注意如下几个方面的因素：

（1）音乐音量的大小。餐厅就餐音乐属典型的背景音乐，音量以不影响小方桌上面对面的两个人轻声讲话为宜。

（2）音乐主题的选择。餐厅背景音乐的主题，应以欢快、轻松为宜，这样能使就餐者在较松弛的状态下轻松地用餐；过于严肃的主题，不适宜作餐厅背景音乐，试想如果用贝多芬的《命运交响曲》或柴可夫斯基的《悲怆交响曲》在餐厅中播放的话，结果会怎样?

（3）音乐节奏的快慢。餐厅背景音乐尤其是高档餐厅的背景音乐应选用节奏缓慢的，比较舒坦和抒情的；忌用节奏感较快且较强烈的音乐。试想如果在餐厅中播放进行曲或者迪斯科音乐的话，结果会如何?

相关链接 搜索

餐厅应有的音乐节奏

餐厅内播放的音乐除了主题的选择、音量大小等因素外，节奏的快慢很有讲究，一般认为在餐厅中播放的音乐的节奏应该慢于正常人心脏跳动的节奏，即每分钟低于80次。

本章小结

本章第一节介绍了酒店餐饮经营面积的总体及前后台的具体划分，第二节叙述了影响酒店餐饮用餐氛围营造的6项因素，提出了打造用餐氛围的具体方法。

复习与思考

一、思考题

1. 酒店餐厅面积可以划分为哪两个部分？

2. 餐厅中经常使用的光源分为哪几种？其中又以哪种使用最多？

3. 酒店餐厅使用的背景音乐，以哪种主题最好？为什么？

二、练习题

1. 单选题

（1）就餐环境的颜色直接影响就餐者的食欲，据调查最不能引起食欲的颜色是（　　）。

A. 黄色　　B. 黑色　　C. 红色　　D. 紫色

（2）酒店餐厅的面积通常占整个餐饮经营面积的（　　）。

A. 30%　　B. 40%　　C. 50%　　D.60%

（3）酒店零点餐厅的餐桌摆放时，数量最多的餐桌应是（　）。

A. 2人桌　　B. 4人桌　　C. 6人桌　　D. 8人桌

2. 判断题

（1）为了招徕顾客，酒店餐厅播放的背景音乐，应以大声高调为主。（　）

（2）酒店零点豪华餐厅的主色调应以暖色基调为主。（　）

（3）酒店零点餐厅酷热夏季的温度与室外环境温度之差不宜大于7℃。（　）

第六章 酒店餐饮服务人员服务基本功

学习意义 托盘、餐巾折花、摆台、斟酒是餐厅服务与管理人员必须掌握的基本功，学习并掌握这些餐饮服务的基本功，不仅能帮助学习者掌握餐饮服务的技能，同时能为酒店餐饮管理活动打下基础。

内容概述 本章分别介绍了餐饮服务工作所必须具备的四项基本功，它们是托盘、餐巾折花、摆台和斟酒。

学习目标 »

知识目标

1. 了解托盘的种类与操作方法。
2. 知晓餐巾折花的主要表现形式与折叠方法。
3. 明确不同的摆台类型与摆设方法。
4. 熟悉斟酒的原则与斟倒方法。

能力目标

1. 掌握餐饮服务的主要基本功，即学会主要的托盘方式与操作方法，掌握餐巾折花的主要方法，学会中西餐宴会等摆台型式，掌握斟酒的技巧与方法。

危险的操作

某餐厅一桌吃火锅的客人正在就餐过程中，客人看锅下的火小了，就招呼服务员添些酒精。服务员走过来看火像是“灭”了，就直接把酒精倒在酒精炉里，火苗呼地窜出来了，客人吓得急忙跳开，险些把桌子碰翻，服务员急忙拿湿毛巾压上，才把火熄灭。

——资料来源：张永宁主编．酒店服务教学案例．
中国旅游出版社，1999

本案例告诉我们，光有服务意识还远远不够，还应掌握服务必备的基本功并积累相应的服务经验。

第一节　托　盘

托盘是餐饮服务人员运送各种物品和食物的基本工具。正确有效地使用托盘，能减少搬运次数、减轻服务人员的劳动强度、提高服务质量和工作效率，它不仅体现了餐厅服务工作的规范化，也显示出服务人员的文明操作。

托盘操作时要讲究卫生、稳重安全、托平走稳、汤汁不洒、菜形不变。本节重点介绍托盘的种类、用途和托盘的操作方法。

一、托盘的种类及用途

托盘有大、中、小几种规格，以满足不同的运送需要。其形状通常是圆形或长方形两种；一般用金属或经过加工的胶木制成，也有化工合成制作的防滑托盘（国产、进口均有）。小型的圆托盘通常用来运送饮料和餐桌上的小器皿，大长方形和中长方形的托盘一般用于托运菜点、酒水和盘碟等分量较重的物品。运送东西时，应该选择与所负载的东西大小相称的托盘。

如果所使用的托盘不是防滑托盘，则应用一块湿的托盘巾或者一块湿的餐巾垫在托盘上，起到防滑作用，这是使用过程中必不可少的一道程序。

二、托盘的操作方法

托盘操作方法按所运送物品的重量分为轻托和重托两种。

（一）轻托

轻托就是托送比较轻的物品或用于上菜、斟酒时的操作，也称胸前托，一般重量在 5 千克以下。轻托一般在客人面前操作，因此操作的熟练程度、优雅程度及准确程度就显得十分重要。轻托还是评价服务人员服务水平高低的标志之一。

这种托法一般多适用于中、小型托盘，其操作方法如下：

1. 理盘

根据所托的物品选择好托盘，洗净擦干，在盘内垫上洁净的湿垫布，垫布要用清水打湿拧干，铺平拉齐，这样既整洁美观又可以避免盘内的物品滑动。

2. 装盘

根据物品的形状、体积和使用先后合理安排，以安全稳妥、便于运送、便于取用为原则。

托盘的主要操作要求是把托盘拿平并在托运过程中随时保持托盘平衡。为了使托盘平衡，托盘上各种物件的摆法便有了许多讲究。盘内的物品要摆放整齐，横竖成行。在几种物品同装时，一般是重物、高物放在托盘的里侧，轻物、低物放在托盘的外侧；先上桌的物品在上，在前；后上桌的物品在下，在后。盘内物品的重量要分布均匀，装置安全稳妥，便于运送和进行有条不紊的服务。

3. 端托盘

轻托一般用左手，方法是左手向上弯曲，小臂垂直于左胸前，肘部离腰部约 15 厘米，掌心向上，五指分开，以大拇指端到手掌的掌根部位和其余四指托住盘底，手掌自然形成凹形，掌心不与盘底接触，平托于胸前，略低于胸部。

左脚朝前，把左手和左肘放到与托盘同样的平面上，如有必要，可屈膝和腰，用右手紧紧地把托盘放到左手和左肘上，使托盘最外面的边放在左手肘上，而托盘其余的部分仍留在原来所在的平面上；伸平左手和左肘，把整个托盘放在平肘上；用右手调整托盘上各种物件的位置，确保托盘安全平衡。

端托盘要严格按照操作规范的要求去做，即使是端轻的、小的托盘，也要认真对待。但如果用大拇指按住盘边、以另外四指托盘底，是对工作轻率和对宾客不礼貌的举动，是不符合端托盘的操作规范的。

4. 行走

行走时要头正肩平，上身挺直，目视前方，脚步轻快，动作敏捷，精力集中，步伐稳健；随着步伐，托盘在胸前自然摆动，以菜汁、酒水不外溢为限。

行走的步伐可以归纳为以下五种：

（1）常步：步距均匀、快慢适当，为常用步伐。

（2）快步：急行步，步距加大，步速较快，但又不能形成跑步。

（3）碎步：小快步，步距小，步速快，上身保持平稳。

（4）跑楼梯步：身体向前弯曲，重心前倾。用较大的步距，一步跨两级台阶，一步紧跟一步，上升速度要快而均匀，巧妙利用身体和托盘运动的惯性，既快又省力。

（5）垫步：当需要侧身通过时，右脚侧一步左脚跟一步，一步紧跟一步。

服务员小王自职业学校毕业来到餐厅后，经过培训很快就成为餐厅的服务好手。小王人长得漂亮，身材又好，穿一双中跟皮鞋，更显婀娜多姿。可是有一次，在做宴会服务时，小王却在众目睽睽之下一个踉跄将手中的托盘打翻，造成一次重大的服务差错。试分析小王造成服务差错的主要原因。

5. 卸盘

到达目的地后，把托盘小心地放到一个已经选择好的平面上，千万不要在没有放好托盘之前就急于取出上面的东西，那样做容易造成不必要的麻烦。

用轻托的方式给宾客斟酒时，要随时调节托盘重心，勿使托盘翻掉而将酒水泼洒在宾客身上。随着托盘内物品的不断变化，重心也会不断变化，所以左手手指应不断地移动，以调整掌握好托盘的重心。从托盘上取物品时，要从两边交替端下。卸下的盘碟要摆放合理。托盘内的剩余物品要集中在一起，并要摆放整齐。

（二）重托

1. 重托的概念

重托是托载较重的菜点、酒和盘碟的方法，重托的重量一般在 10 千克左右。重托的盘子常与菜肴接触，易沾油腻，使用前要仔细检查和擦洗。

2. 重托的操作方法和操作要求

（1）重托的操作方法。用双手将盘子的边移至台面外，用右手拿住托盘的一头，左手伸开五指托住盘底，掌握好重心后，用右手协助左手向上托起，同时左手向上弯曲臂肘，向右后方旋转 180 度，擎托于肩外上方，做到盘底不搁肩、盘前不靠嘴、盘后不靠发，右手或自然摆动，或扶住盘的前内角，并随时准备排除他人的碰撞。

（2）重托的操作要求。重托要求上身挺直，两肩平行，行走时步履轻快，肩不倾斜，身不摇晃，遇障碍物让而不停。起托、后转、行走、放盘时要掌握重心，保持平稳。动作表情要显得轻松自然。重托时装载要力所能及，不要在托起后随意地增加或减少盘内的物品（不然易翻盘）。放托盘时，要弯膝但不能弯腰。

目前，酒店已不大用重托，而改用小型手推车递送重物，这样既安全又省力，虽然如此，重托仍应作为餐厅服务人员的基本技能加以练习，以备应用。

第二节　餐巾折花

餐巾也称口布，在我国只有近百年的历史。近年来，随着西方文化的引进，西餐逐渐流行，餐巾也随之在各种宴会酒席中广为使用。餐巾对美化席面、渲染宴席气氛、清洁卫生等方面有很好的作用，深受中外宾客的欢迎，使用日益广泛，已成为宴会酒席中不可缺少的既有欣赏价值又有实用价值的摆设和用品。

"餐巾"的由来

世界上最早在餐馆中使用餐巾是在古罗马时期，当时为了擦拭方便，去餐馆用餐的客人大多自带餐巾，餐馆老板觉得十分不便，改由餐馆向每位用餐者统一提供，并在使用中对餐巾的颜色、尺寸、质地等逐渐加以规范，发展到今天更是在餐桌上折叠成各种造型，使用餐者在用餐前便从餐巾上获得美的享受。

餐厅服务人员若能掌握好餐巾折花这项基本功并用之于餐厅服务，必将使之与丰美的菜肴相映生辉，锦上添花，增添顾客用餐过程的美好感受。

本节重点介绍餐巾的作用，种类、规格色彩，花式的种类，折花的基本手法等。

一、餐巾的作用

餐巾是一种供宾客在进餐过程中使用的对卫生要求较高的布巾。宾客把餐巾衬在胸前或放在膝盖上，一方面可以用来擦嘴，另一方面也可以防止汤汁油污衣服，起到清洁卫生的作用。

餐巾折花能装饰美化席面。通过服务人员灵巧的双手，精心的折叠，可把小小的餐巾拆叠成许多栩栩如生的鱼、虫、鸟和形形色色的花卉植物以及惟妙惟肖的其他实物造型，摆在餐桌上可以起到点缀美化席面的作用，能给酒席宴会增添热烈欢快的气氛，给宾客以一种艺术美的享受。

餐巾花还可以其无声的形象语言，表达和交流宾主之间的感情，起到独特的沟通作用。

二、餐巾的种类、规格、色彩

餐巾按质地一般有纯棉制和混纺制两种，它们的实际用途各有所长。餐巾的大小规格各地区不尽相同，实际使用中则是采用 51 厘米或 61 厘米见方的餐巾最适宜。餐巾的色彩可以根据餐厅的颜色选用，力求与餐厅色彩和谐。通常，酒店使用的台布和餐巾大多是白色丝光提花布制成的，用这种白色餐巾折叠出的造型雅致漂亮。

三、餐巾花式的种类

餐巾花式的种类很多，凡能叠成一定的实物形状且具有一定欣赏价值，又适用于酒席宴会场合的造型都可以采用。现在已使用的餐巾花有 200 多种，常用的有二三十种，大致可以分为花草类、飞禽类、蔬菜类、走兽类、昆虫类、鱼虾类和其他实物造型类。

将餐巾花插入水杯中的称为“杯花”，平放在骨盘上的称为“盘花”。通常中餐使用杯花较多，西餐使用盘花为广。餐巾折花的新趋势是美观大方、造型简单、叠法快捷。当今中西餐均倾向于大量使用盘花。

四、餐巾折花的基本手法

（一）折叠

将餐巾一折为二、二折为四或者折成三角形、长方形等其他形状。折叠的要求是：要熟悉基本造型，叠时要看准折缝线和角度一次叠成，避免反复，否则餐巾上就会留下一条条折痕，使餐巾不挺括，影响美观。

（二）推折

推折是将餐巾叠面折成褶裥的形状，使花型层次丰富、紧凑、美观。打折时，两个大拇指相对成一线，指面向外。再用两手中指按住餐巾，并控制好下一个折裥的距离，拇指、食指的指面握紧餐巾向前推折至中指处。用食指将折裥挡住，中指腾出去控制下一个折裥的距离。三个手指互相配合，要求均匀整齐，距离相等，每裥的高低、大小、宽度根据花型的不同需要而定。推折，可以分为直线推折和斜线推折两种方法：两头一样大小的折，用直线推折；一头大一头小的折或半圆形或弧圆形的折，则可以用斜线推折。

（三）卷

卷的方法可以分为直卷和螺旋卷两种。直卷时，餐巾两头一定要卷平。如采用螺旋卷可先将餐巾折成三角形。不管直卷还是螺旋卷，餐巾都要卷紧，不然就会在后面的折花中出现软折。

（四）翻拉

翻拉大都用于折花鸟。操作时，一手拿餐巾一手将下垂的餐巾翻起一只角，拉成花卉或鸟的头颈、翅膀、尾巴等。翻拉花卉的叶子时，要注意对称的叶子大小一致，距离相等。拉鸟的翅膀、尾巴或头颈时，一定要拉挺，不要软折。

（五）捏

捏的方法主要用于做鸟头。操作时，先将鸟的颈部拉好，然后用一只手的大拇指、食指、中指 3 个指头捏住鸟颈的顶端，食指向下，将餐巾一角的顶端的夹角向里压下，大拇指和中指将压下的角捏出尖嘴。

上述 5 种手法是最基本的手法，掌握了这些基本手法后，经常模仿、练习和创新，就能折出多种多样美观大方的餐巾花。

第三节　摆　台

摆台，就是为客人就餐摆放餐桌、确定席位、提供必需的就餐用具的工作，它包括餐桌的布局、铺台布、安排席位、准备用具、摆放餐具、美化席面等，是餐厅服务中一项要求较高的基本功。摆台好坏直接影响服务质量和餐厅的面貌。

铺设后的餐台要求做到台型设计考究、合理，席位安排有序、符合传统习惯，小件餐具等摆设配套、齐全、整齐一致，既方便用餐，又利于席间服务，还具有艺术性，所有物料用品清洁卫生，令人有清新、舒畅的感觉。

摆台可以分为中餐摆台和西餐摆台两大类。根据用餐形式的不同，摆台时所用餐具的数量也不一样，并且各餐饮企业均有本餐饮企业独特的摆台方式，所以不可能完全统一。

本节着重介绍中餐宴会摆台、西餐宴会摆台、中餐零点摆台、西餐零点摆台等内容。

一、中餐宴会摆台

（一）合理布局

宴会餐桌的设计布局是根据主办人的要求、餐厅的形状、餐厅内陈设的特点来进行的，其设计布局的目的是：合理利用宴会厅的场地，表现出主办人的用意，体现宴会的规格标准，方便服务员为宴会提供服务。

中餐宴会一般都用圆桌。餐厅服务人员要根据宴会通知单告知的桌数、人数，选择好大小一致、颜色一致、风格一致的圆桌、座椅，然后根据餐厅的面积和地形进行布局、设计台型。

布局时要把主宾入座与退席所经过的主要通道布置得比其他通道宽敞一些，以方便宾客出入和便于服务。

布局时要尽量利用日光或灯光，力求桌面光线明亮、柔和。

台型布局一般次序是：中心第一、先右后左、近高远低。

（1）中心第一是指布局时要突出主桌，主桌放在上首中心，要突出餐桌上的设置和装饰，主桌的台布、餐椅、餐具的规格应高于其他餐桌，主桌的花卉也要特别鲜艳突出。

（2）先右后左是按国际惯例来说，即主人的右席的地位大于主人的左席。

（3）近高远低是指就被邀请客人的身份而言，身份高的离主桌近，身份低的离主桌远。

（4）设置主席台的宴会厅，台上要布置会标，以表明宴会的性质；没有主席台的宴会厅也要在主桌后面用花坛、画屏或大型盆景等布置一个重点装饰面。

（5）主桌要专设服务桌，其余各桌酌情设服务点。服务桌摆放的距离要适中，便于操作，一般放在餐厅四周。

（二）席位安排

1. 确定主人位置

所谓主人就是宴会主办人，规模在一桌以上的宴会，各桌主人位置的确定有两种方法：第一种是各桌的主人位置相同，同朝一个方向；第二种是第一桌主人与其他各桌的主人位置相对，即其他各桌的主人面对第一桌的主人，见图 6–1。

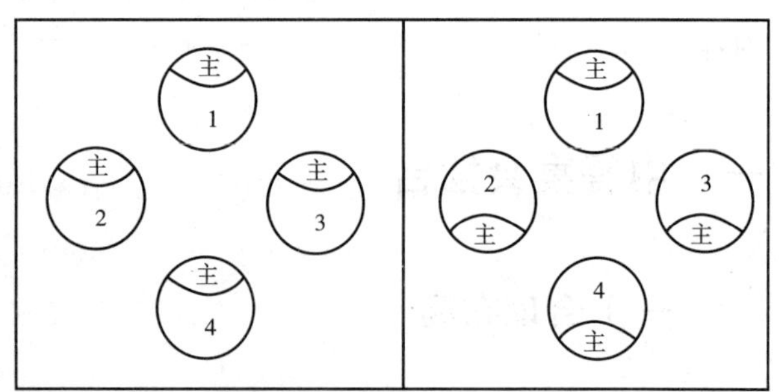

图6–1　主人席位安排图

2. 宾客的座次安排

正式的宴会一般均事先安排好座次，有的只安排部分宾客的座次，其他人员可自由入座。大型宴会事先将宾客座次打印在请柬上，使宾客心中有数。

席位卡一般是印好的长方形纸片，通常用毛笔或水笔书写，书写时字迹要清楚、整齐，一般中方宴请将中文写在上方，外文写在下方；若外方宴请则将外文写在上方，中文写在下方。中餐宴会圆桌席位安排的顺序见图 6–2。

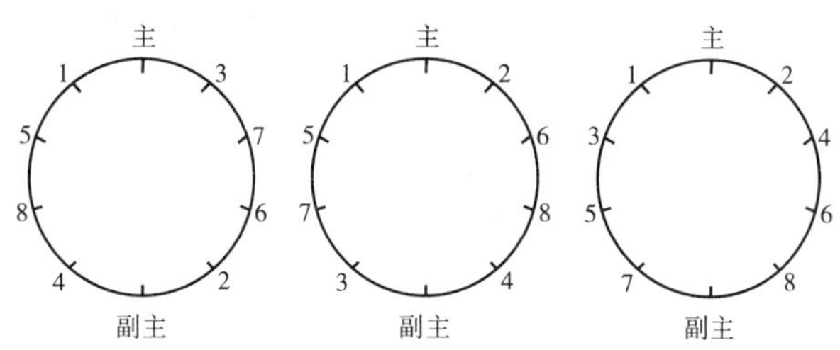

图6–2　中餐宴会圆桌席位安排图

（三）桌面摆放

1. 准备桌面所需餐具、用品

餐具准备主要依据参宴人数、桌数、菜单等进行。

（1）个人席位。骨盘、筷子及筷套、筷架、调味碟、汤匙、餐巾、白酒杯、啤酒杯、葡萄酒杯、汤碗。

（2）公用餐具及其服务用具。公筷、公勺及公筷筷架、牙签盅、烟缸、花瓶、台布、台号牌、小毛巾、火柴、托盘、起盖扳手、骨盘等。

2. 铺台布、放转台、椅子定位

操作前要洗净双手。检查台椅是否完好稳妥。按要求铺台布，围上桌裙；台布铺好后，再放转台，要求转台的圆心与圆桌中心和台中心三点相重合；再将椅子定位。

3. 摆餐具

（1）摆骨盘定位：将餐具摆放在垫有布巾的托盘内，然后左手托盘从主人座位处开始按顺时针方向依次用右手摆放骨盘定位，要求盘边距离桌边 1 厘米，盘与盘之间距离相等，盘中店徽等图案要对正。

（2）摆筷架、筷子：将筷架摆在骨盘的右上方，再将带筷套的筷子摆放在筷架上。要求筷子的后端距桌边 1 厘米，距骨盘 1 厘米，筷套的图案要向上。

（3）摆搁碟或汤碗、调羹：将搁碟或口汤碗放在土司盘的左前方，距餐盘 1 厘米，然后将调羹摆在搁碟或口汤碗上，汤匙把向左。

（4）摆酒具：中餐宴会一般使用三种杯子，即水杯、葡萄酒杯、白酒杯。先将葡萄酒杯摆在骨盘的正前方，白酒杯摆在葡萄酒杯的右侧，与葡萄酒杯的距离约为1厘米。将折叠好的餐巾花插放在水杯中，将水杯摆在葡萄酒杯的左侧，距葡萄酒杯约1厘米。三个杯要横向成一直线。

（5）摆公用餐具：在正、副主人酒具的前方各横放一双垫有筷架的筷子，用来夹菜的一端向左，手持的一端向右。

（6）摆牙签：摆牙签有两种方法：一种是用牙签桶，将其摆在主人位上公用餐具的左侧，另一种方法是把袋装牙签摆放在每位宾客餐具旁边，袋装牙签一般都印有本酒店标志，要注意摆放方向。

（7）摆烟缸、火柴：烟缸分别摆在正、副主人的右边，位置在两个骨盘之间，或者摆放在公筷的右边，火柴摆在烟缸上，正面向上。（注：现在越来越多的餐饮场所是禁止吸烟的。）

（8）摆放菜单、台号：在通常情况下，10人餐台放2份菜单，10人以上餐台放4份菜单，菜单摆在正、副主人筷子的旁边，菜单的下端距桌边1厘米。摆4份菜单时，除正、副主人旁边各放一份外，另两份放于正、副主人之间位置居中的宾客旁边。菜单也可以竖立摆放在水杯旁边。高档宴会，菜单也可以每人一份。台号牌放在花瓶左边或右边，并朝向大门入口处。

（9）检查摆台、放上花瓶：全部餐具摆好后，再次整理，检查台面，调正椅子，最后放上花瓶，以示结束。

二、西餐宴会摆台

西餐与中餐用餐方式不同，摆台也不同。

（一）西餐宴会台型安排

西餐宴会既可以使用长台，也可以使用圆台。如果使用长台，餐台是可以拼接的，台子的大小和台型的排法，可以根据宴会的人数、宴会厅的形状和大小、服务的组织、客人的要求来进行。台型要做到尺寸对称、出入方便、图案新颖。椅子之间的距离应大于20厘米，餐台两边的椅子应对称摆放。除了长条桌和圆桌外，常见的餐桌排列有下列几种台型，见图6-3。

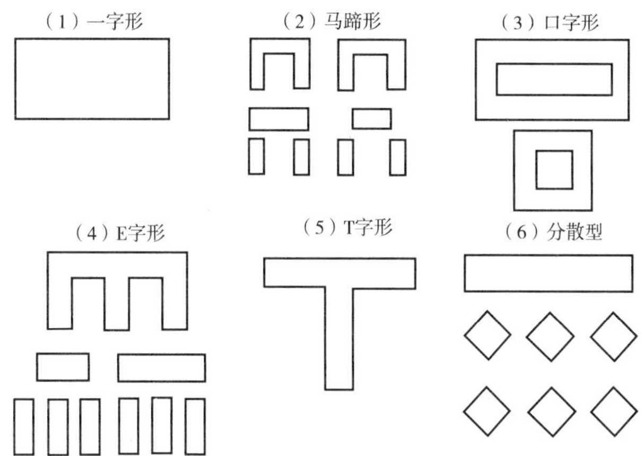

图6-3 西餐宴会台型安排图

（二）西餐宴会座次安排

说到排座次，有些人以为无非是按职位高低：职位高的坐中间，职位低的坐旁边；其实这只说对了一部分，座次安排还需要考虑宴会的性质、人数、宾客性别以及是英式宴会还是法式宴会。

如果是家庭、朋友式宴会，在餐厅或家中都可以举办，参加的人相互之间比较熟悉，气氛活跃，宴会不拘形式。在安排席位时要求不很严格，只有主客之分，没有职务之分，大家都一样。为了便于席上交谈，只需考虑以下几点：a. 男女宾客穿插入座；b. 成双夫妇穿插入座。这样安排为的是便于交谈、扩大交际，见图 6-4。

图6-4 家庭式、朋友式宴会座次安排图

如果属于外交、贸易等方面的国与国之间、社会团体之间举行的工作性宴会，则一般在正式餐厅举行，双方都有重要人物参加，气氛较之家庭式、朋友式宴会相对要正规、严肃得多。安排座次时还需要考虑到：

（1）参加宴会的双方各有几位重要人物。如果各有两位，第一主宾要坐在第一主人的右侧，第二主宾坐在第二主人右侧。次要人物由中间向两侧依次排开。具体包括：一字形；马蹄形；口字形；E 字形；T 形；分散形。

（2）双方主要人物是否带夫人。法式坐法，主宾夫人坐在第一主人右侧，主宾坐在第一主人夫人右侧，见图6–5。如是英式坐法，主人夫妇各坐两头。主宾夫人坐在主人右侧第一位，主宾坐在主人夫人右侧第一位。其他人员男女穿插，依次坐在中间，见图6–6。

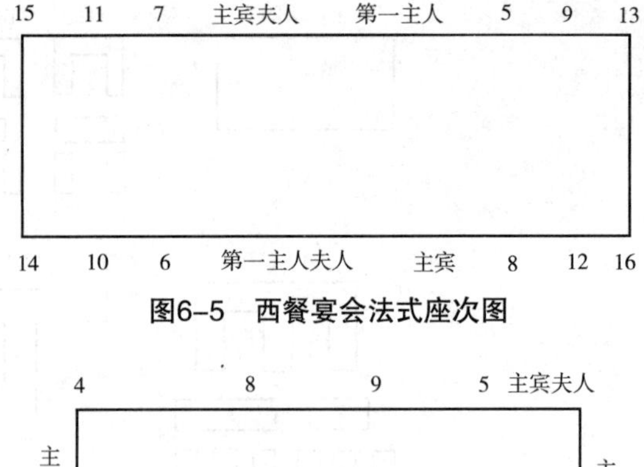

图6–5　西餐宴会法式座次图

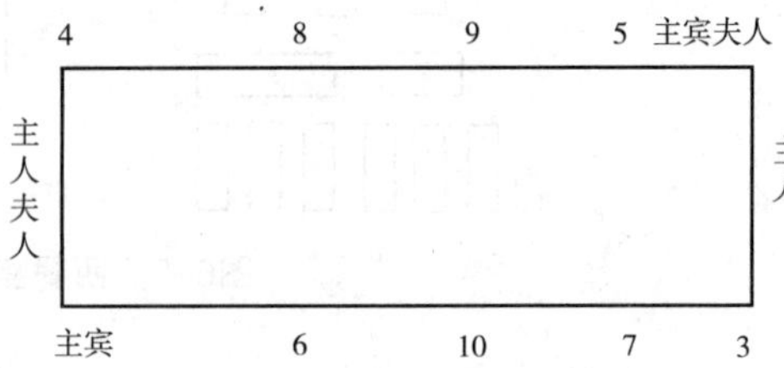

图6–6　西餐宴会英式座次图

（3）如双方各自带有翻译人员，主人翻译坐在客人左侧，客人翻译坐在主人左侧。

（4）主客要穿插入座。当双方人数不等时，应尽量做到在主要位置上主客穿插，其他位置不必在意。

（5）大型宴会需要分桌时，餐桌的主次以离主桌远近而定，一般是右高左低，以客人职位高低定桌号顺序，每桌都要有若干主人作陪。每桌的主人位置要与主桌的主人位置方向相同，见图6–7。

如用长桌，主桌只一面坐人，面向分桌，主要人物居中，分桌客人侧向主桌，见图6–8。

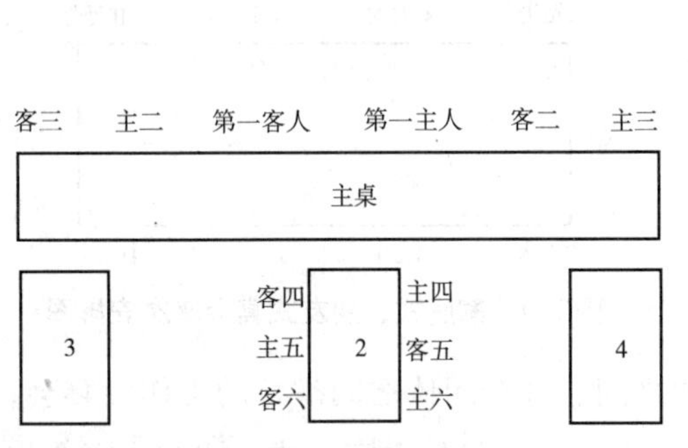

图6–7　大型宴会主桌、分桌席位图（一）

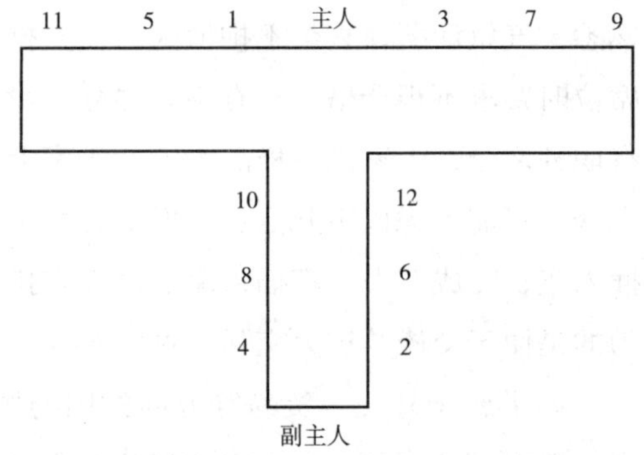

图6–8　大型宴会主桌、分桌席位图（二）

（三）桌面餐具用品摆放

1. 餐具准备

西餐餐具品种较多，不同菜式应选用不同餐具。要按上菜的道数、菜肴和人数准备相应数量与用途的餐具，如表 6–1。

表6–1　西餐的菜肴与餐具

菜　单	每人准备餐具
色拉和小吃	餐盘 1 只、刀叉各 1 把
汤	盘 1 只、汤勺 1 把
大菜（两道）	餐盘 2 只、刀叉各 2 套
甜食及饮品	餐盘 1 只、叉或匙、咖啡杯、咖啡碟、咖啡勺各 1 件
水果	水果盘 1 只、刀叉各 1 把
面包、黄油	面包盘、黄油刀各 1 件
酒水 3 ~ 4 种	每种酒水备酒杯 1 只、餐巾 1 块

还要准备公用餐具，如盐瓶、胡椒瓶、牙签桶、烛台、花瓶、火柴、烟缸等。

宴会的餐具准备不可疏忽。要按客人对酒水的要求严格挑选酒杯，不得有丝毫破损，要擦拭得不见一丝污痕；餐刀、叉勺、瓷器要严格消毒，擦拭洁亮。

2. 确定台位

按规定铺好台布，摆上烛台，并将椅子定位，椅子边沿正好接触到台布下沿。

3. 摆餐盘（垫盘、装饰盘）

用左手垫上餐巾，包住盘底，从主人位置开始按顺时针方向用右手在每个席位正中摆放餐盘。注意餐盘的图案、店徽要摆正，盘边距桌边约 1.5 厘米，盘与盘之间的距离要相等。

4. 摆刀叉

摆银餐具时，要将此次宴会使用的全部刀叉都摆在餐台上，使客人明了此次宴会的菜式和道数。从餐盘的右侧从左向右依次摆放主菜刀、鱼刀、汤匙、开胃品餐刀。摆放时刀口朝左，匙面向上，刀把、匙把距桌边 1 厘米。然后从餐盘的左侧从右向左依次摆放大餐叉、鱼叉、开胃品叉，叉面向上，叉把与刀平行，鱼刀、鱼叉要向前突出 2 ~ 3 厘米。

5. 摆水果刀叉和点心匙

在餐盘的正前方摆水果刀叉，刀把向右，刀刃向餐盘。水果叉（或甜品叉）叉齿向右，叉把向左，与水果刀平行摆放。点心匙与水果刀平行横放于餐盘正上方，匙把向右。

6. 摆面包盘、黄油刀和黄油盘

靠开胃品叉的左侧摆面包盘，面包盘与餐盘中心取齐，盘边距餐叉 1 厘米。在面包盘靠右侧边沿处摆放黄油刀，黄油刀的刀刃向着面包盘盘心。黄油盘摆在面包盘右上方，距面包盘 2 厘米左右。

7. 摆酒具

酒水杯摆放多为上下三角形，水杯先摆，摆在餐刀顶端（只用一种杯时，位置也在此）。其他两种酒杯可以根据台型和距离，从左到右依次摆放。三套杯从左到右分别是水杯、红葡萄酒杯、白葡萄酒杯。如果有第四种杯子则在三套杯的基础上，将白葡萄酒杯向下移 1 ~ 2 厘米，在其上方放置酒杯。各酒杯杯身之间相距约 1 厘米，以能伸入手指取杯为度。

8. 叠餐巾花

将叠好的盘花摆在餐盘正中，注意把不同式样、不同高度的餐巾花搭配摆放。

9. 摆放用具

按 4 人用一套的标准摆放在餐台中线位置上；烟缸从主人右侧摆起，每两人之间放一个，烟缸的上端与酒具平行。摆设花坛或一个花瓶时应置于台心位置。摆设数个花瓶时应等距摆在长台中线上。鲜花高度不高过用餐时客人眼睛的高度，以免妨碍宾客视线。菜单最好每人一份，但不得少于每桌两份，并设席位卡等。

摆台时，按照一底盘、二餐具、三酒水杯、四调料用具、五艺术摆设品的程序进行，要边摆放边检查餐具酒具，发现不清洁或有破损的要马上更换。摆放在餐台上的各种餐具要横竖交叉成线，有图案的餐具要图案方向一致。每套餐具之间不要混淆，全台看上去要整齐、大方、舒适。

三、中餐零点摆台

中餐零点摆台要根据餐别、按照服务规格摆好餐具和台上其他用品。摆放餐具时要求图案对正、距离匀称、整齐美观、清洁大方、便于使用。

（一）早餐餐具摆放

由于零点餐厅餐桌相对固定，无须餐餐变化，再加上就餐者无主客之分，所以只需进行桌面摆放。

摆早餐台时，先放骨盘，骨盘边沿离桌边1厘米距离；骨盘右边放筷架、筷子；口汤碗放在骨盘的左上方；汤匙放在汤碗内，汤匙把向右；餐巾叠好花形放在骨盘内；花瓶放在桌子中间，如遇靠墙的桌子，花瓶放在靠墙面的那边中间；调料、牙签桶在右，烟缸在左。若是圆桌，花瓶、烟缸放在中间；调料、牙签桶放在桌子左下处。

（二）午、晚餐餐具摆放

先将骨盘定位于离桌边1厘米处；筷子在骨盘的右边，筷尾离桌边也是1厘米；汤碗在骨盘的左前方；汤匙放置在汤碗内，汤匙把手朝右；酱油碟在骨盘上方，位于汤碗与水杯中间；水杯放在筷子与酱油碟中间；餐巾花折好后放在骨盘内或插入水杯里。如是圆桌，花瓶、烟缸放在中间。调料、牙签盅放在桌子左下方处；如是靠墙处，花瓶放在靠墙的那边中间；调料、牙签盅在右，烟缸在左。

（三）中餐零点摆台注意事项

（1）对不会使用筷子的客人，席位上要加摆餐刀、餐叉，叉左刀右，刀口朝左。

（2）集体用餐或几位宾客共同进餐时，应摆放公用筷架，供主人为宾客派菜和其他人取菜用。公筷、公勺放在公用筷架上，摆在个人用餐餐具上方或转台上。

（3）汤匙可放入汤碗或调味碟内。

（4）餐桌上使用的瓶花，其高度应以不阻碍用餐时客人的视线为准。

（5）消毒筷子应用筷套封装。

四、西餐零点摆台

（一）早餐摆台

西餐早餐一般在咖啡厅内提供，有美式早餐、欧陆式早餐及零点早餐，摆台方法略有差异。

按规格要求铺好台垫、台布后就可以摆放餐具，在席位的右侧摆餐刀，刀刃向左；在席位的左侧摆餐叉。餐刀与餐叉的距离以能摆放一个装饰垫盘为宜，一般是30厘米左右，刀叉后端距桌边1厘米左右。面包盘摆在餐叉左侧，距餐叉和桌边各1厘米。黄油刀刀口朝盘心放在面包盘中轴线右侧。若放黄油碟，则置碟于面包盘上方。餐刀的右侧摆咖啡碟，咖啡碟上摆上咖啡杯和咖啡勺，杯把和匙把向右。餐刀的上方放水杯。盐瓶和胡椒瓶及烟缸等放在餐台靠中心的位置上。

（二）午、晚餐摆台

西餐午、晚餐摆放餐具的方法是：服务盘放在正中，对准餐椅中线，盘边距桌边1.5厘米。餐巾叠好后放在服务盘中，餐叉放在服务盘的左边，叉尖朝上，餐刀和汤匙放在服务盘的右边且匙口朝上，甜品餐具横放在服务盘的上方。面包盘放在餐叉的左边，黄油刀竖放在面包盘上。水杯放在餐刀的上方，酒杯靠水杯右侧；烟缸放在服务盘的正上方，胡椒瓶、盐瓶放在烟缸的左侧，牙签桶放在胡椒瓶的左边，花瓶放在烟缸的上方。

午、晚餐中多有一餐为正餐，由于世界各国情况不同，所以西餐正餐摆台方法也有差异。

第四节　斟　酒

在餐厅里，无论中西餐便餐还是较高级的中餐酒席、宴会以及西餐宴会，常常由服务人员斟酒。因此，服务人员掌握一般的斟酒方法和有关知识，对做好服务工作是十分必要的。

本节介绍与斟酒基本技能相关的酒水的准备、酒杯的准备、酒瓶的开启、斟酒的顺序等内容。

一、酒水准备和示酒

各种酒席、宴会预订的酒品应事先备齐，在高级宴会场合，应根据宴会的规格、标准同接待单位协商而定。

服务人员要了解各种酒品的最佳服务温度，并采取升温或降温的方法，使酒品温度适合饮用。

（一）冰镇（降温）

1. 冰镇的目的

许多酒的最佳饮用温度要求低于室温。啤酒最佳饮用温度为4℃～12℃，白葡萄酒饮用温度为8℃～12℃，香槟酒和有汽葡萄酒饮用温度为4℃～8℃，所以要求对酒进行冰镇处理。保证酒品的最佳饮用温度是向客人提供优质服务的一项重要内容。

2. 冰镇的方法

冰镇（降温）的方法通常有用冰块冰镇和冰箱冷藏冰镇两种。冰块冰镇的方法是：准备好需要冰镇的酒品和冰桶，并用冰桶架架放在餐桌一侧，桶中放入冰块并加入冷水（冰块和水可各占一半），冰块不宜过大或过碎，将酒瓶插入冰桶中。一般十几分钟，冰镇即可达到效果。冰箱冷藏冰镇的方法则需要提前将酒品放入冷藏柜内，使其缓缓降至饮用温度。

除对饮用酒进行降温处理外，对盛酒品用的杯具也要进行降温处理，其方法是：服务人员手持酒杯的下部，杯中放入一块冰块。摇转杯子，以降低杯子的温度。

（二）温酒（使酒升温）

1. 温酒的目的

某些酒品（如黄酒中的加饭酒）需在饮用前将酒温升高至40℃左右，这样喝起来更有独特滋味，这也是一种习惯做法。有些外国酒也有升温后饮用的。

2. 温酒的方法

温酒的方法有水烫温、烧温、燃温、将热饮料冲入酒液或酒液注入热饮料中升温等四种。水烫和燃烧一般是当着客人的面操作的。

（三）示酒

服务人员站在点酒客人的右侧，左手托瓶底，右手扶瓶颈，酒标朝向客人，让客人辨认、确定。示酒是斟酒服务的第一道程序，它标志着服务操作的开始。

在上台示酒前，要在工作台上检查酒水质量，如发现瓶子破裂或酒水变质，要及时调换。

二、准备酒杯

餐桌上晶莹透明、干净美观的酒杯，不仅能增加餐厅里的用餐气氛，而且有含蓄地建议客人饮酒的推销作用。所以，服务人员要了解什么样的酒应配以什么酒杯和酒杯的清洁卫生标准以及操作方法。备有为各种不同的酒而设计的酒杯对专门销售餐饮的餐厅是非常重要的。如啤酒杯的容量大、杯壁厚，这样可以较好地保持它冰镇过的效果。葡萄酒杯做成郁金香花形，是考虑到当酒斟至杯中面积最大处时，可使酒与空气保持充分接触，让酒的香醇味道更好地挥发。烈性酒酒杯容量较小，玲珑精致，使人感到杯中酒的名贵与纯正。各种专用酒杯会使客人感到这家餐厅的专门化程度或感到这是专为我而准备的，从而产生良好的消费心理和情绪。当然，酒杯的专门化程度与餐厅的档次应当相符。无论用什么样的酒杯，清洁卫生都是首要的。服务人员摆台前应仔细检查每只杯子，擦拭酒杯时先把杯子在开水的蒸汽里蒸一下，然后用干净餐巾裹住杯子里外擦拭，直至光亮无瑕为止。

各种酒杯的容量及换算

①高脚葡萄酒杯：5 ~ 6或3 ~ 8（液量盎司）

②德国葡萄酒杯：6 ~ 8（液量盎司）

③郁金香香槟杯：6 ~ 8（液量盎司）
④阔口香槟杯：6 ~ 8（液量盎司）
⑤各种鸡尾酒杯：2 ~ 3（液量盎司）
⑥雪莉酒和波特酒（Port）杯：4.7（厘升）
⑦高球杯：8 ~ 10（液量盎司）
⑧高脚啤酒杯：10 ~ 12（液量盎司）
⑨带柄啤酒杯,：10 ~ 12（液量盎司）
⑩白兰地杯：8 ~ 10（液量盎司）
⑪ 烈性酒杯：2.4（厘升）
⑫ 平底无脚酒杯：28.40（厘升）
⑬ 单柄大啤酒杯：25 和 50（厘升）
（1 个液量盎司约等于 28ml；1 厘升等于 10ml）

三、开酒瓶

酒瓶的封口常见的有瓶盖和瓶塞两种，开瓶指开启瓶盖或瓶塞。

（一）使用正确的开瓶器具

开瓶器有两大类型，一类是开起瓶塞用的酒钻，一类是开瓶盖用的启盖扳手。酒钻的螺旋部分要长（有的软木塞长达 8 ~ 9 厘米），头部要尖，切不可带刃以免割破瓶塞。

（二）开瓶时动作要轻，尽量减少瓶体的晃动

一般将瓶放在桌上开启，动作要准确、敏捷、果断。万一软木塞有断裂危险，可将酒瓶倒置，用内部酒液的压力顶住木塞，然后旋转酒钻。

（三）开启瓶塞以后，要用干净的布巾仔细擦拭瓶口

检查瓶中酒是否有质量问题，检查的方法是以嗅觉辨别瓶塞插入瓶内部分。

（四）妥善处理杂物

开瓶后的封皮、木塞、盖子等杂物，不要直接放在桌子上，可以放在小盘子里，操作完毕后一起带走，不要留在宾客的餐桌上。

（五）开启香槟酒瓶

香槟酒的瓶塞大部分压进瓶口，瓶塞的顶端有一段帽形物露出瓶外，并用铁丝绕扎固定。开瓶时，在瓶上盖一块餐巾，双手通过餐巾握住酒瓶和瓶口操作。具体方法是左手斜拿酒瓶，大拇指透过餐巾紧压塞顶，用右手扭开铁丝，然后握住塞子的帽形物轻轻转动上拨，靠瓶内的压力和手拔的力量把瓶塞顶出来。操作时，应尽量避免瓶塞拔出时发出声音，尽量避免晃动，以防酒液溢出。

四、斟酒

斟酒操作通常可以分为桌斟法与捧斟法两种。桌斟法是指将客人的饮酒杯放在桌面上，服务人员手握酒瓶往酒杯里斟倒酒液的方法。这种斟酒方法一般用于冰镇过的酒类。捧斟法的要求是，服务人员斟酒时左手握杯，右手握瓶往左手的杯中斟倒酒液，捧斟法操作时由于左右手可以相互协调配合，服务难度较桌斟法低，捧斟法多用在非冰镇处理的酒类斟倒服务。

服务人员斟酒时，要站在客人的身后右侧，面向客人用右手斟酒，左手托盘，注意身体不要紧贴客人。若徒手斟酒，左手应持一块干净餐巾放在身后，斟完酒后可擦去瓶口的酒水。

斟酒时应先向客人打招呼或示意客人选用酒水。

斟酒时，瓶口不可搭在酒杯口上，以相距 2 厘米为宜，以防止将杯口碰破或将酒杯碰倒。但也不要将酒瓶拿得过高，过高酒水容易溅出杯外。

每次斟酒的量，以倒至酒杯的七至八成为宜（红葡萄酒斟至 1/2 杯满即可）。含气泡较多的啤酒、香槟酒，斟酒时速度宜慢，并应沿杯壁缓缓倒入，以免泡沫溢出杯外。

满瓶酒和半瓶酒，其出酒的流速会不同，瓶内酒越少，其流出的速度越快，反之则慢，为控制流速，应掌握好酒瓶的倾斜度。

斟酒完毕，应顺势绕酒瓶轴心线转动 1/4 圈，并可用左手的餐巾布擦拭一下瓶口，以免瓶口的酒液滴落在餐台上。

斟酒时要求握住酒瓶中部，不要挡住酒标，酒标应朝向客人，便于客人看见，同时应向客人说明酒的特点。

凡需使用冰桶冰镇的酒，从冰桶取出酒瓶时，要用一块餐巾包住瓶身，以免瓶外水滴弄脏台布或客人的衣物；凡使用酒篮服务的酒，酒瓶瓶颈下应衬垫一块布巾或纸巾。

斟倒香槟酒时，应将酒瓶用餐巾包好，先向杯中斟倒 1/3 的酒液，待泡沫消退后，再向杯中续斟，至八成满为宜。

五、斟酒顺序

在一般情况下，服务人员可以先为桌面上的长者斟酒，对于夫妇应先为女士斟酒。

西餐宴会或正式场合，斟酒应从第一主宾开始，先为女主宾斟酒，再男主宾斟酒，然后为主人斟酒，再为其他宾客斟酒，第一主宾一般在主人右侧的第一个座位就座。

中餐宴会一般在宴会开设前 10 分钟左右将烈性酒、葡萄酒斟好，斟酒时先斟主宾，后斟主人，然后按顺时针方向依次绕桌进行。

在宾主祝酒讲话时，服务人员应停止一切活动，端正静立在僻静位置上，不可交头接耳或有其他不雅之举动，注意宾客杯中的酒水，当杯中酒水少于 1/3 时，就应及时斟添，使其经常保持八分满。要特别照顾好主宾和主人，宾主讲话结束时，服务员要用托盘及时送上他们的酒杯，供其祝酒。宾主离位给来宾祝酒时，服务人员应手托着相应的酒水，跟随宾主身后，以及时给来宾或主人续斟。

本章小结

本章主题是餐饮服务必须掌握的基本功，本章第一节为托盘的使用，第二节为餐巾折花，第三节为摆台，第四节为斟酒。这些基本技能是进行餐饮服务的基础，是进入餐厅开展餐饮服务的必要条件。

复习与思考

一、思考题

1. 区分“轻托”与“重托”的服务功能。

2. 谈谈餐巾折花的基本技法和基本要领。

3. 熟悉西餐摆台的主要程序。

二、练习题

1. 单选题

（1）宜冰镇后饮用的酒类是（　）。

A. 白兰地酒　　B. 利口酒　　C. 红葡萄酒　　D. 白葡萄酒

（2）传统习惯上，在摆台折餐巾时常使用“杯花”的是（　）。

A. 中餐服务　　B. 西餐服务　　C. 自助餐服务　　D. 酒会服务

（3）下列餐饮服务中，通常用“重托”完成的是（　）。

A. 上菜　　B. 斟酒　　C. 分菜　　D. 团体用餐传菜

2. 判断题

（1）与中餐服务相比，西餐更喜欢徒手进行操作服务。（　）

（2）西餐餐巾折花较少用动物、植物造型。（　）

（3）不同的酒类在斟倒时，满杯的概念不同，红酒通常斟至1/2杯满即可。（　）

第七章 酒店餐厅常用服务方式与运行流程

学习意义 目前中餐所使用的服务方法多半来自西餐，尤其是高档餐饮用餐场合。要学好餐饮服务，最好先了解和熟悉西餐的服务方法；要服务好宾客、经营管理好酒店餐饮，就必须对酒店餐饮的运行流程有个基本的了解。

内容概述 本章分为两节，第一节介绍了酒店餐厅中常用的侍应服务方法，第二节叙述了酒店餐饮的业务开展运行流程。

教学目标

知识目标

1 熟悉中餐、西餐及自助餐的用餐与服务方式。

2 熟悉酒店餐饮的业务运行流程。

能力目标

1 了解并基本掌握中餐、西餐及自助餐的服务方式与服务操作程序。

2 熟知酒店餐饮的业务运行流程。

中西餐服务方式的相互融合

笔者曾多次有幸作为评委或裁判参加国家旅游局组织的全国旅游星级酒店系统服务岗位技能大赛。历经多次比赛之后，笔者发现在餐饮全能比赛角逐中，登上领奖台最高处的参赛者往往是从事西餐服务出身的选手，这是什么原因呢？原来，现今中餐服务中的许多高档服务方法，如宴会中的分餐、派菜等服务方式，均是由西餐服务方式派生过来的。这就难怪在全能比赛中，西餐服务出身的参赛者占有明显的优势。

此案例给我们这样一个启发，要做好餐饮服务工作，哪怕仅仅是中餐餐饮服务工作，学习并掌握相应的西餐服务知识与西餐服务技能、服务方法是十分有益和必要的。

第一节　酒店餐厅常用服务方式

一、西餐常用服务方式

西餐服务方式系指西餐用餐时提供给用餐者的侍应招待方式。

现今所用的西餐服务方式大都起源于欧洲贵族家庭和王室，经过许多年的发展演变，逐渐为社会上的酒店和餐馆所使用。本部分将重点介绍美式服务、俄式服务和法式服务，服务人员要根据不同类型、不同特色、不同场合的消费选用不同的服务方式。

（一）美式服务

美式服务（American Style Service）主要适用于中低档次的西餐零点和宴会用餐。

这种服务起源于美国的餐馆。其程序是服务人员接受客人的点菜后，将点菜单送至厨房；厨师依据点菜单将菜肴准备完毕，按每人一份的原则，将每道菜分置于餐盘中；由服务人员端至客人身边，用左手从客人的左侧放在客人面前的餐桌上。

美式服务也称为“盘式服务”（Plate Service），服务时应遵循的基本原则是：菜从左边上，饮料从右边上，用过的餐盘从右边撤下。这种服务快速、迅捷、方便，易于操作。在全世界的餐馆中广为使用。

（二）俄式服务

俄式服务（Russian Style Service）主要用于高档的西餐宴会用餐。

俄式服务起源于俄罗斯的贵族与沙皇宫廷之中，并渐为欧洲其他国家所采用。俄式服务是一种豪华的服务，传统的俄式服务使用大量的银质餐具，十分讲究礼节，风格典雅，能使客人享受到体贴的个人照顾。

服务时，所有菜肴在厨房中加工，准备完毕后由厨师将一张餐桌上的菜肴按一道菜配一个银质大浅盘的原则放置在大浅盘内，由服务人员把盘端至餐厅。具体做法是：服务人员将厨房准备好的、放在大银盘中的菜送至餐厅；将空餐盘用托盘送到餐桌边上的服务台或边桌上；服务人员用右手、按顺时针方向从客人的右侧将空餐盘依次放在就餐者面前；空餐盘上完之后，服务人员回到服务台或边桌，用左手托起放菜的大浅盘，右手拿服务叉和服务匙从客人的左侧派菜；派菜前应向客人展示菜肴，将客人所需的菜肴分量分夹到客人的餐盘里；派菜时按逆时针方向绕台进行。

服务过程中应当注意的是：派菜之前，应先向客人介绍银盘内的菜肴，使客人有机会欣赏到厨师的手艺，同时装饰漂亮的菜肴也可以增进客人的食欲；分派菜肴时，服务人员应灵活掌握其数量，分派的数量应符合客人的需要，剩余的食物应退还给厨房；上汤时，用托盘将汤送入餐厅，放在客人面前；汤可以放在大银汤盆中用勺舀入客人的汤盆里，也可盛在银杯中，再从杯内倒入汤盆中。俄式服务的基本规则是：空盘从客人右边按顺时针绕台摆放；派分食物从客人的左侧按逆时针方向进行。

（三）法式服务

法式服务（French Style Service）主要用于高档的西餐零点用餐。

法式服务源于欧洲贵族家庭及王室，是一种比较注意礼节的服务方式，其服务的节奏通常较慢。

法式服务一般由两名服务人员协作完成，一名为主，另一名为辅。为主的服务人员负责接受点菜、烹饪加工、桌面服务、结账等工作；为辅的服务人员负责传递单据、物品、摆台、撤台等工作。与俄式服务类似，法式服务使用大量银餐具。具体服务过程如下：就餐者点的菜肴大多要在客人面前的辅助边桌（Side Table）或手推烹制车上进行最后烹调。许多半成品的食品用银质大盘从厨房端到餐厅，放在边桌或烹制车上，用电或燃料的保温炉为食品保温。菜肴经过客前的烹调、加工整理和装饰之后，放在餐盘（冷菜用冷盘、热菜用热盘）中端给客人。需要注意的是，客前加工的菜肴食品必须在很短的时间烹制、装盘、服务，所以只有适合于客前烹调的菜肴才能这样处理。上菜时，服务人员用右手，从客人右侧服务。

上面介绍了西餐服务中常用的三种方式，酒店餐饮管理人员应根据不同的业务性质选用对应的餐饮服务方式，以期获得最好的服务与经济效果。

现代餐饮服务中，为什么较优秀的中餐服务员基本都学过西餐服务?

二、中餐常用服务方式

中餐服务方式，指的是中餐餐馆或餐厅中使用的侍应、招待客人的方式。

中餐在其长期的发展过程中兼收并蓄，逐步形成了自己的服务方式，这种服务方式是同中餐菜肴的许多特点相适应的。同时，随着人们对卫生的要求的提高和对就餐方式多样化的需求，中餐的服务方式正在经历着一定的变革。目前在酒店等餐饮企业中常用的中餐服务方式有：共餐式服务、转盘式服务和分餐式服务。

（一）共餐式服务

共餐式服务比较适用于 2 ~ 6 人的中餐零点服务。

传统的共餐式服务，由就餐者用自己的筷子到菜盘中夹取菜肴，今天的共餐式服务已在此基础上作了较大改进，就餐时客人用附加的公匙、公筷盛取喜爱的菜肴。

1. 服务程序和形式

（1）摆台时，根据餐桌大小和用餐人数摆放 1~2 副公筷、公匙。

（2）上菜时，服务人员站在适当的位置，将托盘中的菜盘摆放到餐桌上。

（3）报出菜名，向客人介绍菜肴特色。

2. 注意事项

（1）中餐上菜常常是所有菜点一个接着一个同时上台，服务人员要注意台面不同菜肴的搭配摆放，尤其是荤素和颜色的搭配。

（2）菜肴上台时，注意配上适当的公用餐具，方便客人取菜，避免使用同一餐具而串味。

（3）台面上的菜肴放不下时，应征求客人意见，对台面进行整理，撤、并剩菜不多的盘子，切勿将菜盘叠架起来。

（4）如遇有外宾用餐，应主动为其提供叉、匙等西餐餐具。

（5）整鸡、整鸭、整鱼等菜肴，应协助客人分切成易于筷子夹取的形状。

（6）所有的菜肴上完后应告知客人，并询问客人品种、数量正确与否，最后祝客人用餐愉快。

（二）转盘式服务

转盘式服务在中餐服务中是一种普遍使用的餐桌服务方式，适用于大圆台的多人用餐服务，既可以用于旅游团队、会议团体用餐，也适用于中餐的宴会服务。

转盘式服务是在一张大的圆桌面上安放一个直径为 90 厘米左右的转盘，将菜肴等放置在转盘上供就餐者夹取的就餐服务形式。这种服务方法的程序如下：

1. 台面布置

（1）在台上按铺台布的要求铺好台布。

（2）将转盘底座转轴摆放到桌子的正中央。

（3）将干净的转盘放到转轴上，试验其是否转动自如。

（4）根据便餐或宴会的要求摆台。

2. 转盘式便餐服务

（1）在台面上摆放 2 ～ 4 副公筷、公匙。

（2）服务人员从适当的位置上菜，报出菜名、介绍特色菜肴。

（3）客人用公用餐具为自己取菜。

（4）服务人员协助客人分派整鱼、整鸡、整鸭等大菜。

（5）在多骨、多刺和口味截然不同的菜肴之间为客人调换骨盘；换盘时应注意：先撤后上，先女后男，先长后幼，先宾后主。

3. 转盘式宴会服务

（1）服务人员站在适当的位置为客人上菜、分菜。

（2）当一位服务人员单独服务时，按以下程序分菜：收撤脏盘；介绍新上菜肴；将干净骨盘沿转盘边放好；用公用餐具分派；请客人享用新上菜肴。

（3）当有两位服务人员协作服务时，按如下程序分菜：收撤脏盘，换上干净骨盘；介绍菜肴；两人配合进行，一人分菜，另一人递盘，注意分清主次先后；请客人享用。

（三）分餐式服务

分餐式服务主要适用于官方的、较正式的、高档的宴会服务。

分餐式服务是吸收了众多西餐服务方式的优点并使之与中餐服务相结合的一种服务方式，人们又将这种服务方式看作“中餐西吃”时所用的服务方式，可分为“边桌服务”和“派菜服务”两种。

1. 边桌服务

边桌服务是在宴会餐桌旁设一张固定的或可手推的流动服务边桌，在边桌上放一些干净骨盘和其他餐具进行宴会的分菜服务。边桌服务的基本程序是：

（1）服务人员将菜肴用托盘送至餐桌上，向客人介绍菜肴特色。

（2）将菜肴放回服务边桌上，准备分菜。

（3）两名服务人员配合，一人分菜，另一人将餐桌上前一道菜用过的脏盘撤下，然后将新分好菜的骨盘置于每位客人的面前。

（4）将菜盘中剩余的部分菜肴整理好，放回餐台上，以便就餐者需要时添加。

边桌分菜服务同西餐中的美式服务极其相似。

2. 派菜服务

派菜服务的基本程序是：

（1）服务人员给客人换上干净的骨盘。

（2）服务人员将菜肴送上餐桌，报出菜名，为客人介绍菜肴特色。

（3）将菜肴放到铺了干净垫巾的小圆托盘上，左手托盘，右手拿服务匙、服务叉分菜。

（4）分派的次序依照主宾、主人，然后按顺时针方向绕桌进行，分菜时建议从客人的左侧进行，这样可以避免托盘与匙、叉的交错。

（5）每分派完一位客人，服务人员应退后两步，再转身为下一位客人提供服务。

（6）最后将剩余的那份菜肴整理好，放回餐桌上，以便客人需要时添加。

派菜服务同西餐中的俄式服务极其相似。

3. 分餐服务时应注意的问题

（1）掌握好分菜服务的时间、节奏，分派的整个过程应尽可能短，不致使后派到菜的客人等候过久。

（2）无论边桌服务还是托盘派菜，要操作稳健，不发出声响。

（3）注意分派的分量，分派需均匀。

（4）放回餐桌的多余菜肴一定要整理好，不要给人以残羹剩菜的感觉。

概括而言，上述几种中餐和西餐的常用服务方式，在特定场合各有其实用价值和优点。在进行餐饮服务管理中要培训服务人员熟练、正确地运用上述方法。一个餐厅或一次宴会不必拘泥于某一种服务方式，可以根据就餐的人数和不同的菜肴，选用不同的方法交叉使用。

中餐宴会服务中分餐式服务的由来

中餐宴会服务中分餐式服务源于西餐，具体而言：桌上分菜的服务形式主要是受到了俄式服务的影响，由俄式服务演变而来；而桌边分菜的服务形式则主要借鉴了美式服务。

三、自助餐服务方式

自助餐最早出现于瑞典，今天已发展成越来越受欢迎的餐饮用餐方式。

自助餐能满足人们喜爱自己动手各取所需的习惯。此外，自助餐这种餐饮形式还带有许多优点，一是菜肴丰富、陈列精美，能唤起人们的食欲；二是人们只要花不太多的钱，便可品尝到具有地方特色、品种繁多的中、西美味佳肴；三是自助餐就餐的速度较快，客人进餐厅后几乎无须等候，这在时间就是金钱的今天非常适宜，餐座的周转率高，又增加了餐厅的营业收入；四是自助餐的菜肴是事先准备的，可调剂厨师劳动忙闲不均的状况，缓和高峰时期厨房的忙碌和厨师人手紧张的矛盾，相应的服务人员的配备也是非常节省的。

自助餐主要适用于会议用餐、团队用餐和各种大型活动用餐。早餐提供自助餐服务更为普遍。开设自助餐必须确保一个最低客流量，顾客太少，显然是不合算的。自助餐有设座和不设座两种，以前者居多。

（一）自助餐餐厅布置

（1）一个正常经营的自助餐餐厅布置应具有独特的个性，并能以其鲜明的形象给顾客留下深刻的印象，同时要与精美的菜肴相映成辉，例如水晶宫似的海鲜自助餐厅、富有浪漫色彩的野味自助餐厅、反映本地风土人情的民俗自助餐厅以及具有乡土气息的田园自助餐厅等。

（2）根据特别活动而设的自助餐应按其主题进行布置，并将该主题作为指导思想贯穿到餐厅装潢、背景布置、餐台装饰和食品的推销中去。

（3）有可能成为自助餐主题的节日，如圣诞节、情人节、母亲节、复活节、感恩节、元旦、春节、元宵节、清明节、端午节、中秋节、重阳节等，都是饮食促销的大好时机。

（4）许多当地举行的活动和公众感兴趣的事情，如体育比赛、音乐活动、文化艺术活动等也都是个性鲜明的自助餐主题和有影响的销售推广活动。此外，各种展览会、订货会和其他商业活动都给餐饮业提供了机会，这种类型的自助餐还可以由各公司赞助，用他们提供的产品和符号来作为突出主题的装饰，可以安排演出、时装表演等。

（5）装饰布置所选用的材料也应突出主题，墙壁背景、屏幕、盆栽、旗帜和其他活动装饰都可以作为招徕生意的手段。装在墙上的电扇能够使旗帜和悬挂物随风飘动。现代声、光系统更可以使自助餐厅有声有色、栩栩如生。

（6）圣诞节和复活节时用深蓝色或深红色台布更能衬托宗教气氛，麻布能给自助餐以一种农村的乡土气息，红白格子的台布则给人以不拘礼节的融洽气氛。

（7）餐具和陈列菜肴的容器也可以别出花样，除瓷器、玻璃器皿和银器外，木器、竹器、瓜壳盅、大贝壳等都是能起点缀作用的容器。

（8）在灯光使用上，一般以聚光灯等强烈的灯光使食品能够清楚地显示出来，自助餐台是餐厅内众所瞩目的地方之一，应明亮、显眼。

（二）自助餐餐（菜）台安排

（1）大型自助餐为保证客人迅速顺利地取菜，一般设一中心食品陈列桌和几张分散的食品陈列桌，以便分区域疏散客人。

（2）在食品陈列桌旁应该留有宽敞的空间使客人在取菜时不必排长队和造成拥挤，并要根据客流方向安排空间使用。通常平均一个人选一种食品所需的空间约30厘米，所以在计划时应该考虑在一个特定的时间里供应品种的多少和所能接待的客人数。否则周转很慢，客人将排队在桌旁等候。

（3）除了用完整的自助餐台外，也可以将一些特色菜分立出来。如设立色拉台、甜品台、临时酒吧和烧烤台等。这些分立的色拉台和甜品台的布置也应匠心独具。如法国或维也纳糕饼店、老式的冰激凌柜台等，也可以是法国葡萄园酒吧、德国酒窖。

（4）自助餐台可以有各种形状，应根据场地来选择。各种形状的台面有长方形、圆形、螺旋形、椭圆形、1/4圆形、半圆形和梯形等（图7-1），用这些台子可以组合出各种形状的自助餐台。

（5）在餐台上铺上台布，然后围上桌裙，这样会显得更加华丽、整洁，也更受客人的欢迎。桌裙的长度离地约2厘米，要能遮住桌脚。站立式自助餐的圆台也应用桌裙。

（6）在自助餐陈列台的后面应留有空间进行布置、渲染气氛，放置特色菜、火鸡等，可搭出一个“空中花园”。

（7）自助餐台的中央一般布置成大的花篮，用雕塑、烛台、鲜花、水果、冰雕等饰物点缀，填补空白，增强效果。

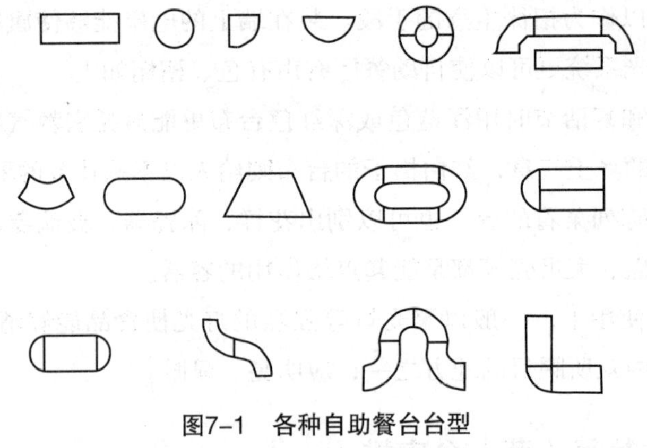

图7-1 各种自助餐台台型

（三）自助餐菜肴的陈列

自助餐台的食品陈列应该按事先安排好的计划摆放，有一定的要求，总的来说是根据用餐菜单上的顺序以及客人取食习惯来排列。

（1）客人的餐盘摆在自助餐台的最前端，整齐地堆放在一起，站立式自助餐在盘边还可夹有一个夹杯托，以便客人将酒杯安放在盘上。

（2）色拉、开胃品、熏鱼和其他各种冷菜等食品一般是厨师精心美化的主要对象之一。

（3）热蔬菜、烤炙肉以及其他热的主菜，通常用暖锅保温，摆放整齐。

（4）与上述菜肴搭配的汤汁、调料和装饰物应与这些菜肴摆放在一起，如色拉与色拉油等。

（5）甜食和水果等应是诱人的，它们可以单独设台，也可以用分格子大盘盛装。

（6）在技巧上，一般为降低成本对各类菜肴的摆放位置亦有讲究。如将成本较低的热主菜放在引人注目的地方，这样客人就会因盘中放满了这些菜而少用价格更昂贵的食品；同时如果注意了各种冷菜和热蔬的销售，热主菜的量就比较节省；有时，自助餐还分两部分进行，客人先吃冷餐，然后是热菜，这样对热主菜来说，消费的数量亦会降低。

（7）分成各个点和块的食品陈列可以有各个不同国家和地区的特色菜，这是自助餐的又一特点，所选用的菜肴大多是中外并蓄。如果要着意渲染气氛，也可以让服务人员穿某国的装束进行服务。

（四）自助餐服务要求

（1）根据计划和要求布置餐厅，设座式自助餐要事先为客人就餐的餐桌摆好台，摆台要求和正餐相似，保持餐厅内清洁、整齐。

（2）高级的自助餐常在客人去自助餐前，就把开胃品和汤送到客人的桌上。饮料、面包、黄油也是由服务人员送到餐桌上，服务的规格与正餐一样。

（3）不设座位的自助餐，则将餐具、面包、黄油、甜点和饮料安放在自助餐台上，标准是：客人用的盘子在最前端，餐具、餐巾、面包、黄油在最后端。开胃品、饮料和甜点可以分别在几处设台，以加快服务速度，避免拥挤。

（4）对用来为食品保温的暖锅、电热炉、电磁炉等要留意照顾，经常检查添加燃料、注意电源；要使食物保冷必须备有冰块，盛冰块的碗要时常更换。点燃的蜡烛要保持笔直、不流蜡。暖锅和蜡烛都应离开服务线一定的距离以避免意外。菜盘和其他器皿也应距离桌边10厘米左右。

（5）在自助餐台后，应设一名厨师穿上洁白的工作服来照顾餐台。其主要职责是：像主人那样向客人介绍、推荐和分送菜肴；分切大块的烤肉等；整理餐台，保持其美观；及时更换和添加菜盘；检查设备，保持食品的热和冷；回答客人问题；并及时为客人提供其他帮助。

（6）陈列菜盘里食物不足1/3时，应马上补充或另换，否则不大雅观，而且有损食物丰富的形象。

（7）应当保持有足够数量的冷热菜盘以及其他各种服务用具、餐具和餐巾等。

（8）如果是客人自取自烹的火锅式自助餐，服务人员要负责为客人准备火锅，帮助开启，告诉客人一些特殊食品的加工方法，提供各种调料，随时加汤和斟酒。

（9）大块牛排和整个火鸡等的切割分派是一项技术活，带有表演性质，服务人员或厨师在操作时要注意分量、形状、装盘、卫生等。

（10）在餐厅发生意外，如客人打翻盘子时，服务人员要迅速帮助处理，将打翻在桌上的食物立即刷到空盘内，除去污迹，再盖上清洁的餐巾；打翻在地上或地毯上的食物要立即通知有关人员清洗，在此之前可先盖上一块餐巾，以免其他客人踩踏上去。

（11）管理人员应时常检查现场的服务运转情况，协调厨房与餐厅的配合，及时处理各种突发事故，使自助餐顺利进行。

第二节　酒店餐饮运行流程

一、酒店餐饮营业筹备阶段的业务运行流程

（一）经营管理者自身状况的定位与分析

“知己知彼，百战不殆。”① 酒店餐饮的经营管理同样如此，对经营管理者自身状况的定位与分析是餐饮筹备阶段要做的第一项工作，此项工作完成情况的质量直接影响后面的工作。需要定位与分析的内容主要有：经营管理者自身基本素质情况（文化程度、身体状况、智商、情商、年龄与社会经历状况等）；经营管理者自身财力状况（可支配财富、可调用或可借用的财富等）；经营管理者自身的人脉与社会关系资源等。这些项目的定位与分析有助于经营管理者选择合适的目标顾客市场、选择合适的餐厅类型和进行有效的经营管理。

（二）餐饮经营环境的调研与分析

在准备从事餐饮经营之前，应对拟进入的地区进行一番了解，也就是要对餐饮经营环境进行调研与分析，在酒店餐厅的核心顾客群体已确定、需要开发其他新的客源市场时，需要进行以下调查分析工作：

1. 六个基本方面的分析

（1）拟进入地区的经济是繁荣稳定还是颓废衰落。

（2）如经济现状不明，是否在可预见的时间内出现繁荣。

（3）拟进入地区的常住人口是否有着可靠、稳定的收入。

（4）拟进入地区的人口结构情况。

（5）拟进入地区是否有一定数量的行政、企事业单位。

① 《孙子 · 谋攻》。

（6）拟进入地区大部分人口的饮食口味。

2. 餐饮消费者情况的调查分析

主要集中在以下领域：拟进入地区的人口数与户口数，拟进入地区的各年龄组人数、男女性别人数，拟进入地区的各种职业人数与人均收入，企事业单位的数量、性质及规模，拟进入地区的地区特征（属于商业区还是住宅区、行政区、厂矿区……）。

3. 同行竞争者情况的调查分析

对同行竞争者的调查主要集中在以下领域：地理位置，营业状况，营业范围与价格，主要顾客类别，餐厅的面积与座位数，餐位周转率，店面及内部装潢等。

（三）确定本餐厅的目标市场

餐饮消费者进行餐饮消费的动机各异：有的是为了充饥，有的是为了享受美食，有的是参加会议或外出旅游用餐，有的是为了宴请……作为一家酒店餐厅必须选择其中的一两种顾客群体作为自己的主要目标市场，其余的作为辅助顾客群体。

（四）确定餐厅的类型

餐厅的主要目标顾客确定后，选择餐厅的类型就比较容易了，常见的餐厅类型有：

1. 正规式餐厅（也可称正餐厅、综合餐厅）

正规式餐厅又可以分为中餐厅、西餐厅。其中的中餐厅又可以按地域特色分为川菜餐厅、粤菜餐厅、淮扬菜餐厅、京鲁菜餐厅等。

2. 风味餐厅

风味餐厅是提供某种特色的餐厅，如烤鸭店、海鲜厅、烤肉店、砂锅居等。这类餐厅通常以某类菜肴或某种加工法为专长。此类餐厅容易创出相应的特色，菜单的品种相对专注，服务也有相应的特点。

3. 专门化餐厅

专门化餐厅系指产品品种相对单一，加工方法也相应简便的餐厅。其表现形式有：以麦当劳、肯德基、汉堡王为代表的洋快餐店，也有中式的火锅店、快餐厅、茶餐厅等。这些专门化餐厅的特点是：标准化、有特色、价格便宜、服务简单、规模较大。

（五）确定餐饮企业的经营与管理模式

综合经营管理者自身状况的定位与分析、餐厅的目标市场、餐厅的类型等因素，然后确定本餐厅的经营、管理、服务模式。

可供选择的餐饮经营管理模式有公有产权自营、公有产权承包经营、私有产权自营和私有产权他营等。最近几年又陆续出现了特许经营、管理合同经营、租赁经营、带资经营等若干种经营管理模式。

（六）选择合适的经营场所

现代酒店业的鼻祖之一康拉德 · 希尔顿曾经对酒店的选址作过精辟的阐述，“对于酒店而言，第一重要的是位置，第二重要的是位置，第三重要的还是位置”。餐厅的选址同样如此。

（七）招募相应的厨师与其他员工

根据拟开餐厅的目标市场、类型与规模，着手进行厨师与其他员工的招聘工作。

（八）制定营业菜单

根据拟开餐厅的目标市场、类型与规模，加上厨师队伍中的骨干人员、企业的经营管理人员、财务人员等一起制定营业菜单。

（九）员工培训与企业试运行

根据餐厅的经营与管理模式地位，培训厨师的生产制作、培训服务人员的日常服务，培训管理人员的管理规范，在此基础上进行整个餐馆系统的运行磨合，并发现问题，予以纠正。

二、酒店餐饮营业运行阶段的业务流程

酒店餐饮正式开张后，其餐厅主要的业务运行环节将会在本书后读章节进行叙述，本节仅就餐饮运行时管理层面关心的业务问题与业务指标进行介绍。

（一）餐饮经营目标标准的执行与维护

这是酒店餐饮部高层关注的问题，需要执行与维护的指标或标准主要是：营业收入指标；毛利率指标（对应于原料成本率指标）；费用率指标；客均消费额指标；餐位上座率指标；资金周转率指标；顾客满意率指标，等等。

（二）餐饮管理标准的执行与维护

这是酒店餐饮部的中层（管理层面）应该花大力气去执行与维护的问题，如每个员工是否忠于、执行自己的岗位职责；每个部门与个人是否遵守企业制定的各项行政与业务管理制度；每个部门与员工是否按企业制定的表格（印刷的、电子的）在进行日常运行；等等。

（三）餐饮服务标准的执行与维护

这是酒店餐饮部基层管理者主要关心的问题，如每个员工是否按企业规定的操作程序与操作标准进行服务工作等。

本章小结

本章第一节是酒店餐厅常用服务方式，先后介绍了西餐、中餐、自助餐三种酒店餐饮常用的服务方式；第二节为酒店餐饮运行流程，分别叙述了餐饮营业筹备阶段、开业运行阶段的工作流程及各管理层在这两个阶段的工作重点及所关注的问题。

复习与思考

一、思考题

1. 西餐的主要服务方式有哪些？分别适用于何种用餐场合？操作时又是如何进行的？

2. 中餐的主要服务方式有哪些？分别适用于何种用餐场合？操作时又是如何进行的？

3. 自助餐服务适用于何种用餐场合？操作时又是如何进行的？

4. 酒店餐饮在开业筹备阶段的运行流程是怎样的？在开业后餐饮各管理层所关注的工作焦点分别是什么？

二、练习题

1. 单选题

（1）法式服务主要适用于（　）。

A. 中低档西餐宴会　　B. 高档西餐宴会

C. 中低档西餐零点　　D. 高档西餐零点

（2）中餐的“分餐式”服务主要适用于（　）。

A. 零点用餐　　B. 团队用餐　　C. 婚宴用餐　　D. 正式宴请用餐

（3）“自助餐”普遍受到欢迎是因为其（　）。

A. 高档豪华　　B. 隆重正式　　C. 价格公道　　D. 轻松随意

（4）下列选项中，属于酒店餐厅基层餐饮管理者较为关注的问题是（　）。

A. 餐饮资金周转率指标　　B. 餐饮费用率指标

C. 餐饮原料成本率指标　　D. 餐饮服务程序指标

2. 判断题

（1）总体而言，西餐的服务要求比中餐要高。（　）

（2）中餐中的“桌上分餐服务”方式带有明显的西餐法式服务的印迹。（　）

（3）自助餐结账时主要根据用餐者选用食品的数量和档次进行。（　）

（4）酒店餐饮部的高层管理者更关注餐饮经营方面的数据指标。（　）

第八章

酒店菜单的筹划与设计制作

学习意义 菜单是餐饮消费者与餐饮销售者之间的桥梁、纽带，其质量的高低、好坏以及是否被就餐者接受直接影响到餐饮经营者的利益，从管理层面与技术层面学好菜单的筹划与设计制作，对提高餐饮业的管理水平有着重要意义。

内容概述 本章介绍了酒店餐饮固定菜单的筹划与设计制作；并叙述了变动菜单（以宴会菜单为代表）的筹划与实施。

教学目标

知识目标

1. 熟悉固定菜单、变动菜单及它们各自的具体表现形式。

能力目标

1. 能够从经营管理的角度去筹划菜单，从展现、实用的角度去设计、制作菜单。
2. 熟练地运用菜单筹划、设计制作原则，为餐饮企业科学、合理运行奠定基础。

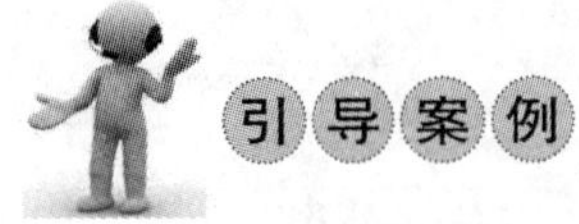

一顿讨巧的宴席

山东济南某酒店的总经理正在为将要接待的来自台湾的一个高级别老人团的宴会主题风格而犯愁。此团的老人大多是1949年新中国成立前由宁波去台湾的，此次来济南前，该团在上海已活动了三天，通过向上海的接待方了解，上海方面安排的餐饮主题基本为上海本帮风味。情况明了之后，这位总经理便有了主意。他将其在本酒店的宴会主题定为甬菜风格并精心做了准备。宴会如期进行，黄泥螺、臭冬瓜、蟹糊、鳗鲞等典型宁波风味的菜肴一扫而光，台湾客人异口同声地说，这是他们到大陆以来吃得最香、最满意的一餐饭。

——资料来源：蒋一飒．酒店营销180例．东方出版中心，1998.

为什么说菜单的筹划与确定既是一项技术性的工作，又是一项艺术性的创作？

第一节　固定菜单的筹划、设计与制作

菜单是餐饮企业作为经营者和提供服务的一方向用餐者展示其生产经营的各类餐饮产品的书面形式的总称。

上述菜单的概念是从广义角度去理解的（狭义角度，可将菜单理解为展示菜肴产品的书面形式）。固定菜单的筹划、设计与制作，既是餐饮经营活动的重要形式，又是餐饮零点（零售）业务活动的核心。明确固定菜单的概念、种类、作用及制定固定菜单的依据，知道制定菜单时如何选择菜肴，了解菜单上应出现的内容与怎样设计制作菜单，对于提高服务质量和管理水平来说，是至关重要的。

一、固定菜单的概念

固定菜单是餐饮企业为满足餐饮者对餐饮产品的日常消费需要而制定的一种在特定时段内所列的产品品种、价格等内容不发生变动的菜单。

固定菜单必须具备两个基本特征：这种菜单是针对就餐者的日常消费需要而制定的；菜单上列示的经营品种、价格在某一特定时间内不应发生变动。按国际餐饮惯例，这一特定时间通常为一年（但在中国，变动周期会非常短）。

二、固定菜单的种类及表现形式

从不同的角度和侧面，可以将固定菜单划分成若干类别，不同的类别产生不同的表现形式。这些不同类别和不同表现形式，为餐饮专业工作者和专业学校的师生全面、完整地了解菜单提供了方便。

（一）依据餐别划分

这种划分的出发点是根据民族习俗发展而来的。从理论上讲，全世界有多少民族就会出现对应数量的餐别，但在全球范围内，大家普遍接受并使用的餐别为数不多，这些已为大家接受的餐别及对应的菜单是：

1. 中餐菜单

这是在中餐餐厅中使用的菜单，餐食的内容、所用的原料、烹饪的方法及服务的程式反映的是中华民族的饮食风格和习惯。

2. 西餐菜单

以欧美国家和民族的餐馆使用为主，它反映的是西方人的饮食习惯、风俗、菜肴的烹饪加工特点、口味特色等内容，同时反映出相应的服务要求和服务方法。

3. 其他菜单

中西餐菜单以外的其他菜单的总称。目前，在国内外餐饮业常见的其他餐食有日本餐、韩国餐、越南餐、印尼餐、拉美餐等。此类菜单就是为这些不同的餐食所配备的，它反映的是上述国家、民族的餐食风格和服务方法。

（二）依据餐饮产品的品种划分

餐饮部是酒店唯一生产实物产品的部门。其生产的实物产品呈多样性特征，以满足就餐者的不同消费需求。固定菜单的表现形式有：

1. 菜单

此处的菜单（Menu）概念为狭义的，广义的菜单还应包括点心、饮料等品种。菜单是餐厅向就餐消费者提供的记有菜肴名称、价格等信息内容的、供就餐者挑选菜肴品种的书面清单，属于餐单中最典型的形式，它反映的是餐饮企业的主体产品——菜肴。

2. 饮料单

饮料单（Drink List）是餐厅所辖的各营业点向宾客提供的记有酒品、饮料及其价格等信息内容的、供消费者挑选酒水品种的书面清单。饮料单普遍用于餐饮各消费场所，其记有的产品品种通常分为三类：纯饮的各种酒类，如白兰地、威士忌、葡萄酒及啤酒等；软饮料类，如果汁、汽水、矿泉水、纯水等；混合饮品类，如鸡尾酒、宾治等。

3. 餐酒单

餐酒单（Wine List）主要用于酒店的西餐厅，是酒店西餐厅向就餐的宾客提供的记有各类葡萄酒名称、价格等信息内容的、供就餐者挑选合适的佐餐葡萄酒的书面清单。西餐的佐餐饮品比较单一,一般用葡萄酒佐餐。

从餐饮产品的表现形式看，菜单、饮料单和餐酒单最为常见。除此之外，有些酒店还将其生产的各色咸、甜点心、糕饼的名称、价格汇于一份清单上，谓之“点心单”，以方便宾客选择各种点心。

（三）依据就餐时间划分

不同的餐饮营业点其供餐时间不一样；同一个餐饮营业点，依据每天的不同时间，其经营服务的内容也存在差异，不同时间所使用的菜单也不一样。这些菜单主要有：

1. 早餐菜单

早餐菜单（Breakfast Menu）专为早餐用餐设计，主要用于西餐早餐服务。餐单上所列的经营品种具有鲜明的早餐食品特点。

2. 正餐菜单

正餐菜单（Dinner Menu）专为西餐正餐设计。菜单所含餐饮品种较完整、齐全，从头盆、汤类开始，一直到甜点、咖啡结束，一应俱全。此类菜单既可以用于午餐，又可以用于晚餐。

3. 消夜菜单

在中餐厅使用较普遍。主要为习惯于夜生活的人而设计，使用时间通常是子夜前后。

（四）依据服务地点划分

许多酒店餐饮部拥有众多的营业地点，其经营内容、表现形式存在很大差异。除了咖啡厅、零点餐厅、酒吧这些普通的营业场所之外，酒店餐饮部经营管理范围之外的客房楼面等地也有餐饮部设计制作的菜单踪迹。

1. 餐厅菜单

普遍使用于各类中西餐零点餐厅，餐单上所列的经营品种一般能反映出酒店日常烹饪制作的风格和水平，同时体现出酒店的餐饮服务档次和特点。

2. 酒吧菜单

酒吧菜单的主要表现形式为“饮料单”（Drink List）。在饮料单上除供应酒类等饮品之外，许多酒店还供应各类佐饮小点和简单的餐食，如三明治等。

3. 楼面菜单

楼面菜单（Room Service Menu）系指置于酒店客房内、供住店客人在房内用餐所备的一份录有餐食品种、价格、送餐时间等信息内容的清单。酒店餐饮部的经营范围从空间上看则不局限于餐厅而延伸至酒店客房部所属的客房，这样既扩大了餐饮经营空间，又方便了由于种种原因不便去餐厅用餐的住店客人。当然，这对于餐饮经营管理提出了更新、更高、更特殊的要求。

（五）依据服务方式划分

餐饮业发展至今，餐饮原料、餐饮加工等都发生了很大的变化，餐饮服务的方法也精彩纷呈，优良的餐饮服务能使就餐者不仅品尝到美味佳肴，同时获得精神上的享受。无论中餐服务方法，还是西餐服务方法，从大的方式上可以归为以下两类，根据这两类服务方式，就有了两类不同的菜单。

1. 点菜菜单

各类零点餐厅使用的菜单，属于点菜菜单（Menu for A la Carte）。使用这类菜单的餐厅，就餐者依据自己的口味爱好，选取自己中意的餐食品种；而餐厅作为客体，则根据消费者的口味提供适销对路的餐饮产品。

2. 套菜菜单

套菜菜单（Menu for table d'Hote）又称公司菜菜单，以酒店餐饮部作为主体，依据本酒店所在地的市场情况制定出的组合套餐菜单。在组合套餐中，一般包括三四道菜肴、一道汤。收取餐费时，按整体组合套餐结账。套菜菜单多用于会议、公务、商务用餐服务。

（六）依据服务对象划分

酒店餐饮部在经营服务中，接待对象的档次、口味、身份、消费要求各异，许多酒店已经从适应市场的不同消费需求出发，制定出满足不同消费导向的菜单。这些菜单中，常见的有：

1. 对外菜单

这是餐饮部用于各营业点，满足零点需求的、公开、正式的营业菜单。

2. 对内菜单

餐饮部为酒店内部消费就餐制定的工作餐菜单，其表现形式主要有：高级员工餐厅菜单、普通员工餐厅菜单等。

3. 儿童餐菜单

酒店餐饮部根据少年儿童的生理及口味特点制定的小朋友专用菜单。这类菜单注重儿童的胃口、营养需要和分量大小等特点。国际连锁经营的麦当劳、肯德基等餐饮企业在国内经营时也提供这类菜单。

4. 节食菜单

顾名思义，节食菜单（Diet Menu）专供节食者使用。这类菜单一般由酒店的营养师和厨师共同研究制定，菜单上的菜肴必须保证色、香、味俱全，同时不宜提供过多的热量和胆固醇等物质。这在西方国家已非常普遍，国内则方兴未艾，具有庞大的潜在市场。

三、固定菜单的作用

菜单是餐饮企业日常经营活动的起点，餐饮经营管理活动中的诸多业务内容，均由菜单确定。它的作用如下：

（一）餐饮经营方面

1. 菜单是沟通餐饮经营者与消费者之间的桥梁

菜单是载有餐饮企业销售、生产、服务等信息的媒体，餐饮企业通过菜单向客人介绍自己的产品、推销餐饮服务、传递餐饮企业的经营意图。而用餐者则通过菜单了解餐厅的类别、特色、产品及其价格，选择自己需要的产品和服务。

2. 菜单是餐饮销售的控制工具

菜单是管理人员分析菜肴销售状况的基础资料。管理人员定期对菜单上每项菜肴的销售状况、顾客喜爱程度、就餐者对菜肴价格的敏感程度进行分析和调查，会发现菜肴生产计划、菜肴烹调技术、菜肴定价以及菜肴选择方面的问题；从而能帮助管理人员更换菜肴品种，改进生产计划和烹调技术，改善菜肴的促销方案和定价方法。

3. 菜单是餐饮促销的重要载体

菜单不仅通过提供信息向就餐者促销，而且餐厅还通过菜单的艺术设计衬托餐厅的形象。菜单上不仅配有文字，往往还配有图画、图案，套有色彩，附有食品和菜肴的图例。一份设计美观、艺术化的菜单，能给人以感性的认识和对味觉的刺激。另外，菜单上内容的合理编排，菜肴和餐具图片的刻意呈现会勾起就餐者的食欲和影响客人对菜肴的选择，能促进重点菜肴的销售。菜单还可以制作成各种漂亮精致的宣传品，可以陈列在潜在客人易见之处，可以在街头向过路客散发，也可以刊登在报刊上或直接邮寄给潜在客人，以进行各种有效的推销。

4. 菜单决定餐饮营业的档次和风格

不同档次的酒店，其菜单提供的产品是不一样的。不同风格的餐饮产品与餐厅的风格密切相关，一家供应粤菜的餐厅，同另一家供应京鲁菜的餐厅，其装修应该存有明显的差别。

5. 菜单决定餐饮前台的服务规格和要求

豪华餐厅的菜单，研制的餐食多为高档的、高价位的；反之，则是低档的、大众化的。由此，其相应的服务规格和要求也是具有较大差别的。

（二）餐饮管理方面

1. 菜单决定食品原料的采购与贮存

食品原料的采购与贮存是餐饮企业业务活动的重要环节，它们受到菜单内容和菜单类型的影响和支配。菜单内容规定了采购和贮存的对象，菜单类型在一定程度上决定着采购和贮存活动的规模、方法和要求。

2. 菜单决定餐饮设备

餐饮企业选择购置设备、灶具、工具和餐具，其种类、规格、数量、质量均取决于菜单的菜式品种、水平和特色。

3. 菜单决定厨师和服务人员的素质

菜单的内容，标志着餐饮机构的菜肴特色和服务水平，而体现这些特色和水平还必须通过厨师的烹饪加工和餐厅的服务方能实现。因此，餐饮企业在配备厨师和服务人员时，应根据菜式制作和服务要求，招聘具有相应技术水平的人员。

4. 菜单决定餐饮成本的控制

菜单在体现餐饮风格特色、规格水平的同时也决定了餐饮成本的高低。用料珍稀、原料价格昂贵的菜肴过多，必然导致较高的食品原料成本；而煞费苦心、精雕细刻的菜肴过多，又会无端增加企业的劳力成本。实际上，各种不同成本的菜肴的数量之间应有一定的比例，这一比例是否恰当，直接影响到餐饮企业的赢利能力。因此，确定各菜肴的成本，调整整个菜单不同菜肴的品种数量比例，是餐饮企业成本管理的首要环节。

5. 菜单决定厨房的布局

厨房是加工制作餐饮产品的场所，厨房内各业务操作中心的选址，各种设备、器械、工具的定位，应以适合某菜单上菜肴的加工制作需要为准则。中餐厨房与西餐厨房的布局要求大相径庭，快餐厨房和正餐厨房的设备安排也相去甚远。

四、制定固定菜单的依据

制定固定菜单，包括菜单的制定和修订，需要考虑许多方面的因素，将这些因素归纳排队，不外乎两大类，即古人所云：知己知彼。

（一）对自身技术力量的分析

在制定和修订菜单之前，应该对自身的餐饮技术力量进行分析，分析的目的是明确根据现有的人员和设备条件能够制作何种风格、何种档次的菜肴，菜肴经制作人员加工出来之后，前台的服务人员有无能力提供与之相适应的配套服务。

1. 对人员技术力量的分析

对人员技术力量的分析主要体现在两个方面：

（1）对餐饮产品制作人员情况的分析。在分析时，应本着全面、完整、发展的原则认真进行。餐饮产品制作人员主要是指厨房的各类厨师、厨房的点心制作师和餐厅、酒吧的调酒师。分析的项目可以分为：这些人员的年龄结构状况（个体的和整体的）；餐系（中餐、西餐）和帮系（粤菜、川菜等）结构；从事本专业的工作经历状况（个体的和整体的）；受教育及文化层次结构（个体的和整体的）；各自的技术等级状况及整体的技术等级状况；整体性别比例结构等。以对性别比例结构的分析为例，厨房虽然基本上属男性世界，但并非所有的工作都适合男性去做，像菜肴烹饪之前的准备、切配和饼房中的点心制作等，女性则略强于男性。另外，从工作效果上看，在男性世界中，安排适量的女性一起工作，能使工作量和工作效率提高许多，这已为实际情况所证明。

（2）对餐饮服务人员情况的分析。从理论上讲，对服务人员技术状况分析的指导思想和方法，与对餐饮制作人员分析的指导思想和方法相同，但着重点有所不一。在对餐饮服务人员进行分析时，重点应放在年龄、性别、外貌长相、工作态度、服务技能、技巧等方面。这是由于餐饮服务人员所从事的是面对面的服务工作。

2. 对餐饮设备的技术先进水平及适用性的分析

随着社会经济水平的提高和科学技术的日新月异，现代化的管理思想和方法、工业化的操作过程和手段逐渐进入厨房，引发了一场厨房革命，使得当今酒店厨房对先进设备的依赖程度越来越高。这在西餐厨房中尤为明显，厨房中原来由手工完成的工作，越来越多地被机器设备所替代，从某种程度上看，厨师在烹饪中的作用日趋变小。这种变革在中餐厨房中不是十分明显，但这一趋势正渐渐地初显端倪。因此，无论西餐餐单还是中餐餐单，在制定、修订时，都应充分考虑到设备在餐饮生产中所起的作用。

餐饮设备的适用性是应该考虑的另一个因素。同样是中餐，由于菜系不同，对设备需求的程度是不一样的，如今天的粤菜，由于受西餐的影响较大，对设备的依赖程度就较高。

（二）对经营环境及状况的分析

1. 对餐饮消费市场需求形势的分析

对餐饮消费市场需求形势的分析，有赖于日积月累的统计数据及变化多端的餐饮消费需求。依据这些数据和需求，指导菜单的制定。

2. 对食品原料市场供应形势的分析

随着国家经济形势的发展，全国的经济体制已由计划经济的模式逐渐转向市场经济的模式。市场机制的自然调节，在食品原料的供应市场上也日臻完善。作为酒店制定、修订餐单的分析重点，也由寻找原料供应市场变为在众多的食品原料卖主中挑选最佳的卖主，然后确定餐单内容。

3. 对销售统计数据的分析

前期销售统计数据是对前一阶段经营工作的总结。这样的总结对下一阶段的工作往往具有很大的指导意义。这些销售统计数据主要来源于目前酒店中广泛使用的电脑记录。这些数据计有原料成本数据、销售收入数据、各种费用数据、毛利状况数据、人均消费额数据、餐位周转率数据等。

五、选择菜肴

选择菜肴，就是将那些顾客喜欢的同时能使餐饮企业获得利润的菜肴经过筛选，出现在餐厅的菜单上。

（一）掌握菜肴销售的趋势

一份好的菜单应能适应菜肴销售的发展趋势。在选择菜肴时，应密切注意有关菜肴的销售状况，阅读各种有关餐饮情况的专业杂志和报纸。同时，还要定期访问各类餐饮同行，尤其是那些与自己企业情况相近、相似的同行，通过亲自品尝，了解他们的经营品种、烹饪特色和销售、服务状况；了解哪些菜尤其受顾客欢迎，哪些菜销售不佳、问津者几无；从而修订自己餐厅的菜单，并使经营使用的菜单能反映出以下特点：当下菜肴流行、发展的潮流；中国国内销量最大的菜肴帮系；当地人最喜欢的菜肴品种；一定数量的西餐菜肴（适用于低星级的涉外酒店餐厅）。

餐厅的菜单不能一成不变，必须定期进行销售动态的调查、研究，并辅之以菜单分析，确定本餐厅各种菜肴的销售情况。

（二）菜肴销售状况的定量分析

菜肴销售状况的定量分析是菜肴选择的一项十分重要的工作。菜肴销售状况的定量分析就是对菜单上各种菜肴的销售情况进行调查，分析哪些菜肴最受顾客欢迎，用顾客欢迎指数表示；分析哪些菜肴赢利最大，一般价格越高的菜毛利额越大，用销售额指数表示。

菜肴销售状况定量分析的第一步就是对分析对象——“菜肴”进行分类。菜单一般分类列出菜名。同类菜肴间内部会相互竞争，例如人们点了“铁板牛肉”，一般就不会再点"青椒牛肉片"；点了"乡下浓汤"，不会再点"新鲜蔬菜汤"。这表明，在同类菜肴中，一道菜的畅销会代取其他菜的销售。所以在分析时，先要将菜单的菜肴按不同类别划分出来，对相互竞争的同类菜肴进行分析。

菜肴销售状况定量分析的理论依据是什么？

例如，某中餐厅菜单上的汤类品种共有 5 个，某统计期间各个汤的销售份数、顾客欢迎指数和销售额指数如表 8-1 所示。

表8-1 菜肴销售状况定量分析

菜名	销售份数	销售数百分比（%）	顾客欢迎指数	价格（元）	销售额（元）	销售额百分比（%）	销售额指数	评 论
花螺炖凤翅	300	26	1.3	25	7500	16.1	0.8	畅销、低利润
上汤螺片	150	13	0.65	20	3000	6.5	0.3	不畅销、低利润
冬虫炖鲍	100	9	0.45	40	4000	8.6	0.4	不畅销、低利润
洋参炖乌鸡	400	35	1.75	50	20000	43	2.2	畅销、高利润
薏米水鱼	200	17	0.85	60	12000	25.8	1.3	不畅销、高利润
总计 / 平均值	1150	20	1	—	46500	20	1	—

菜肴销售状况定量分析的原始数据来自订菜单，根据汇总账单上各种菜的销售份数和价格，便可以算出顾客欢迎指数和销售额指数。由于电脑的普及，这些统计与计算工作均可由电脑处理，既准确又快捷。

顾客欢迎指数表示顾客对某种菜的喜欢程度，以顾客对各种菜购买的相对数量表示。顾客欢迎指数的计算是用某种菜销售数百分比除以每份菜应售百分比。

顾客欢迎指数 = 某种菜销售数百分比 ÷ 每份菜应售百分比

每份菜应售百分比为：

每份菜应售百分比 = 100% ÷ 被分析项目数

在表 8–1 中，“花螺炖凤翅”的销售数百分比为 26%，共有 5 个汤类品种，“花螺炖凤翅”的顾客欢迎指数的计算为：

$$26\% \div (100\% \div 5) = 1.3$$

仅分析菜肴的顾客欢迎指数还不够，还要对菜肴的赢利分析能力进行分析。我们将价格高、销售额指数大的菜认作高利润的菜。销售额指数的计算如下：

销售额指数 = 某菜肴销售额百分比 / 各菜应售百分比

各菜应售百分比的公式如前所述。表 8–1 中，“花螺炖凤翅”的销售额指数的计算为：

$$16.1\% \div (100\% \div 5) = 0.8$$

不管分析的菜肴项目有多少，任何一类菜的顾客欢迎指数和销售额指数的平均值总是 1，顾客欢迎指数超过 1 的菜一定是受顾客欢迎的菜，超过越多，表示越受欢迎。因而顾客欢迎指数较菜肴销售数百分比更科学、更直观。菜肴销售数百分比只能比较同类菜的受欢迎度，但与其他类的菜肴比较时，或当菜肴分析项目数发生变化时就难以比较。而顾客欢迎指数却不受其影响。同理，销售额指数超过 1 的菜一定是销售额、利润状况良好的菜，超过越多，销售额与利润状况越佳。

根据对顾客欢迎指数和销售额指数的计算分析，我们可以将被分析的菜肴划分成四类，并根据不同的状况制定出相应的政策。表 8–2 显示出这种对应关系。

表8–2　菜肴定量分析对策表

菜　名	销售特点	相应的产品政策
洋参炖乌鸡	畅销、高利润	保留
上汤螺片	不畅销、低利润	取消
冬虫炖鲍	不畅销、低利润	取消
花螺炖凤翅	畅销、低利润	作为诱饵或取消
薏米水鱼	不畅销、高利润	吸引高档客人或取消

畅销、高利润菜既受顾客欢迎又有盈利，在调整菜单时理应保留。不畅销、低利润的菜一般应取消，但有的菜如果顾客欢迎指数和销售额指数都不是很低，

接近 0.7 左右，又是原料平衡、营养平衡、价格平衡方面所需要的，仍应保留。

畅销、低利润菜一般可用于薄利多销的低档餐厅，如果价格和盈利不是太低而又受顾客欢迎，可以保留，使之起到吸引顾客到餐厅来就餐的诱饵作用。餐饮消费是种典型的组合消费，用餐者一般至少点 3 个或 3 个以上的菜肴，所以虽然低利润畅销菜有时会赔一点，但就整体而言，它能带动其他菜的销售。但有时盈利很低而又十分畅销的菜，也可能会转移消零者的注意力，挤掉那些盈利大的菜肴的生意。如果这些菜肴已明显地影响盈利高的菜肴的销售，那么就应果断地取消这些菜肴。

不畅销、高利润的菜肴，可以用来迎合一些愿意支付高价的客人。高价菜毛利额大，如果不是极不畅销则可以保留。但如果销量太小，会使菜单失去吸引力。因而，长时期销量一直很小的菜就应予以取消。

（三）确定价格范围

在选择菜肴时，餐饮管理人员必须对餐饮的经营情况进行分析，计算为达到餐厅的目标利润，就餐客人的人均消费额应该为多少；还要进行菜肴销售状况分析和顾客调查，了解在本餐厅用餐的顾客愿意支付的人均消费额是多少。管理人员根据这些信息确定本餐厅的人均消费额标准，定出各类菜肴的价格范围。

在确定价格范围时，先把菜肴分成若干大的类别，根据本餐厅以前的销售统计数据，得出各类菜肴占销售额的百分比以及就餐者对各类菜的订菜率。

如果某餐厅的消费者期望人均消费额为 50 元人民币，按菜单上菜肴的分类，每类菜的销售价格可按表 8–3 确定。

表8–3　分类菜肴价格范围确定表

菜肴类别		占销售额百分比（%）		订菜率（%）	计划平均价格（元）	价格范围（元）
冷　盘		15		30	25	15 ～ 35
热炒	鱼虾类	58	16	20	40	30 ～ 50
	家禽类		15	25	30	20 ～ 40
	肉　类		15	25	30	20 ～ 40
	蔬菜类		12	30	20	15 ～ 25
汤　类		10		50	10	8 ～ 12
主食类		10		80	6.25	3.25 ～ 9.25
饮料类		7		50	7	5 ～ 9

各类菜的平均价格可以用下式计算：

各类菜平均价格 = 期望人均消费额 × 该类菜占销售额百分比 ÷ 订菜率

表 8–3 中的冷盘的平均价格应定为：

50 元 × 15% ÷ 30% =25 元

计算出各类菜的平均价格后，根据对该类菜拟定的菜肴数量上下移动，确定该类菜的价格范围。在各类菜的价格范围内再选择原料成本高、中、低档次搭配的菜，使各类菜在一定价格范围内有高、中、低档之分，如家禽类的菜肴拟定为 10 种，高、中、低档菜的价格范围可以参照表 8–4 分解。

表8–4　高、中、低档菜肴价格范围分解表

总计 / 分类		家禽类菜肴数	价格范围（元）
总　　计		10	20 ~ 40
菜肴档次	高档菜	2	34 ~ 40
	中档菜	5	26 ~ 34
	低档菜	3	20 ~ 26

管理人员在这些价格范围内，根据原料的种类、成本和可得性以及厨师的烹调能力来选菜肴就比较容易了。

六、菜单的内容与设计制作

菜单是将餐饮产品的信息直接传递给就餐者的十分有效的媒介。它是将销售者与消费者连接起来的纽带和桥梁。媒介敏感程度的高低，“纽带和桥梁”顺畅与否，直接影响信息传递是否到位。

（一）菜单设计、制作及使用中常见的问题

现在许多国内酒店的菜单与国际水平的菜单堪相媲美，但与此同时，也有不少酒店的菜单仍不尽如人意，存在许多缺陷而亟待改进。现将国内酒店餐饮企业在菜单设计制作及使用中常见的问题总结如下。

1. 制作材料选择不当

许多菜单采用各色簿册制品，其中有文件夹、讲义夹，也有集邮册和影集本，而非专门设计的菜单。这样的菜单不但不能达到点缀餐厅环境、烘托餐厅气氛的效果，反而与餐厅的氛围格格不入，显得不伦不类。

2. 菜单太小，装帧过于简陋

许多菜单内芯以 16 开普通纸张制作，这个尺寸无疑过小，造成菜单上菜肴名称等内容排列过于紧密，主次难分，有的菜单甚至只有练习本大小，但页数竟有十多张，无异于一本小杂志。部分菜单纸张单薄、印刷质量差、无插图、无色彩，加上保管、使用不善，显得简陋、肮脏，毫无吸引人之处。

3. 字号太小，字体单调

坐在酒店餐厅不甚明亮的灯光下，阅读由 3 毫米大小的字号印就的菜单，其感觉绝对不能算轻松，有些菜单经长期使用字迹已被擦得模糊不清。同时，大多数菜单字体单一，忽视使用变换字号、字体等的手法来突出、宣传重点促销菜肴。

4. 随意涂改菜单

随意涂改菜单已成为国内餐饮企业的通病，上至五星级的豪华酒店，下至大众化的普通餐厅，涂改菜单比比皆是。涂改的方法主要有：用钢笔、圆珠笔直接涂改菜名、价格及其他信息；或用电脑打印纸、胶布遮贴。菜单上被涂改最多的部分是价格。使菜单显得极不严肃，很不雅观，容易引起用餐客人反感。

5. 缺少描述性说明

每位厨师长或餐饮经理都能把菜单菜肴的配料、烹调方法、风味特点、有关菜肴的掌故和传说讲得头头是道，然而一旦用菜单这种书面形式介绍就大为逊色。尤其是中餐中的那些传统经典菜和创新菜，不少菜名虽然雅致形象、引人入胜，但绝大多数用餐者却不知其由来，更不用说来自异国他乡的外国用餐者。即使许多菜单附有英译菜名，但由于缺少描述性说明，外国用餐者在点菜时仍觉不便。

6. 单上有名，厨中无菜

凡列入菜单的菜肴品种，厨房必须无条件地保证供应，这是一条相当重要但极易被忽视的餐饮管理规则。不少菜单表面看来可谓名菜荟萃、应有尽有，但当用餐者点菜时，服务人员只能一再说抱歉，实际上很多所列菜品都没有。

7. 不应该的省略

有些菜单居然未列价格，读来就像一本汉英对照的菜肴名称集。有的菜单未把应列的菜肴印上，而代之以“请询问餐厅服务员”。

8. 遗漏

许多菜单上没有注明酒店地址、电话号码、餐厅营业时间、餐厅经营特色、服务项目、预订方法等内容。显而易见，为使菜单更好地发挥宣传广告作用和媒介作用，许多重要信息是不能遗漏的。

（二）菜单的内容

从整体上看，一份完整的菜单，就专业角度评价，应由四个方面的内容组成。

1. 菜肴的名称和价格

菜肴名称直接影响就餐者对菜肴品种的挑选。对于那些宾客未曾用过的菜肴，往往会凭品名去挑选。菜单上的品名会在用餐客人头脑中产生一种联想。消费者对某餐厅是否满意在很大程度上取决于阅读了菜单之后对菜肴产生的期望值，更重要的是，餐厅提供的菜肴能否满足消费者的期望。

根据国际上通行的做法，餐饮企业所提供菜单上菜肴的名称和价格必须具有真实性。这种真实性应包括如下几个方面的要素：

（1）菜肴名称应真实可信。菜肴名称应该好听，但更应真实，不能太离奇。国际餐饮协会对用餐者进行调查发现，故弄玄虚而离奇的菜名、不熟悉或名不副实的菜名不易被用餐者接受，以前曾流行过充满想象力、离奇但华而不实的菜名，如香港、广东一带就十分流行起名时“讨口彩”（也被称作“寓意菜单”、“寓意菜名”）的做法，用餐者拿着一份充满想象力的菜单，看着极富创意的菜名，如坠入云雾之中，不知道这些菜名所指的真实含义。只有那些经过世代流传，约定俗成的传统菜、经典菜的菜名，可以沿用世代相传的富有传奇色彩的菜肴名称，如粤菜中的“龙虎斗”、川菜中的“麻婆豆腐”、淮扬菜中的“炝虎尾”、闽菜中的“佛跳墙”等。向大众开放的餐厅，应该采用切合实际并为顾客所熟悉的菜名。当然有些餐厅用独特菜名也有成功的，但这些菜肴刚进入市场时一般在菜单上都配有相应的辅助说明。

（2）菜肴的质量应真实可靠。菜肴的质量真实可靠是指原料的质量和规格要与菜单的介绍一致。如菜肴名称是炸里脊肉，餐厅就不应该代用猪腿肉；原料的产地也应该真实，菜单上说是进口牛肉，就不应该用国产牛肉替代；菜肴的份额同样应该真实，菜单上注明的分量为多少，就应足量供应。中餐中例盆（例份）的份额必须保证在通常情况下够 3 ~ 4 人食用；原料的新鲜程度也应保证真实，如菜单上注明的是新鲜蔬菜，就不应该使用罐头或冷藏品替代。

（3）菜肴的收费应童叟无欺。菜肴的收费应与实际供应的相符。有些餐饮机构加收服务费、特种行业经营管理费、包间费、开瓶费等，只要符合相关法规，就必须在菜单上加以注明，若有价格变动要立即做出相应的处理。

（4）外文名字须准确无误。菜单是餐厅管理服务质量的一种标记。如果西餐厅菜单的英文或法文名称有错或拼写错误，说明西餐厅对西餐的烹调不熟悉或对质量控制不严；如果中餐厅菜单上的英文名称译错或书写出错，将会使外国客人茫然不知所措。

（5）菜单上所列的产品应保证供应。

2. 菜肴的介绍

菜单应对某些产品（这些产品通常是那些仅看菜名不太能完全理解菜肴本身的）进行介绍。这些介绍往往可以代替服务员站立向顾客介绍这一环节，帮助顾客在斟酌之后下决心挑选或不挑选某些菜肴，并能减少顾客的选菜时间。菜单上应列出的向顾客介绍的内容有：

（1）主要配料以及一些独特的浇汁和调料。有些配料要注明规格；采用“讨口彩”方法起名的菜肴应说明其主料、辅料的确切名称。

（2）菜肴的烹调和服务方法。某些具有独特烹调和服务方法的菜肴应予以说明，而普通加工及服务方法则不用介绍。

（3）菜肴的份额。许多菜肴要注明每份的量，西餐可加注重量，如牛排重 200 克；中餐则应标明是例盆、大盆等不同规格、份额等。

（4）菜肴的烹调等候时间。某些特殊菜肴，由于加工时间较长，应在菜单上注明烹饪等候时间，以免销售者与消费者之间产生误会。

（5）重点促销的菜肴。菜单上的介绍要注意引导顾客去订那些餐厅希望重点促销的菜肴，因此要着重介绍高价菜、名牌菜、看家菜、滞销菜等。

3. 告示性信息

除菜肴名称、价格等必不可少的核心内容之外，菜单还应提供一些告示性信息。告示性信息必须简洁明了，一般包括以下内容：

（1）餐厅的名字。通常在封面。

（2）餐厅的特色风味。如果餐厅具有某些特色风味而餐厅名字本身又反映不出来，最好在菜单封面、餐厅的全名下列出其风味。例如金粤餐厅（粤菜风味）。

（3）餐厅的地址、电话和商标记号。一般列在菜单的封底下方，有的菜单还列出餐厅在城市中的地理位置。

（4）餐厅的营业时间。在菜单的封面或封底列出。

（5）餐厅加收的费用。如果餐厅加收服务费，通常在菜单每张内页的底部标明。如所有价目均加收 15%的服务费。

4. 机构性信息

有些菜单还介绍餐厅的质量、历史背景和餐厅特点。许多餐厅需要推销自己的特色，而菜单是推销的最佳途径。例如，肯德基炸鸡刚刚进入中国市场时，在其各分号餐馆中利用菜单介绍了这个国际集团的规模、历史背景、企业的发展过程及这种炸鸡的烹调方法。

（三）菜单上内容的安排

1. 内容安排的总原则

菜单的内容一般按就餐顺序排列。顾客一般按就餐顺序点菜，所以希望按就餐顺序编排；这既符合人们正常的思维步骤，又能很快找到菜肴的类别，不致漏掉某些菜肴。如西餐菜单的排列顺序一般是开胃品、汤、色拉、主菜、三明治、甜点、饮品；中餐的排列顺序则为冷菜、热菜、汤羹、主食、饮料。

2. 西餐菜单的表现形式及主菜的相应位置

西餐菜单的表现形式通常有如下几种：单页式菜单；双页式菜单（对折式菜

单）；三页式菜单（三折式菜单）；四页式菜单（四折式菜单）。

在西餐菜单中，主菜的地位举足轻重，分量很大，应该尽量排在显要的位置。根据人们的阅读习惯和餐饮同行们的经验总结，单页式菜单上主菜应列在菜单的中间位置；双页式菜单上主菜应放在右页的上半部；3 页式菜单中主菜须安排在中页的中间；4 页式菜单里主菜通常被置于第二页和第三页。具体安排见图 8–1，各类菜单中阴影部分为主菜的理想位置。

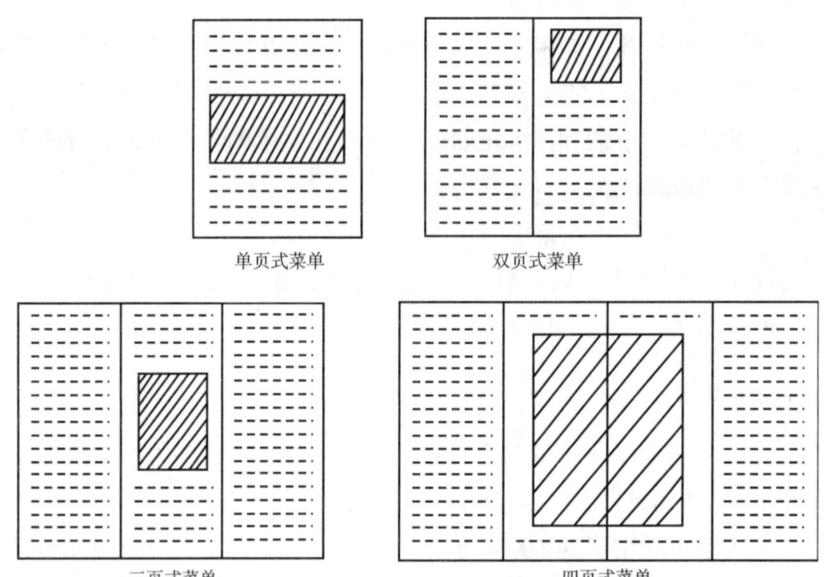

图8–1　西餐各类菜单中主菜的位置

3. 中餐菜单的表现形式

中餐菜单的创新改造起步较晚，目前还少有专业人员对中餐菜单的表现形式加以关注，中餐菜单最常见的表现形式仍停留在书本杂志式上，一份中餐菜单形同一本薄薄的杂志，打开之后，菜名、菜价平铺直叙，无重点、无起伏，这是中餐菜单亟待改进之处。

4. 重点促销菜肴的位置安排（以西餐为例）

重点促销菜肴可以是时令菜、特色菜、厨师拿手绝活菜，也可以是由滞销、积压原料经过精心加工包装之后制成的特别推荐菜，总之是企业希望尽快介绍、推销给用餐者的菜。

既然是重点促销菜，就应该将这些菜肴安排在醒目之处。菜肴在菜单上的位置对于此类菜肴的推销有很大影响。要使推销效果明显，必须遵循两大原则：首部和尾部，也就是将重点促销菜放在菜单的开始处和结尾处，因为这两个位置往往最能吸引人们阅读的注意力，并在人们头脑中留下深刻的印象。有些企业将盈利最大的菜肴放在第一眼和最后一眼注意到的地方。经统计，顾客几乎总是能注意到同类产品的第一个和最后一个菜肴。菜单上有些重点推销的菜肴、名牌菜肴、高价菜肴和特色菜肴或套餐菜肴可以采用插页、夹页、台卡的形式单独进行推销。

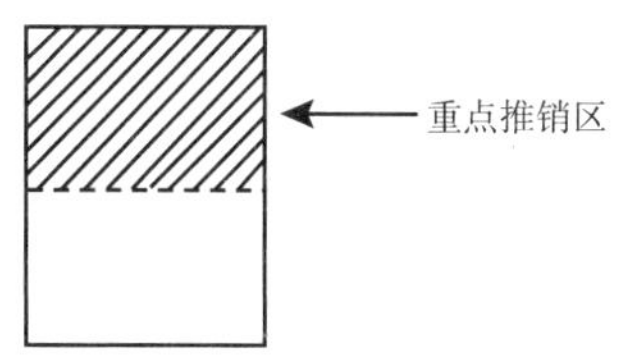

图8-2　单页式菜单的重点推销区

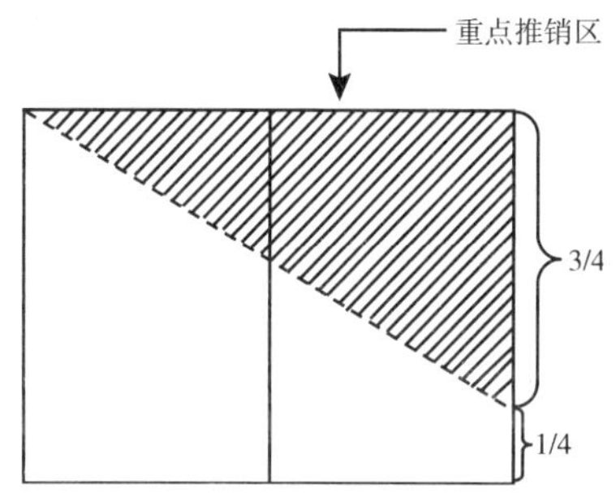

图8-3　双页式菜单的重点推销区

另外，不同表现形式的菜单，其重点推销区域是不同的。如用横线将单页式菜单对分，菜单的上半部就是重点推销区（图 8–2 的阴影部分）。

双页式菜单。双页式菜单的右上角为重点推销区，该区域是以上边及右边的 3/4 形成的三角形（图 8–3 阴影部分）。

3 页式菜单。3 页式菜单对菜肴推销很有利，中间部分是人们打开菜单首先注意的地方。使用 3 页菜单，人们首先注意正中位置，然后移至右上，接着移至左上角，再到左下角，最后回到正中。对人们眼睛注意力研究的结果表明，人们对正中部分的注视程度是对全部菜单注视程度的 7 倍。因而中页的中部是最显眼之处，应放上餐厅最需要推销的菜肴。阅读 3 页式菜单的先后过程见图 8–4。

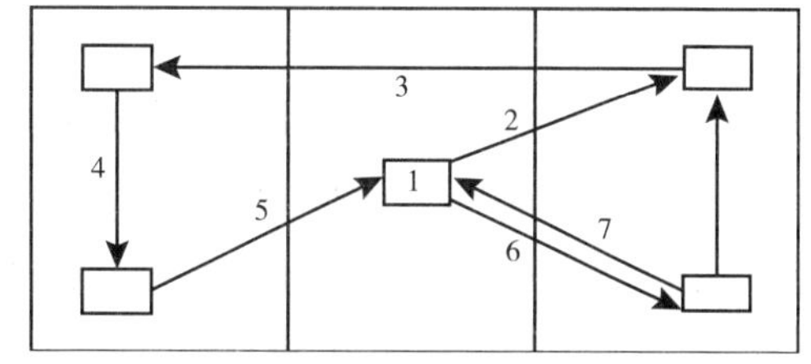

图8–4　人们阅读3页式菜单的先后顺序

（四）菜单的设计与制作

递送到客人面前的菜单，形式可以五花八门、各式各样，但不论其呈圆形、长方形或其他形状，尺寸属大号或小型，是单页或折叠，是纸质或由其他材料制成，菜单必须制作得能恰如其分地反映出这家餐厅的面貌和经营特色，使用餐者仅从菜单的外观便能推断一家餐厅的餐饮管理水平和服务质量。

1. 菜单的设计与制作应注意艺术、美观

一份漂亮的菜单会增加人们就餐的情绪，制造合适的就餐气氛。菜单的设计要与餐厅的经营宗旨相匹配，要体现和推销餐厅的形象。这里面涉及的因素比较多，菜单材料的选择、颜色的搭配、尺寸的大小、字体与字号的选取等，均直接影响菜单的艺术与美观。

2. 菜单的材料与尺寸

（1）菜单内页的材料。如何选取菜单的制作材料取决于菜单的使用方式。一般而言，酒店的菜单有“一次性”和“耐用”两种方式。“一次性”即使用一次后就处理掉，“耐用”指尽可能长期地使用。如果菜单每天更换，即每日菜单，那么“一次性”使用便是选择制作材料的依据。这种每日更换的菜单内容应当印在比较轻巧、便宜的纸上。由于仅使用一天后就丢弃，因而不必考虑纸张的耐污、耐磨等性能。但是，菜单的一次性使用并不意味着可以粗制滥造。酒店在设计制作长期使用的菜单时，应当选用质地精良、高克数的厚实纸张，同时必须考虑纸张的防污、去渍、防折和耐磨等性能。当然，耐用的菜单也不一定非得完全印在同一种纸上，不少菜单是由一个厚实耐用的封面加上纸质稍次的活页组成。

（2）避免使用塑料、绸、绢料等作为菜单封面。酒店应该避免使用塑料、绸和绢制材料做菜单封面。这就像餐桌上应避免使用塑料花一样，因为塑料制品在现代人看来是极其低廉的东西，使用塑料菜单不免有贬损餐厅形象之嫌；绸、绢之类固然高雅，却极易玷污染渍，也不宜用作菜单封面。其他材料，如漆纸、漆布，虽不易弄脏，但因油漆常发生龟裂、剥落而有碍观瞻，也不宜用作菜单封面。

（3）菜单的尺寸大小。菜单尺寸大小有一定的规律可循：一般单页菜单以 30 厘米 ×40 厘米大小为宜，对折式的双页菜单合上时尺寸以 25 厘米 ×35 厘米最佳；3 折式的菜单合上时，尺寸以 20 厘米 ×35 厘米为宜。当然，其他规格和式样的菜单也并非罕见。重要的是菜单的大小必须与餐厅的面积、餐桌的大小和座位空间相对应。

另外，菜单在篇幅上应留有一定的空白，篇幅上的空白会使字体突出、易读，并避免杂乱，如果菜单的文字所占篇幅多于 50%，会使菜单看上去又挤又乱，影响顾客阅读和挑选菜肴的耐心。菜单四边的空白应宽度相等，给人以均匀之感，左边字首应排齐。

3. 菜单文字的字体与字号

（1）菜单文字的字体。文字的字体是书写的表现形式，如宋体、黑体、楷体、印刷体等。菜单的字体要服务于为餐厅营造气氛，反映餐厅的环境。它与餐厅的标记一样，是餐厅形象的一个重要组成部分。菜单的字体同餐厅所用的标记、颜色一样，是鉴别餐厅的重要特征。菜单上的字体一经确定，就和餐厅标记、颜色一起用在菜单上，同时用在火柴盒、餐巾纸、餐垫、餐桌广告牌及其他推销品上。使用令人容易辨认的字体能使顾客感到餐厅的餐饮产品和服务质量具有一定的标准并留下深刻的印象。仿宋体、黑体等字体较多地被用作餐单正文，而隶书则常用作菜肴类别的题头说明。在引用外文时，应尽量避免使用圆体字母，宜用一般常见的印刷体。

（2）菜单文字的字号。菜单文字的字号即印刷菜单时所用铅字的型号大小。根据统计，最易被用餐者阅读的字号是 2 号铅字和 3 号铅字，其中 3 号铅字最为理想。

4. 菜单的颜色和照片

在菜单上恰当地使用颜色和照片是当代餐厅的一种潮流。菜单的颜色能起到推销菜肴的作用。菜单颜色的作用有：具有装饰作用，使菜单更具吸引力，令人产生兴趣；通过色彩的安排、组合，能更好地介绍重点菜肴；颜色能显示餐厅的风格和气氛，因此菜单的颜色要与餐厅的环境、餐桌、桌布、餐巾、餐具的颜色相协调。一般来说，鲜艳的大色块、五彩标题、五彩插图较适合用于快餐厅之类的菜单，而以淡雅优美的色彩如浅褐、米黄、淡灰、天蓝等为基调设计的菜单，点缀性地运用色彩，便会使人觉得这是一家具有相当档次的餐厅。

彩色照片也能对食品饮料起到推销作用。彩色照片能直接展示餐厅所提供的菜肴和饮品。一张令人垂涎三尺的菜肴彩照胜于大段的文字说明，它是真实菜肴的证据与缩影。许多菜肴、点心、饮品只有用颜色和照片才能显示其质量，如描绘新鲜牛排、对虾的质量只有使用彩色照片。彩色照片能使顾客加快点菜速度，它是菜肴推销的有效工具。顾客见到菜肴诱人的照片，很快就能点好菜，无疑也能加速餐座周转率。

有选择地印上彩色照片的菜肴应该是餐厅欲销售的，希望顾客最能注意并决定购买的菜肴；餐厅常将高价菜、名牌菜和最受顾客欢迎的菜做成彩照印在菜单上；另一类常有彩照的菜是形状美观、色彩丰富的菜。当然，今天已有不少餐厅将所有产品都配以艳丽夺目的彩照，为用餐者提供形象的说明。

彩色照片的印制要注意质量。如果印刷质量差，反使顾客倒胃口，如果一块牛排被印成绿色，苹果馅被印成灰色，那还不如不要彩色照片。彩色照片边上要印上菜名，注明配料和价格，帮助顾客点菜。

需要说明的是，近年来随着信息技术的迅猛发展，有些酒店的餐饮部将零点餐单做在无线上网本（iPad）中，接受客人的点菜，笔者不敢苟同，尤其不赞成在高星级酒店的零点餐厅使用这种方式，这是由于高星级酒店最讲究人对人的亲情服务，使用这种方式后，某种程度上减少了人与人的对话，感觉不好；另外，有相当数量的人不会使用这类设备，反而弄巧成拙。当然，现在就对使用这类设备下好或不好的定论，为时尚早。

第二节　变动菜单的筹划与实施

变动菜单是酒店餐饮部向客人展示其产品的另一种重要形式，同时是餐饮部本身十分重要的业务活动表现形式。

本节介绍了变动菜单的概念、种类、表现形式，重点介绍了变动菜单的筹划及这类业务活动的实施落实。

一、变动菜单的概念

变动菜单是指餐饮企业为了满足消费者对餐饮产品的特殊消费需要而制定的、内容依不同的业务情况不断变动的菜单。

同固定菜单相比较，变动菜单的特征是：根据消费者的特别要求而准备；菜单上提供的经营品种、价格以及对应的服务，随着客户的不同、消费要求的不同而发生变动。

二、变动菜单的种类及表现形式

在餐饮经营活动中，我们通常将变动菜单分为两大类：

（一）特别菜单

特别菜单是以餐饮企业为主体，为社会或企事业单位、社会团体、公众的某些特定活动、特别消费需求而设计准备的菜单。这类菜单的常有形式为：

1. 每日菜单

将适合当日消费氛围的餐饮产品集中于一份菜单上，再将这份菜单置于固定菜单（如零点菜单）内或放于餐桌之上，引导用餐者首先考虑购买“每日菜单”上的餐饮产品。

2. 会议菜单

为在酒店中参加会议者准备的餐饮产品目录清单。参加会议者的餐饮消费一般要求简单、快捷、经济、卫生，酒店通常依据消费标准和口味用套菜（也有用和菜）的形式提供服务。会议不同，消费需求也各异。

3. 节日菜单

为社会某些特殊节日准备的菜单。这些餐饮消费通常用套餐形式提供。近几年来，酒店常为如下节日提供专门的节日菜单及相应的服务：春节餐——合家团圆；圣诞大餐——西方人的习俗；“六一”餐——小朋友的天地；情人餐——二人世界。

（二）订单

餐饮订单是以消费者为主体、消费者根据自己的消费能力和消费需求等向酒店提出餐饮消费需求，酒店依据消费者的要求制定提供的菜单。这些订单的表现形式有：宴会订单与各种中西餐宴会的消费订单；酒会订单；冷餐会订单；茶会订单等。

三、变动菜单的筹划与实施

制订变动菜单的计划要比制订固定菜单的计划复杂。它不仅要考虑到企业自身的技术力量水平、前期销售统计数据、市场原料方面的供应形势等因素，还要考虑菜单上产品的组合状况（组合风味状况及组合成本状况等）。除了这些之外，变动菜单制定时还要考虑销售额预算和作业计划安排等因素。以下就这两方面的内容展开叙述。

（一）销售额预算

销售额预算是变动菜单计划的一项重要内容，是获取利润的关键步骤。销售额预算和成本核算不同，前者是研究产品的售价和预期销售数量等对象的，而后者则研究产品售价构成中的重要成分成本的。销售额预算通常建立在一些已知数据之上。比如餐饮产品的销售单价、确定预订的消费者人数、确定预计人均消费量定额、确定服务人员人数及相应的工作量定额数、餐具损耗费用、餐饮外卖活动时运输费用的计算、餐饮活动场所的租借费用等。以下分别介绍和计算这些构成销售额的因素。

1. 餐饮产品的销售单价

具体的、确切的单个餐饮产品的销售单价计算方法，将在本书第十二章中介绍。这里只说明变动菜单中餐饮产品价格计算的原则。

如果酒店餐饮部的同一件产品，既在零点餐厅中出现，也在宴会的菜肴中露脸，而这两个产品的数量、质量、外表完全一样的话，售价如何计算？作为酒店餐饮经营管理人员应当明确，这一产品的单价计算应本着这样的原则：宴会中使用的产品价格应高于零点餐厅中出现的同一产品的价格。这主要是由于：第一，宴会厅在单位时间内的上座率在理论和实践上均要大大低于零点餐厅；第二，宴会服务需要许多专门的受过良好培训的服务人员，这些服务人员的工资等福利开销较大；第三，宴会服务需要高规格、豪华的就餐环境，就餐环境的建设、装修，灯光、音响等设施的投入是一笔非常大的成本。但在实际工作中，为何往往会出现给宴会等团体消费的业务打折的现象呢？事实上，这种打折并非是对餐饮产品逐一打折，而是考虑到宴会消费是种组合综合消费，餐饮部能将一部分高利润的产品和滞销产品同时安排进菜单，餐饮部在获得可观利润的基础上给予一定的优惠；这种优惠是整体的优惠，况且宴会消费往往还能带来许多意想不到的生意，这种打折就是建立在这种基础之上的。

2. 确定预订的消费者人数

参宴人数一般可以直接从消费方获取。但在实际操作过程中，预订人数和最后参加宴会活动的人数相比，可能会出现三种情况：第一种情况是最后参加活动的人数与预订的人数相符，我们称之为“等额”，这是买卖双方最希望的，同双方原先估计和准备的一样；第二种情况是最后参加活动的人数多于预订的人数，我们称之为“超额”；第三种情况是最后参加人数少于预订的人数，我们称之为“差额”。坦率来讲，后两种情况是活动主办方和承办方（酒店）均不愿意看到的。为了制约酒店与消费者双方的行为，酒店在接受消费方预订时，要求消费方做出“实际参加人数的担保”，在这基础上如果发生“超额”或“差额”的情况，视超、差额的程度作具体处理。国内许多酒店一般对一些轻度超额情况，仍按预订时的规定执行，如发生大数量的超额，超额部分除按正常收费之外另外再加上一个系数收费。对于出现大数量差额，尚未下锅的食品原料则不收取费用，下锅的食品中如能转至其他餐厅出售的，这部分原料一般也不收费，这样就可以将双方的损失程度降至最低。

西方国家常用书面形式来规范宴会活动的买卖双方，这种书面形式称为“担保协议”。担保协议可以保护承办方的利益，出席人数必须达到预订的人数。如果没有达到，酒店将得到赔偿。同时，担保协议也使主办方放心，它保证承办方对食品、服务等已作充分准备。担保协议一般应包括下列条款：

（1）主办者最迟必须在宴会或活动开始前24小时，将确切的出席人数通知酒店。

（2）酒店将按保证出席人数的112%的比例准备席位和食物。

（3）当出席人数低于保证人数时，仍按保证人数的90%全价收费。

（4）出席人数超出保证人数，一般仍按原价收费。但当超出人数多于保证人数的12%时，超额出席者将获得尽力照顾，但必须追加收费（额度视情况另定），以补偿临时调集服务人员、准备食物和餐具的费用。

（5）当出席人数超过保证人数的90%，但不足100%时，实际提供的膳食份数按全价收费，剩余部分按半价收费。

3. 确定预计人均消费量定额

人均消费数量定额指的是在一次餐饮消费者活动中，每位用餐者平均能够消耗多少食物。我们固然可以通过食品消费数量来推算出销售金额，但更重要的是餐饮前台服务、管理时准确的食物消耗预测。它可以帮助我们避免两种现象：一是预测数低于应该消耗的数量，餐桌上空空如也，准备的食物一扫而光，而宴会活动才开始不久；另一种现象是宴会行将结束，餐桌上的菜肴依然像小山似的堆着，似乎无人问津，主办者、承办者的脸面均不风光。造成这些现象的原因是多方面的。中餐宴会、西餐宴会、冷餐会、酒会等餐饮集体消费活动中均有可能发生上述现象。作为餐饮经营管理人员应该分析这些现象产生的原因，采取相应的措施，预防这些现象的发生。

（1）人均消费量与餐饮活动时间、人数的对应关系。一家餐饮专门研究机构以鸡尾酒会作为调查对象，综合统计出人均消费量、活动持续时间和参加人数之间的关系，得到如表 8–5 所示的统计结果。

表8–5　人均消费量与活动时间、人数对应关系表

活动时间 / 人数	30 分	45 分	1 小时	1 小时 15 分	1 小时 30 分	1 小时 45 分	2 小时
20 ~ 50 人	2	3	3.25	3.5	3.75	4	4.25
55 ~ 100 人	2	3	3.25	3.5	4	4.25	4.5
105 ~ 200 人	1.75	2.25	2.75	3.25	3.75	4.25	4.5
225 人以上	1.5	2	2.5	2.75	2.25	3.75	4

从表 8–5 中至少可以得出两个结论，一是参加活动的人数越多，特定时间内的食物消耗越少；二是活动延续的时间越长，消费的数量在同一单位时间计量段内越少。

（2）人均消费量同菜单内部结构的对应关系。人均消费量的多少同菜单内部结构存在着密切的关系。每份菜单都会有不同的结构，在不同的菜单结构情况之下，人的消费量会发生变化。仍以鸡尾酒会为例：鸡尾酒会提供的餐饮品共分两大类：饮料与佐饮品。佐饮品往往是小点心之类的食品，假使佐饮品的小点心以咸食为主，饮料销量便可能会增加；如果佐饮品小点心的数量、种类丰富，饮料消费量就可能下降。通过对鸡尾酒会上所用的饮料和佐饮品的小吃的调查统计，得出如下结论：①应以咸点心为佐饮小吃主角；②酒会开始的第一个小时，每人消费 5 ~ 7 块小吃，以后每小时 3 ~ 4 块小吃；③如果鸡尾酒会后是宴会，那么每人平均 2 ~ 3 块小吃就足够了；④如果鸡尾酒会单独进行，人均 12 ~ 16 块小吃。

（3）人均消费量定额的确定还应考虑到顾客的构成和心理因素。如，顾客的年龄；顾客的身份、职业；顾客的性别；顾客的消费动机，是喜庆还是丧事，是重逢还是告别，是老人祝寿还是小孩生日等。这些都应该在顾客上门预订消费时询问、了解清楚，并作相应的分析，决定对策。

（4）人均消费量同餐饮产品本身质量的关系。人均消费量同消费品本身的质量高低存有对应关系。仍以鸡尾酒会为例，以烈性、硬性酒精饮料为主的鸡尾酒会，人均消费量自然会低许多；以烈性、硬性、低价酒精饮料为主的鸡尾酒会，人均消费量还会进一步降低。反之，以烈性、硬性、优质高价酒精饮料为主的鸡尾酒会，人均消费量会大大增加。

（5）人均消费量同其他一些因素的关系。人均消费量的大小还同其他一些因素有关。一些酒店在酒会进行时有意施放干燥空气，降低空气湿度，人为加剧口渴感，从而使消费量剧增；再比如，我国许多地区流行民间划拳行令，会人为地使酒类消费量猛增。在这些地区经营酒店时，计算人均消费量时应将这些因素综合加以考虑。

4. 确定服务人员人数及相应的工作量定额

服务人员的人数定额可以从两个方面获得：对变动菜单涉及的活动性质分析和活动定量分析。一般来说，活动的级别越高，对服务的质量要求就越高，参加服务的人员数相应就越多。高档的餐饮宴席至少应有两名服务员负责一个台面；普遍的餐饮活动每桌一人就可以；团队、会议用餐，一人负责两桌也是常见的。对餐饮活动性质的分析是以活动的整体作为出发点，由上而下推算出服务人员人数定额。

对餐饮活动的定量分析则从活动的具体内容为出发点，由下而上推算出所需服务人员的数量。活动定量的变化有许多具体影响因素，如餐饮活动场地的大小会影响服务人员配备的多少；厨房与餐厅距离的远近会直接导致负责传菜服务人员的人数配置；菜单所涉及的服务程序的复杂程度也会导致服务人员人数的增减。将这些因素考虑进去之后，人工费用就可以计算出来了。

5. 餐具损耗费用额

餐具损耗费用额是餐饮变动菜单计划中销售额预算中必不可少的一个数据。在举行大型餐饮活动时，餐具的损耗费用额是很高的。餐具的损耗主要来自三个方面：第一是餐具的摩擦损耗，主要是指餐具的物理外形几乎没有变动，而餐具由于使用，由新变旧的过程，损耗程度通常用百分数计；第二种是餐具的破碎损耗，也以百分数计。前者的损耗同餐饮的业务量大小及餐具本身的质量高低有关，国际上通行的餐具摩擦损耗的计算一般为餐具总额的12%（年）。破碎损耗的多少，各酒店不尽相同，主要与酒店的管理水平高低有关。国内许多酒店将餐具损耗额同餐饮销售额紧密挂钩，一定的餐饮销售额允许有对应的餐具损耗额。第三种损耗为丢失损耗，又可分为自然丢失和人为丢失两种。

在计算餐饮变动菜单销售额时应将上面的因素考虑进去。

6. 餐饮外卖活动时运输费用的计算

这是酒店餐饮部经常碰到的业务。餐饮活动的主办方鉴于种种原因，希望将餐饮活动的地点安排在酒店以外的其他地方举行，整个活动的服务人员、餐具、食品原料及餐饮产品的加工仍然请酒店负责。西方国家目前还形成了一个独立于酒店行业的行当——Banquet Service 或 Catering Service（宴会外卖服务公司），同酒店业共同争夺餐饮外卖的业务。无论前者还是后者，在提供服务时均会发生运输费用的支出。如遇外卖业务，计价时则应将运输费用计入销售总价。

7. 餐饮活动场所的租借费用

该项费用的计算比较容易确定，大多用于在酒店内消费的“订单”类业务。国内少数酒店还未将场地等租借费用挪入销售额预算之中，这样的账务处理方法显然是不妥当的，人为地造成了企业收入的漏洞。在这方面，发达国家酒店企业除了收取活动场地的租用费之外，对酒店企业向活动主办方提供的设备、器材、专业人员等均收取相应的费用。

8. 其他费用

其他可能发生支出的不可预测、预知的费用。

总之，没有上述的八个方面的数据，要进行销售额预算是不可能的。具备这八个方面的已知数据之后，餐饮管理人员还要进行综合平衡和计算，才能获得可靠的预算结果。最终综合平衡和计算的公式为：

食品销售单价 × 人均消费数量定额 × 消费者预订人数

+ 服务人员人数 × 服务人员平均工资 + 服务费

+ 餐具总价值 × 餐具折旧率

+ 运输费用

+ 场地租用费

+ 其他费用

= 销售预算总额（营业收入总额）

唯有预算出餐饮活动总的经济收益，管理者才可能做到心中有数，从而在计划的安排和管理上突出重点、发挥优势、减少损耗，以获得最佳经济效益。

有了销售预算总额（营业收入总额）这一数据，餐饮管理人员就能比较容易地推出其他一些数据：

人均消费总额 = 销售预算总额 / 消费预订人数

产品消费总数 = 人均消费数量 × 消费预订人数

人均消费总额是变动菜单计划收费的依据和标准；餐饮产品消费总数是生产部门做好生产、服务部门做好服务的出发点。有了这些预算，餐饮部内部的核算、制作、服务则一目了然，管理人员便可计划、安排相应的工作，并能做到职责分明，为经济责任制、奖罚制度的实施打下基础。

（二）作业计划的安排实施

如果说销售预算的工作大量是案头的、重点在计算上的话，那么这些案头工作的具体落实需要做另一项工作，那就是“作业计划”的安排实施。

作业计划安排实施是指餐饮部接到餐饮活动任务之后如何将任务分解、分步予以完成和实施的过程。它是变动菜单计划管理工作的另一重要方面。作业计划安排实施工作量很大，往往占去餐饮管理者一半或一半以上的精力和时间。

作业计划安排实施大体可以分 4 个步骤：确立工作程序、确定订单内容、制定作业进度图表和确定信息传递方式。

1. 确定工作程序

作业计划安排实施的一般工作程序是先与主办方洽谈，再进行内部安排，整个工作程序可用图 8–5 表示。

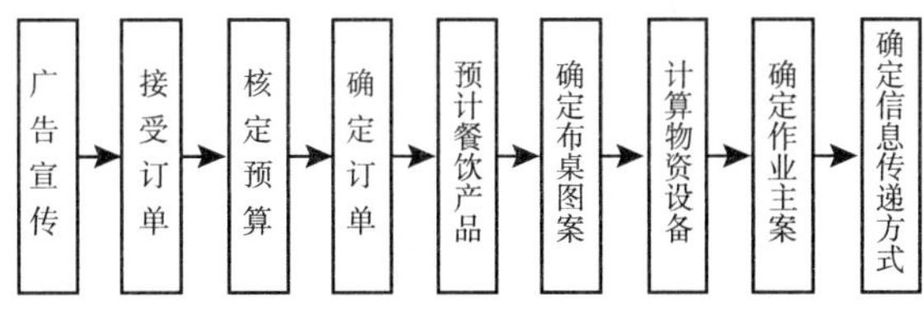

图8–5 作业计划安排工作程序

2. 确定订单内容

（1）订单内容。订单内容主要指了解顾客基本情况和订购项目、订购价格（总额、人均消费额等）、付款方式和期限、餐饮活动场地布置要求以及发生意外情况的处理。具体内容如下：

①顾客基本情况主要指主办者、出席对象、活动类型、活动联系人、联系人的联系地址和联系电话、活动举行的时间及地点。

②订购项目系指顾客需要确定具体的餐饮产品品种。作为餐饮活动的消费内容，一般由消费一方为主决定。比如说在中餐宴会订单里，顾客可以提出要几道热菜、几种饮料、多少巡服务；再进一步，顾客还可以要求提供哪几道菜肴尤其是特色菜，哪几道酒水尤其是名贵酒，哪几巡服务尤其是关键服务。根据顾客订购的项目，餐饮管理人员要进行统筹安排，尽可能地满足顾客的要求并兼顾作业服务的轻重缓急以及菜单本身的构成特点等。

③订购价格即消费活动的花费价格，一般由餐饮企业为主确定。确定价格的依据是企业的价格政策、市场需求状况及同行业间的相互竞争态势。变动菜单的价格确定同固定菜单的价格确定相比既有共性又有个性，在确定价格时不应忽视这一特征。

④付款方式和期限应在做计划时就考虑到，并在订单上明确写清楚，以免买卖双方日后就此发生不必要的纠纷。变动菜单涉及活动的收款特点，产品的消费服务与相应款项的到账往往有一段较长的间隔。支撑餐饮运转的流动资金是有限的，拖延付款会给企业造成管理、运转上的困难，付款的期限十分重要，尤其是在餐饮业务活动极度频繁的高峰时期。

⑤餐饮活动场地的布置要根据餐饮活动的性质、规模，确定大致的平面布置要求和环境布置要求。

⑥发生意外情况的处理是指在订单中明确标出发生问题时的解决方法和途径，这是餐饮管理人员应预先考虑到的。任何计划都不可能十全十美，况且餐饮活动存在多变性，计划工作必须设计出多套方案。以便问题发生时不至于手足无措，引起混乱。

（2）编制实施方案。上面从六个不同的方面叙述了设计订单和接受顾客预订时应考虑的一些问题，在具体实施过程中，酒店餐饮部应从客人预订方便、减少随意性管理的角度考虑，根据实际需要出发，编制两套预订时供客人询问、比较、选择用的方案，一套为印刷版的，另一套为电子版的，两套交叉，互补使用，帮助顾客完成预订工作。实施方案的内容应该包括：

①有关餐饮产品价格方面的：中西餐宴会、冷餐会、酒会、茶话会等产品的起价；高档宴会人均消费起点标准；大型宴会消费总金额起点标准。

②有关菜单、饮料单方面的：各类宴会的菜单和可变换、替补的菜单；各类宴会可供选用的酒单。

③有关服务等方面的：不同档次的宴会，可提供的配套服务项目；中西餐宴会、酒会、冷餐会、茶话会的场地布置、环境装饰和台型布置的实例图；宴会中主要菜肴、点心、名酒的介绍及实物彩照。

④其他方面：宴会预订金的收费规定；宴会等业务的提前、推迟、取消规定。

上述书面、电子方案应图文并茂、简明完整、色彩鲜艳，具有相当的吸引力。

订单最终以表格的形式使用，下面选取了 3 份各具特点的订单以供参考，表 8–6 适用于小型宴会的预订；表 8–7 适用于大中型宴会的预订；表 8–8 为比较全面、综合性活动的预订。

表8–6　小型餐饮活动预订单

宴会日期		时间	
联系人姓名	（国籍）	电话	
地址或酒店房号		邮政编码	
人数或桌数		每人（台）标准	
有何忌食			
宴会厅要求			
付款方式		预订金	
处理情况			
	预订日期	承办人	

表8-7 大中型餐饮活动预订单

<table>
<tr><td>预订日期</td><td></td><td>预订人姓名</td><td></td><td></td><td></td></tr>
<tr><td>地　址</td><td></td><td>电传/电话</td><td></td><td></td><td></td></tr>
<tr><td>单　位</td><td></td><td>酒店房号</td><td></td><td></td><td></td></tr>
<tr><td>宴会名称</td><td></td><td>宴会类别</td><td></td><td></td><td></td></tr>
<tr><td>预算人数</td><td></td><td>保证人数</td><td></td><td></td><td></td></tr>
<tr><td>宴会费用标准</td><td></td><td>保证桌数</td><td></td><td></td><td></td></tr>
<tr><td rowspan="2">宴会费用标准</td><td rowspan="2"></td><td>食品人均费用</td><td></td><td></td><td></td></tr>
<tr><td>酒水人均费用</td><td></td><td></td><td></td></tr>
<tr><td rowspan="2">具
体
要
求</td><td>宴会
菜单</td><td>酒
水</td><td></td><td></td><td></td></tr>
<tr><td>宴会
布置</td><td>台　型
主桌型
场　地
设　备</td><td></td><td></td><td></td></tr>
<tr><td>确认签字</td><td></td><td>结账方式</td><td></td><td>预收定金</td><td></td></tr>
<tr><td>处　理</td><td colspan="5">承办人</td></tr>
</table>

表8-8 综合型餐饮活动预订单

预订日期＿＿＿＿＿＿　　　　宴会日期＿＿＿＿＿＿

宴会厅名称＿＿＿＿＿＿　　　　宴会持续时间＿＿＿＿＿＿

<table>
<tr><td>预订者</td><td rowspan="2">客户名称</td></tr>
<tr><td>预订受理者</td></tr>
<tr><td>预订取消者</td><td rowspan="2">客户地址</td></tr>
<tr><td>宴会类别</td></tr>
<tr><td></td><td>电　话</td></tr>
<tr><td>记账</td><td rowspan="8">菜　单</td></tr>
<tr><td></td></tr>
<tr><td>估计宴会人数</td></tr>
<tr><td>保证参加人数</td></tr>
<tr><td>每人价格</td></tr>
<tr><td>服务费（%）</td></tr>
<tr><td>宴会厅费用</td></tr>
<tr><td>备注宴会厅布局要求：
主席台　　U形桌布局
戏院布局　　圆桌会议布局
T形布局　　中餐宴会布局</td></tr>
</table>

（右栏下部：饮　料）

续表

设备要求： 麦克风　　　　　　　　投影仪 舞台灯光　　　　　　　屏幕 其他要求： 宴会厅布置要求： 宴会布置完毕时间______点以前 鲜花要求： 其他要求：	
合计总销售额__________ 估计总成本额__________%	宴会通知： 通知时间 通知地点

抄送部门：总经理、财务部、客房部、餐饮经理、宴会经理、大厅服务部、厨房、维修部

3. 制定作业进度图表

制定作业进度图表就是将餐饮活动的管理安排、运转安排、服务安排等用图表的形式加以明确表述。图表的最大优点就是直观性、易解性，它十分适合于一线的管理活动安排。

有关餐饮活动的作业进度图表大致有五个方面，即菜单进度表、菜单原料等物品清单、餐饮活动场地安排图、需用餐具及物品清单、最终作业指令等。

（1）菜单进度表。菜单进度表是根据活动进行的先后顺序，将活动提供的餐饮产品、服务方式、服务执行者用对应的关系制成表格，使管理人员、服务人员一目了然，以保证服务质量。以下以中餐宴会为例，说明其格式与对应关系，见表 8-9；有些特殊服务的项目也可以借用菜单进度表的方式，见表 8-10。

表8-9　菜单进度表

宴会名称：　　　　　　　　桌号：
宴会性质：　　　　　　　　人数：
宴会时间、地点：

	菜　单	服务方式	服务者
* 冷盘类	__________	__________	__________
	__________	__________	__________
	__________	__________	__________

续表

* 热炒类	________	________	________
	________	________	________
	________	________	________
* 煲汤类	________	________	________
	________	________	________
	________	________	________
* 主食、面点	________	________	________
	________	________	________
* 甜食、水果	________	________	________
	________	________	________
	________	________	________
* 饮料	________	________	________

表8–10　特别服务进度表

宴会名称：	桌号：	
宴会性质：	人数：	
宴会时间、地点：		
特别服务项目	时　间	服务者
* 香　　烟______	________	________
* 即席讲话______	________	________
* 热 毛 巾______	________	________
* 赠送礼品______	________	________
* 食品展示______	________	________
* 乐队奏乐______	________	________
* 其　　他______	________	________

“菜单进度表”和“特别服务进度表”的作用

“菜单进度表”和“特别服务进度表”主要用于高档的、有重要人物出席的宴会服务中，这些表格能够以书面形式将服务内容、服务方式、服务者等确定下来，保证了整个服务工作万无一失、不出差错。

（2）菜单原料等物品清单。此清单主要是由厨师长根据餐饮宴会预订的有关通知而准备。厨房根据餐饮活动的菜单，配以相应的原料（名称、数量、规格等）及烹饪加工需用的厨具。其格式如下（表 8–11）。

表 8–11　菜单原料等物品清单

宴会名称： 宴会性质： 宴会时间、地点：		出菜时间： 桌数： 人数：	
顺　序	菜　单	原　料	厨　具
1 2 3 4 5 6 7 …… 其他			

需要说明的是，所需原料计算以食谱为准；厨具的使用数量、品种由厨师长负责确定；“原料”和“厨具”类要求尽可能详细，这样出差错的可能性就比较小。

（3）餐饮活动场地安排图。餐饮活动场地安排图由餐饮管理人员根据餐饮活动计划安排绘制，其主要作用是方便餐饮活动的管理和服务；除此之外，它还能为参加餐饮活动的客人提供对号入座的方便（图 8–6、图 8–7）。

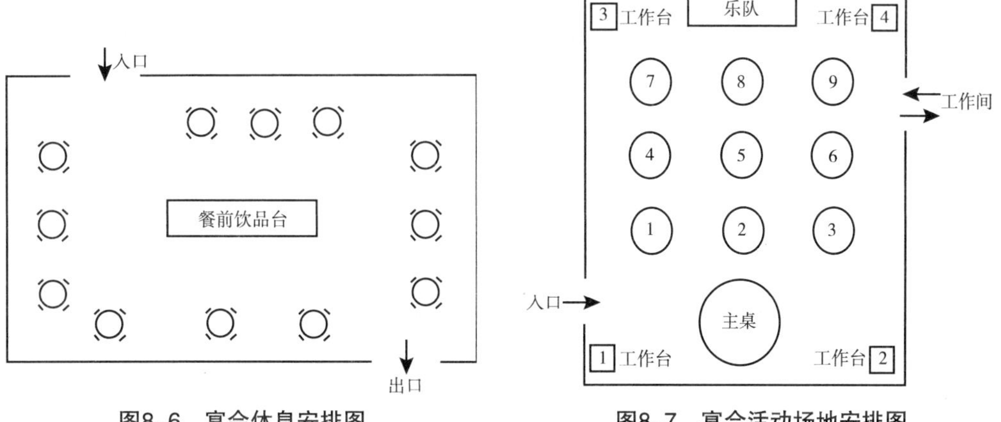

图8–6　宴会休息安排图　　图8–7　宴会活动场地安排图

绘制场地安排图时，要根据场地的面积大小作出场地安排；布局时注意突出主桌位置，留好服务行走路线和宾客行走路线，安排好服务区域（尤其是大型宴会），并安排好现场督导人员。

餐饮活动场地安排图绘制完毕之后，一式三份，一份留餐饮部行政办公室；另一份粘贴于进入活动场地入口的员工工作区域内；第三份挂在餐饮活动场所宾客入口处的告示牌内，以方便客人在最短的时间内对号入座。

（4）需用餐具及物品清单。由管事部根据餐饮部的有关指令准备，见表 8–12。

表8–12　需用餐具及物品清单

宴会名称： 宴会性质： 宴会时间、地点：	桌数： 人数： 餐具、物品到位时间：
瓷器类：	布件类：
玻璃器皿类：	桌椅类：
不锈钢、金银器皿类：	其他类：

制订“需用餐具及物品清单”时应注意各类餐具、用品有不同的尺寸、规格要求，应分别列出，并注明规格尺寸要求；同一档客人先后有两种餐饮活动，如宴会之前的餐前酒会和宴会活动，应分列两张清单，分别提供相应的服务；清单所列的“餐具、物品到位时间”很重要，制单时应用记号笔画出。

（5）最终作业指令。最终作业指令单是由餐饮经理签发的、要求下属及相关部门协调做好餐饮活动的书面通知单，在专业英语中称为：Function Order 或 Event Order，国内也有称为“宴会通知单”的，事实上称为作业（或任务）指令单更为确切。指令单分为三大部分，即一般信息情况介绍，内容包括主办方的情况、活动时间、地点、类型、参加人数、结账标准、形式等；活动涉及的各有关部门应该做的工作及时间要求；指令单的分发情况。表 8–13 为最终作业指令单的式样。

表8-13 最终作业指令单

酒店号码No.____________

日期 Date____________

<table>
<tr><td colspan="2">客人名称　　　　　　　　　　公司名　　　　　　　　　　电话</td></tr>
<tr><td colspan="2">地址</td></tr>
<tr><td>宴会性质</td><td rowspan="2">日期与时间</td></tr>
<tr><td>地点</td></tr>
<tr><td>预算人数</td><td>人数保证</td></tr>
<tr><td>结账方式</td><td>押金</td></tr>
<tr><td>每位价目（食物）</td><td rowspan="4">菜单</td></tr>
<tr><td>每席价目（食物）</td></tr>
<tr><td>每位价目（饮品）</td></tr>
<tr><td>每席价（饮品）</td></tr>
<tr><td>酒水</td><td></td></tr>
<tr><td>摆设及服务要求</td><td></td></tr>
<tr><td>设备要求</td><td></td></tr>
<tr><td>其他安排及收费</td><td></td></tr>
<tr><td>指示牌</td><td></td></tr>
<tr><td>联络人</td><td></td></tr>
<tr><td>电话</td><td></td></tr>
<tr><td>备注</td><td></td></tr>
</table>

分派有关部门：总经理、副总经理、总会计主任、总工程师、客房部经理、西餐经理、中餐经理、中餐总厨、西餐总厨、成本控制主任、前台部经理、大堂副经理、餐饮部经理。

为了使多功能厅（宴会厅）的使用情况一目了然，还可以编制多功能厅使用状况一览表（登记卡）。在做好前述的一些管理表格的编制、登记的同时，必须将多功能厅使用状况预先登记、记录，避免发生一厅两主的撞车现象。该表格的样式如表 8-14 所示。

4. 确定信息传递方式

信息传递方式可以是口头的，如开会、面谈、电话；也可以是书面的，如发文件或张贴。现在多用互联网完成信息传递；也可以按组织系统，分层布置。

作业进度图表、指令单的制作固然增加了管理的工作量，但在运用时能减少实际管理中的混乱现象，提高工作效率。

变动菜单的筹划、实施涉及广泛的餐饮管理知识，工作量大，难度高，必须反复学习和不断实践。

表8–14　多功能厅预订登记卡

日期________　　　　　　　　　　　　　　　　星期__________

	其他宴会	早　餐	午　餐	晚　餐
一号功能厅	宴会类别__________ 预订者____　电话____ 单位____　电话____ 宴会人数____　时间____ 其他事项__________ __________________ 保留日期至____ 预订受理人____日期____	预订者____　电话____ 宴会单位（人）____ 电话__________ 宴会人数__________ 其他事项__________ 保留日期至__________ 预订受理人___日期___	预订者____　电话____ 宴会单位（人）____ 电话__________ 宴会人数__________ 其他事项__________ 保留日期至__________ 预订受理人___日期___	预订者____　电话____ 宴会单位（人）____ 电话__________ 宴会人数__________ 其他事项__________ 保留日期至__________ 预订受理人___日期___
二号功能厅	宴会类别__________ 预订者____　电话____ 单位____　电话____ 宴会人数____　时间____ 其他事项__________ __________________ 保留日期至____ 预订受理人____日期____	预订者____　电话____ 宴会单位（人）____ 电话__________ 宴会人数__________ 其他事项__________ 保留日期至__________ 预订受理人___日期___	预订者____　电话____ 宴会单位（人）____ 电话__________ 宴会人数__________ 其他事项__________ 保留日期至__________ 预订受理人___日期___	预订者____　电话____ 宴会单位（人）____ 电话__________ 宴会人数__________ 其他事项__________ 保留日期至__________ 预订受理人___日期___

本章小结

本章内容分别为固定菜单的筹划、设计与制作和变动菜单的筹划与实施。其中，固定菜单主要以零点餐厅菜单为典型；而变动菜单则以宴会菜单为典型。掌握这两种菜单的筹划是做好餐饮计划工作的核心。

复习与思考

一、思考题

1. 为星级酒店中餐零点餐厅设计点菜单时应主要考虑哪些因素?

2. 国内酒店中餐零点餐厅的菜单设计与制作，通常会有哪些问题?

3. 制定宴会菜单计算宴会销售额时，主要应从哪些方面进行计算?

二、练习题

1. 单选题

（1）固定餐单上列出的经营品种、价格在某一特定时间内不应发生变化。按国际餐饮惯例，这一特定时间通常为（ ）。

A. 半年　　B. 一年　　C. 一年半　　D. 两年

（2）对折式（双页式）西餐菜单上的主菜通常被安排在菜单的（ ）。

A. 左侧上部　B. 左侧下部　C. 右侧上部　D. 右侧下部

（3）国际上通行的餐具摩擦损耗率的计算一般每年为餐具总额的（ ）。

A. 8%　　B. 10%　　C. 12%　　D.14%

2. 判断题

（1）中餐零点菜单上的菜肴更换频率要高于西餐零点菜单的更换频率。（ ）

（2）餐酒单主要陈列葡萄酒品种。（ ）

（3）一般而言，宴会上餐饮产品的消费量与宴会持续的时间长短成正比例关系。（ ）

第九章 酒店餐饮原料采购、验收、储藏管理

学习意义 餐饮原料的采购、验收、库存管理是保证酒店餐饮向客人提供优质餐饮产品的先决条件，也是酒店餐饮实施成本控制的重要环节。这部分内容也是整个餐饮管理的主要环节。

内容概述 本章分别介绍餐饮原料的采购、验收与储藏管理。

教学目标

知识目标

1. 了解食品原料与工厂企业生产原料的不同之处。
2. 熟悉食品原料采购、验收及储存、库存控制的全过程。

能力目标

1. 学会如何利用采购组织设置、采购运作程序、采购质量控制方法、采购数量控制方法、采购价格控制方法、采购方式的确定等方法来做好餐饮成本控制。
2. 学会解决采购过程中具体问题的一般方法。
3. 掌握餐饮原料验收管理的方法。
4. 掌握库存原料的基本管理与库存控制方法。

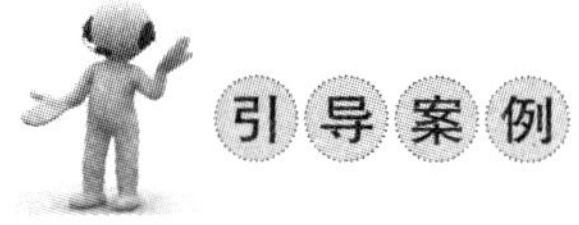

有私家车的采购员

20世纪80年代中期，京城一家大型的四星级酒店开业了，采购部选用了一批刚从职业学校毕业的学生为采购员。两年过去了，酒店经营没有多大起色，采购工作中出现的疑问颇多，尤其是为数不少的采购员居然拥有了自己的私家车。有关部门前来调查，却没有什么明确的结果，最终不了了之（注：那个年代的北京，普通民众有私家车的很少）。

采购应从何处着手进行控制？如同其他管理工作一样，采购管理应首先建立一套完整的保障采购正常进行的体系，然后对这套体系进行运作、调查，最后维护好，使这套体系能够正常运行。

第一节　食品原料采购管理

菜单确定之后，所有满足客人需求的食品原料均需要通过采购工作来获得。食品等原料的采购，是酒店餐饮部为客人提供菜单上各种菜肴的重要保证，只有原料的质量合适，才能保证菜肴口味佳美。食品原料的采购数量、质量和价格不合理，会使餐饮成本大大提高。本节首先叙述餐饮订货的组织表现形式和采购运行程序的制定，然后介绍采购质量的控制、采购数量的控制、采购价格的控制以及采购方式的选择与控制，最后讨论采购过程中经常碰到的一些具体问题。

一、餐饮订货的组织表现形式

我国酒店中的食品采购从组织形态角度而言，主要采用了酒店采购部负责所有餐饮原料物品采购的组织形式。

酒店采购部在酒店中通常为二级部门，属酒店财务部领导。这种组织形态在国内多见于外方管理及规模较大的酒店企业。由于采购业务归采购部统管，采购时就比较规范，制度比较严密，采购成本、采购资金的管理也比较严密。但在这种采购体制之下，采购的周期长、及时性较差。因此，餐饮部有关管理人员必须对食品原料的质量进行规范，对采购时间予以明确规定，以保证供需的协调一致。

另外，采购工作的好坏，采购人员的诚实、踏实与否，直接影响到餐饮成本率的高低，这同样是搞好餐饮成本控制的重要一环。合格的采购员是企业做好采购工作的第二个前提（第一个前提是“采购组织机制的确定”），国外一些小型酒店通常由业主或经理亲自兼任采购员，可见采购员的选择对成本控制有着举足轻重的影响。有的管理学家甚至认为，一名好的、理想的采购员可以为餐饮企业节约5%的餐饮成本。

二、采购运行程序的制定

采购程序是采购工作的核心之一。实施采购首先应制定一个有效的工作程序，使从事采购的有关人员和管理人员都清楚应该怎样做、怎样沟通，以形成一个正常的工作流程，也使管理者利于履行职能，知道怎样去控制和管理。各酒店可以根据自己的管理模式，制定符合本酒店的采购程序，但设计的目的和原理是相同的。

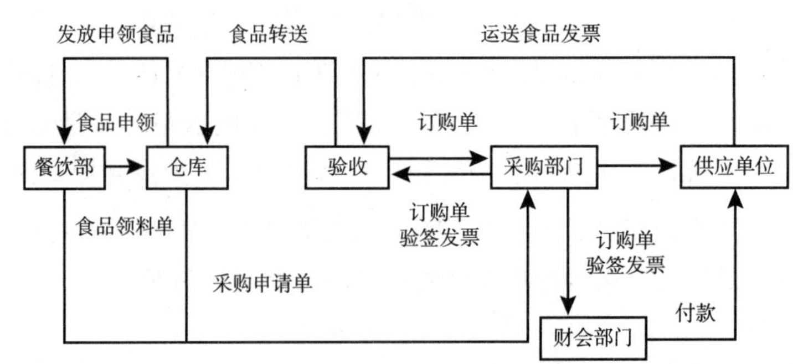

图9-1　餐饮原料采购程序

按图所示：餐饮部所需要的食品应向储藏仓库申领，申领应通过正式的申请手续——食品领料单，仓库根据申领手续发放，所有食品原料都必须经过这一手续获得。发放的食物原料既可以是仓库本身保管储藏的，也可以是当天经验收合格的新鲜食品原料。

餐饮部和仓库分别通过采购申请单向采购部门提出订货要求。餐饮部的订货品种是除仓储之外的食品，通常为新鲜食品；而仓库订购的是各类需储存保管的食品，当库存量低于规定的数量时，就要提出申购，补足必要的库存量。

当采购部门接到订货申请之后，通过正式的订购单手续向供应单位订货，同时给验收部门一份订购单，以备收货时核对。

订货后，如遇供应单位或个人送货上门，则由验收部门验收合格后转送入库；如供应单位不提供送货服务，则由采购部门承运回来，交验收部门验收入库。当验收部门收到厨房订购的新鲜食品时，应立即通知厨房通过申领手续及时领取。

对于单据的处理，应由验收部门将货物发票验签之后，连同订购单交采购部，采购部再交财务部门审核，然后向供应单位支付货款。

在整个运行程序中，应使各部门明了：各项工作均应以向生产部门及时提供适质、适价、适量的食品为唯一目标，各部门在提供食品时都各自负有责任，管理者应严格按采购程序对采购过程进行督导和管理。

三、采购质量的控制

要保证餐饮产品的质量始终如一，企业使用的食品原料的质量也应该始终如一。食品原料的质量是指食品原料是否适用，越适于使用，质量就越高。

餐饮管理人员应在确定本企业的目标和编制有关计划时规定食品原料的质量标准。采购部经理或成本控制会计人员应当在其他经营管理人员的协助下，列出本企业常用的需采购的食品原料的目录，并用采购规格书的形式，规定各种食品原料的质量要求。

（一）采购规格书的概念

采购规格书（Purchasing Specification）是以书面的形式对餐饮企业要采购的食品原料等规定详尽的质量、规格等要求的企业采购书面标准。

（二）采购规格书的样本格式

采购规格书的样本格式如表 9–1 所示。

表9–1　××酒店食品原料采购规格书

制定采购规格书时间：

1. 原料名称
2. 原料用途 （明确说明原料的用途，如橄榄供调制鸡尾酒，烤煎汉堡包、小馅饼、三明治等用）
3. 原料的一般概述 （提供有关所需物品的一般质量资料。如“比目鱼”整条，椭圆形，长约为宽的 2 倍，鱼肉硬而有弹性，呈白色，色泽明亮而清晰，鱼鳃无黏液，粉红色，鱼鳞紧贴鱼身）
4. 详细说明 （买方应列明其他有助于识别合格产品的因素）各种原料应列明的因素包括： * 产地　* 规格　* 比重 * 品种　* 份额大小　* 容器 * 类型　* 商标　* 净料率 * 式样　* 稠密度 * 等级　* 包装物
5. 原料检验程序 （验收时与生产时需进行检验。例如，收货时对应该冷藏保管的原料可用温度计测量，容量应该是 24 棵生菜的箱子可通过点数检验，已加工成块的可通过称重抽查）
6. 特别要求 （列出表明质量要求所需的其他信息。例如，标记和包装要求、交货和服务要求等）

所有采购规格书都应包括以下内容：①产品通用名称或常用商业名称；②法律、法规确定的等级、公认的商业等级或当地通用的等级；③商品报价单位或容量；④基本容器的名称和大小；⑤容器中的单位数或单位大小；⑥重量范围；⑦最小或最大切除量；⑧加工类型和包装；⑨成熟程度；⑩防止误解所需的其他信息。

（三）采购规格书的作用

一份理想实用的采购规格书可以成为订货的依据、购货的指南、供货的准则、验收的标准。

四、采购数量的控制

编定采购规格书之后，其质量标准可以使用相当长的一段时间，而采购数量标准却需要经常修改。一般说来，企业需每天修改数量标准。

（一）采购对象的分类

企业采购的食品原料，有些立即用于生产，有些则存入仓库。从采购的角度出发，食品原料可分为以下两大类：

1. 容易变质的食品原料——鲜活原料

容易变质的食品原料是指购入后必须在较短时间内使用完的食品原料，一般指鲜活食品原料。例如，生菜和鲜鱼会很快变质。有些肉料和乳酪可保存稍长一段时间，但与罐头番茄酱相比，这些食品原料也会很快变质。因此，容易变质的食品原料应当在进货之后立即使用。

2. 不易变质的食品原料——可贮存原料

不易变质的食品原料主要为主食品，是指可以存储较长一段时间的食品原料。大米、面粉、食盐、糖、罐头水果和罐头蔬菜、香料、调味品等都是不易变质的食品原料。这些食品原料的包装物通常是盒子、箱子、袋子、瓶子、坛子、罐头等。在室温条件下，这些食品原料可以在储藏室里存放数周甚至几个月。

（二）鲜活类食品原料采购数量的控制

鲜活类食品原料的不可久存的特点决定了餐饮企业必须遵循先行消耗完已购鲜活原料，然后才能进货的原则。因此，采购的第一步便是掌握手头拥有的鲜活食品原料数量，并根据营业量预报，决定下一期营业所需要的原料数量，然后算出采购数量。采购鲜活类原料通常有两种方法。

1. 日常即时采购法

日常即时采购法适用于采购消耗量变化较大、有效保存期短暂，因而必须经常采购的鲜活类原料，如新鲜肉类、禽类、水产海鲜类原料。这种方法较为简单，但要求食品管理员每天巡视储藏室和冷库，对各种相关原料进行盘点，记录实际库存量，并根据营业量预报和具体情况决定所需原料的采购数量。企业通常都自行设计“市场订货单”，把日常需要的食品原料分类列出，表中除“原料名称”栏外，应有“现存量”、“应备量”、“已订量”、“需购量”栏，还应设置“市场报价”栏，这在各供货单位原料供应价格不一的情况下十分有用（表 9–2）。例如，经过盘点，发现 B、C 两种肉类实际库存量分别为 75 千克和 70 千克，下一期营业期间这两种肉类的需要量分别为 250 千克和 200 千克，而已订购量分别为 100 千克和 50 千克。由此，便可以决定这次采购量应分别为 75 千克和 80 千克。由于这类原料采购次数频繁，几乎每天都须进行采购，因此一般不必考虑保险储备量等因素。“市场报价栏”使用方法如下：如企业与甲、乙、丙三家供货单位有业务关系，并已把原料采购规格标准分送给这些单位。在订货前，通过电话联系或直接接洽，三家供货单位报来了 B、C 两种肉类的供应价格，即称为市场报价。企业食品采购管理人员把这些价格分别填入相应的位置，便可根据具体情况决定向哪家单位订货。价格当然是主要决定因素之一，但最重要的却是该单位的供货必须能符合企业的采购规格标准。

表9–2　市场订货单

____年____月____日

原料名称	现存量（千克）	应备量（千克）	已订量（千克）	需购量（千克）	市场报价（元 / 千克）		
					甲	乙	丙
肉 类							
A							
B	75	250	100	75	7.90	7.96	8.00
C	70	200	50	80	8.20	8.30	8.16
D							
禽类							
A							
B							
C							
D							
鱼类海鲜							
A							
B							
C							

续表

原料名称	现存量（千克）	应备量（千克）	已订量（千克）	需购量（千克）	市场报价（元 / 千克）		
					甲	乙	丙
D							
果蔬类							
A							
B							
C							
干制品							
A							
B							
C							

食品原料采购管理人员______　厨师长______　采购主管________

2. 长期订货法

某些鲜活类食品原料，如面包、奶制品、某些水果、蔬菜等，其消耗量一般变化不大，因此可以采用长期订货的方法进行采购。

长期订货法可以有两种形式：其一是企业与某一供货单位商定，由供货单位以固定的价格每天或每隔数天供应规定数量的某种或某几种食品原料。例如，企业可与某食品公司签订采购合同，由食品公司每天供应 5 箱鸡蛋，企业不再每天进行采购联系。价格预先商定，数量固定不变，直到企业或食品公司感到有必要增加或减少时再行重新协商决定。其二是要求供货单位每天或每隔数天把企业的某种或某几种原料补充到一定的数量。这就要求企业对所有有关原料逐一确立最高储备量。为了防止超过最高储备量，企业通常使用一种“采购定量卡”（表 9–3）对每次进货的数量加以控制。而这需要有专人每天负责进行盘点，记录各种原料的实际库存量，然后在供货单位前来送货时，通知其各种原料的需购量。

表9–3　采购定量卡

______年____月____日

原料名称	最高储备量（千克）	现存量（千克）	需购量（千克）
A	100	20	80
B	75	10	65
C	30（箱）	6（箱）	24（箱）

续表

原料名称	最高储备量（千克）	现存量（千克）	需购量（千克）
D	……	……	……
E			
F			
……			

长期订货法主要用于采购需求相对稳定的鲜活类食品原料。在酒店营业量相对稳定时期，使用此方法比较方便可靠。长期订货法也可以应用于某些消耗量较大而需要每天补充的酒店物资的采购，如餐厅所需要的餐巾纸、餐巾纸匣等，这类物品的大量储存，无疑会占用大量的仓库面积，因此不如采用长期订货的方法，定期由供货单位供应。

（三）干货类食品原料采购数量的控制

尽管干货类食品原料不像鲜活类食品原料那般容易变质，可以较大批量地进货，但这可能造成原料积压和资金占用。从财务角度来说，这种资金占用是一种机会成本，即由于把资金花在食品原料上而不得不放弃其他最佳选择的效益价值。因此这类原料的采购数量也必须进行控制，以尽量降低实际库存量，这样操作对减少库房占用、防止偷盗、节省仓库劳动力都有好处。干货类食品原料的采购一般有两种方法："定期订货法"和"永续盘存卡订货法"。

1. 定期订货法

干货类食品原料采购中最常用的方法是定期订货法。干货类原料的储存期较长，这使减少进货次数成为可能，从而使食品采购人员有更多的时间去处理鲜活类原料的采购事务。定期订货是订货期固定不变，即订货间隔时间不变，如一周一次或两周一次或一月一次，但每次订货数量可变的一种方法。订货间隔时间通常根据企业关于原料储备占用资金的定额规定来确定。每到订货日期，仓库保管员对库房进行盘点，然后决定采购订货数量，计算方法如下：

订货数量 = 下期需用量 – 实际库存量 + 期末需存量

其中，期末需存量系指每一订货期末，酒店必须留有的、足以维持到下次送货日的原料储备量。决定期末需存量必须考虑该原料的日平均消耗量及订购期天数，即发出订购通知至原料入库所需的天数。另外，还应考虑天气情况或交通运输等原因可能造成的送货延误，以及下一经营期内可能突然发生的原料消耗量增加等因素。为了在特殊情况下确保原料供应，企业一般还在期末需存量中加上保险储备量，通常是增加订购期内需要量的 50%。所以期末需存量实际上是：

期末需存量 =（日平均消耗量 × 订购期天数）×150%

例如，某酒店罐头芦笋每月订货一次，该原料消耗量平均每天 10 罐，正常订货周期为 5 天，即送货日在订货日起的第五天。如果保管员发现目前货架尚存 70 罐。而下一期需用量约 300 罐（10 罐 / 天 ×30），期末需存量为（10 罐 / 天 ×5 天）×150% =75 罐，那么，他便可以推算出这次的订货数量：300 罐 − 70 罐 +75 罐 =305 罐。如果罐头芦笋是 24 罐装一箱，那么这次订货数量应该是 13 箱，共 312 罐。这样，虽然比应订购量多订了 7 罐，但由于每次订货时都必须减去当时的实际库存量，本次多购的数量必然会从下次订货数量中减除。

2. 永续盘存卡订货法

永续盘存卡订货法也称为订货点订货法或定量订货法。永续盘存卡订货法比定期订货法能更有效地控制采购工作，但另一方面却又要求企业配备专门人员管理永续盘存卡。小型企业一般都觉得这种方法不方便、不经济，但大型企业则多使用这种方法。

每种原料都必须建立一份永续盘存卡，用以登录进货和发货数量。每种原料还都须有预订的最高储备量和订货点量。所谓订货点量，就是定期订货法中的期末需存量，在此指当某种原料储备量下降到应该立即订货时的数量。因此，订货点量 =（日平均消耗量 × 订购天数）×150%。最高储备量的确定要考虑诸多因素，如仓库面积、酒店确立的原料库存额、订货周期、每日消耗量、供货单位最低订货量规定等。

一般餐饮企业的仓库容量都显紧张，主要原因是建造时未曾给予应有的重视。因此，企业必须根据现有面积决定全部原料的储存量，然后根据各种原料的特点分配具体的储存量。例如，大箱包装的原料，如果进货太多，必然占用大量仓库面积，因而必须确立较低的最高储备量。

企业对原料资金占用额的规定也影响最高储备量，如果企业资金不足或不太宽裕，那么，多次小量的订货方法就比较妥当。

企业规定的订货周期也影响最高储备量的确定，首先要考虑的是原料的每日消耗量，如果消耗量大，而规定的订货周期又长，那么，最高储备量必须相当大。其次还得考虑供货单位关于最低订购量的规定。

根据以上各种因素，企业不难订出比较合理的各种原料的最高储备量。最高储备量可以指某种原料在最近一次进货后可以达到但一般不应超过的储备量，但也可以指某种原料在任何时候都应保持的储备量。此处指某种原料在最近一次进货后可以达到但一般不应超过的储备量。

永续盘存卡由食品成本管理员保管，用以登记各种原料的进货和发货数量。由于每种原料都有订货点量，管理员不必每天进行实际库存盘点，只要根据永续盘存卡账面数字，当结余数降至或接近订货点量时，便可发出订货通知。订货数量的确定较简单，见表 9–4。

例如，某餐饮企业采购罐装黄桃，日平均消耗量为 20 罐，订货期为 5 天，最高储备量为 300 罐，订货点量为 150 罐。10 月 28 日，管理员发现该原料永续盘存卡上现存量已降至订货点量，即发出订货通知。根据上述公式，订购数量应为：300 罐 –（150 罐 – 20 罐 / 天 ×5 天）=250 罐。但因该原料系 12 罐一箱装，管理员决定订购 21 箱共 252 罐。5 天后该订货运抵，该原料储存量即回升至最高储备量。

表9–4　永续盘存卡

永续盘存卡			编号：1432	
品名：黄桃 规格：略 单价：略			最高储备量：300 罐 订货点量：150 罐	
日期	订 单 凭 号	进货量	发货量	现存量
……				（承前）
28/10	No. 3128–252		20	150
29/10			18	132
30/10			19	113
31/10			23	90
1/11			22	68
2/11		252	18	302
……				

订货数量 = 最高储备量 –（订货点量 – 日平均消耗量 × 订货期天数）

以上是酒店常用的几种控制采购数量的方法。值得注意的是，不论使用何种方法，订货数量的最后确定必须根据当时的具体情况，既要考虑当时营业量增长或下降的趋势，又要顾及市场供应情况。

五、采购价格的控制

有效的采购工作目标之一，是用理想的价格获得满意的原料和服务。原料的价格受各种因素的影响，诸如市场的供求状况、餐饮产品的需求程度、采购的数量、食品本身的质量、供应单位货源渠道和经营成本、供应单位支配市场的程度、其他供应者的影响等。针对这些影响的因素，可以采取以下方法降低价格，保证原料的质量，以实施对采购价格的控制。

（一）规定采购价格

通过详细的市场价格调查，酒店对厨房所需的某些原料提出购货限价，规定在一定的范围内，按限价进行市场采购。当然这种限价是酒店派专人负责调查后获得的信息。限价一般是采购周期短、随进随用的新鲜物品。

（二）规定购货渠道和供应单位

为使价格得以控制，许多酒店规定采购部门只能向那些指定的单位购货，或者只许购自规定渠道的原料，因为酒店预先已同这些供应商议定了购货价格。

（三）控制大宗和贵重原料的购货权

大宗和贵重食品原料的价格是影响餐饮成本的主体。因此，有些酒店规定由餐饮部提交使用情况的报告，采购部门提供各供应商的价格，具体向谁购买由酒店决策层确定。

（四）提高购货量和改变购货规格

大批量采购可以降低购货单价。另外，当某些原料的包装规格有大有小时，如有可能批量地购买厨房可以使用的大规格包装的原料，也可以降低单位价格。

（五）根据市场行情适时采购

当某些食品原料在市场上供过于求、价格十分低廉而又是厨房大量需要的，只要质量符合标准并有条件贮存，可以利用这个机会购进，以减少价格回升时的开支。当原料刚上市，价格日渐下跌时，采购量则尽可能减少，只要能满足短期生产即可，等价格稳定时再行采购。

（六）尽可能减少中间环节

绕开不必要的供应单位，从批发商、生产商或种植者手中直接采购，往往可以获得优惠价格。

六、采购方式的选择与控制

理想的采购目标的实现，有赖于选择和使用合适的采购方式。采购方式多种多样，原料供应市场纷繁复杂，究竟采用何种采购方式并没有固定的模式。选择何种采购方式适宜，关键在于餐饮生产规模和业务要求，并应结合市场实际情况进行比较分析，从而选择适合本企业厨房的最佳采购方式。下面介绍几种采购方式，并简要分析其特点，以供参考。

（一）公开市场采购

公开市场采购亦称竞争价格采购，适用于采购次数频繁、往往需要每天进货的食品原料。餐饮企业绝大部分的食品原料采购业务属于此种性质。所谓公开市场采购即竞争价格采购，是指企业采购部门通过电话联系或商函，或通过直接接触（采购人员去供货单位或对方来酒店），取得所需原料的报价。一般每种原料至少应取得 3 家供货单位的报价，分别将它们登记在市场订货单上，随后选择其中原料质量最适宜、价格最优、服务最好的供货单位。

（二）无选择采购

企业有时候会遇到这样的情况：需要采购的某种原料在市场上奇缺，或者仅 1

家单位有货供应，或者急需得到某种原料，不论对方索价如何。在这种情况下，企业往往采用无选择采购方法，即连同订货单开出空白支票，由供货单位填写。使用这种方法，往往使企业对该原料的成本失去控制，因此只有在不得已的情况下才使用，而通常在决定订货之前总得进行一番讨价还价。

（三）成本加价采购

当某种原料的价格涨跌变化较大或很难确定其合适价格时，人们往往会使用成本加价法。这里的成本指批发商、零售商等供应单位的原料成本。在某些情况下，供货单位和采购单位双方都把握不住市场价格的动向，于是采用这种方法成交，即在供货单位购入原料时所花的成本上酌加一个百分比，作为供货单位的赢利部分。对供货单位来说，这种方法减少了因价格骤然下降而可能带来的亏损危险，对采购单位来说，加价的百分比一般比较小，因而也有利可图。采取成本加价方法的主要困难是很难确切掌握供货单位原料的真实成本是多少。

（四）招标采购

招标采购是一种比较正规的采购方法，一般只有大型企业才使用。采购单位把所需采购的原料物品名称及其规格标准，以投标邀请的形式寄给各有关供货单位，供货单位接到邀请后即行投标，报出价格，亦以密封的文件形式寄回采购单位。一般来说，凡其原料能符合规格标准，其出价最低者中标。这种方法有利于采购单位选择最低的价格，但另一方面由于这种方法要求双方签订采购合同，因而又不利于采购单位在合同期间另行采购价格可能更低廉、质量更合适的原料。

（五）“一次停靠”采购

餐饮企业营业所需要的原料品种名目繁多，必须向众多的供货单位采购，这就意味着企业每天必须花费大量的人力和时间处理票据和验收进货。为了减少采购、验收工作的成本费用，有的企业开始尝试新的采购方法，即凡属于同一类的各种原料、物资，企业都向同一家供货单位购买，例如，企业向一家奶制品公司采购所需要的奶制品原料，向一家食品公司采购所需要的罐头食品，这样，每次只需向供货单位开出一张订单，接收一次送货，处理一张发票。然而这种方法对大型餐饮企业来说仍不理想。于是有人提出原料采购也使用超级市场购物方式的设想，即“一次停靠”采购法。根据对纽约某家酒店进行的一项调查，这家酒店在1个月内曾从97家食品供应商手中购买食品原料，订货697次，先后接受交货703次，处理发票703张。显而易见，酒店花费在联系订货、验收交货、结账付款方面的时间和人力的支出相当大。由于一张订货单从填写到核准就得经过三四个人，而处理一张支票也要从打字员转到会计员以及部门经理，加上占用的计算机时间，大约要花7.5美元。根据这项研究，如果这家酒店每个月少开100张支票，也就能节省750美元。于是，这些人便依照超级市场购物“一次停靠”的概念，成立了一个酒店物资供应公司，以批发价格提供酒店业务所需要的几乎全部原料物资。经过研究，酒店认为采取这种一次性停靠采购的方法，不仅可行而且能节省大量开支，遂与该公司订约，把它作为主要的供货单位。结果是理想的，酒店不仅原料物资供应无缺，而且每月订货、验收次数大大减少，平均每月只进行25次订货，25次验收交货，只开出3张支票，大大降低了采购费用。我国目前也有酒店物资供应公司出现。

（六）合作采购

合作采购指两家以上的企业组织起来，联合采购某些原料物品，其主要优点是通过大批量采购，各企业均有机会享受优惠价格。尽管各企业间各有特色，但完全可以使用合作采购的方法去采购某些相同标准的食品饮料及各地通用的用品，如台布、餐巾等。

（七）集中采购

大型酒店公司或集团往往建立地区性的采购办公室，为本公司在该地区的各酒店企业采购各种食品原料。具体办法是各酒店将各自所需的原料及数量定期上报公司采购办公室，办公室汇总以后便进行集中采购。订货以后，可以根据具体情况由供货单位分别运送到各家酒店企业，也可以由采购办公室统一验收，随后再行分送。

集中采购的优点是由于大批量购买，往往可以享受优惠价格，便于与更多的供应单位联系，因此原料质量有更多的挑选余地；集中采购有利于某些原料的大量储存，因此能保证各酒店企业的原料供应；同时，集中采购能减少各酒店企业采购者营私舞弊的机会。但是，集中采购也有其不足之处，如各酒店或多或少得被迫接受采购办公室采购的食品原料，不利于酒店按自己的特殊需要进行采购；由于集中采购，酒店不得不放弃当地可能出现的廉价原料，而且，集中采购有使各酒店菜单趋向雷同之虞，而各酒店自行修改菜单的能力也受到局限，因而不利于酒店标新立异，不利于创造独特的风格。

以上是几种常用的餐饮企业采购方法，各企业应根据自己的类型、规模、隶属形式、业务特点、市场条件等因素选择合适的采购方法。

七、采购过程中的具体问题

在采购中，还经常会遇到一些具体问题，现整理归纳如下：

（一）适宜的采购时间

当库存的物品消耗到一定库存数量时，必须立即订货，以保证在剩余的物品用完之前又有新的物品补充，这时的库存量称为订货点，订货点必须正确合理，既不造成物品积压，又不引起供应脱节，库存物品的周转过程如图 9–2 所示。

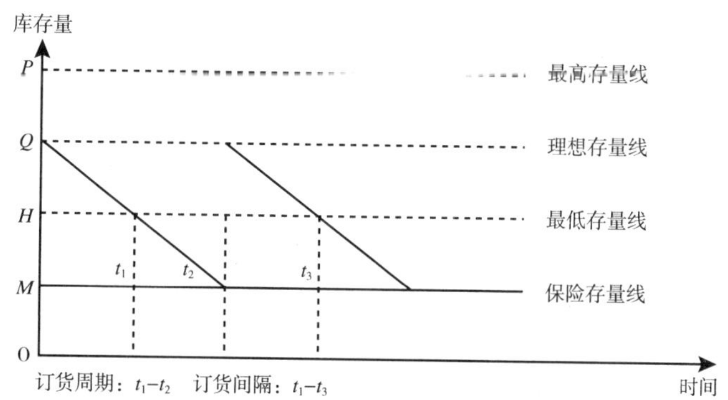

图9–2 库存物品的周转

图中：*P* 为最高存量；*Q* 为理想存量；*H* 为最低存量（订货点）；*M* 为保险存量。

时间轴从原点 *O* 开始，库存物品数量在原点 *O* 时为 *Q*。随着企业业务的持续进行，库存物品量不断消耗，由 *Q* 降至 *H*。这时企业必须进行采购，因为采购物品需要时间，不可能立即得到补充。在等待采购物品来到的这一时间内（t_1 – t_2），企业业务仍在照常进行，所以库存物品量又由 *H* 降至 *M*。这时新采购的物品到位，库存

物品重新恢复到 Q，至此完成了一个循环。从 t_1-t_2 这段时间是发出订货单到收到所订货物的时间，称为订货周期。为了避免发生意外而影响企业的正常经营，企业必须保留一部分物品储备。这部分物品的数量 M 称为保险储备量。从这次采购到下次采购所完成一次循环的时间（t_1-t_3）称为订货间隔。由图 9–2 可知，企业发出订货单的库存量即订货点应该是 H。H 的计算公式为：

$$H = t \times d + \mathrm{M}$$

其中：H 为订货点（箱、件等）；t 为订货周期（日、月等）；d 为平均需求量（箱 / 日、件 / 月等）；M 为保险储备量（箱、件等）。

在使用上式确定订货点时，须注意订货周期与平均需求量的单位要统一。

例如：某餐厅每月销售啤酒 6000 瓶，订货周期为 10 天，保险储备量为 1000 瓶，求订货点。

解：$H = t \times d + M = 10 \times 6000/30 + 1000 = 3000$（瓶）

当库存啤酒量降到 3000 瓶时，应该发出订单，重新采购。

如果市场啤酒供应状况有好转，订货周期只需 5 天，则订货点为：

$$H\text{：} 5 \times 6000/30+1000 = 2000\text{（瓶）}$$

由此可知，订货周期缩短将减少物品的贮存量；需求量的增加则将增加贮存量。

保险贮备量的多少可以根据供应商的供货表现来决定。一般采用供应商可能误期供货的最长时间乘以这段时间的平均需求量。如上例中，啤酒供应商最长的误期记录为 5 天，每日平均需求量 200 瓶。所以 $M=5 \times 200=1000$（瓶）。

订货点法简单易行，但是没有考虑到贮存和采购费用。这个方法比较适用于需求量大且消耗有规律、周转快、可以贮存的物品。

（二）合理的采购数量（或称“经济订购批量”）

酒店对某些餐饮物品的全年需求数为一个常数，考虑到酒店的库存量及贮存保管费用，一般不会一次性将某项物品全部采购回来，而必须分批、分次采购。那么，怎样采购才能使采购费用、贮存费用等处于最低状态？其计算公式如下：

①最佳订购批量 = $\sqrt{\dfrac{2\times 每次采购费\times 预计年销售量}{单品年储存费}}$

②全年最低总费用 = $\sqrt{2\times 单品年储存费\times 每次采购费\times 预计年销售量}$

③年采购次数 = 预计年销售量 ÷ 最佳订购批量

④订货间隔 = 年天数 ÷ 年采购次数

例如：某餐厅预计每年销售啤酒 36000 箱，并规定餐厅不允许缺货。每箱啤酒的进价为25元，每箱啤酒储存费每月为进价的3%(含损耗)，每次采购费用为20元。

求：①最佳订购批量；②全年最低总费用；③订货间隔（每年以 360 天计算）。

解：每箱的年储存费 =25 × 3% × 12=9（元）

每次采购费 =20（元）

啤酒的预计销售数 =36000（箱）

①最佳订购批量 = $\sqrt{\dfrac{2\times 20\times 36000}{9}}$ =400（箱 / 次）

②全年最低总费用 = $\sqrt{2\times 9\times 20\times 36000}$ =3600（元）

③每年采购次数为 90 次（36000 ÷ 400）

④订货间隔 =360 ÷ 90=4（天）

在实际工作中，我们需要灵活地使用以上这些公式，以达到支付全年总费用最低的目的。

仍然是上例中的采购问题，啤酒供应商提出，如果餐厅每次订购啤酒 2700 箱，可以按价格给予 1% 的优惠。在采购费用和单位贮存费用都不变的情况下，餐厅是否应该接受优惠条件？

分析：

由于采购数量改变后不再是最佳订货批量，必然引起总费用的增加，企业将为此多支付费用。但是，餐厅同时又可以获得优惠价格而减少货价的支出。因此，只需将按此采购数量进行采购而多支出的费用与少支付的货价进行比较即可。

每次采购支出的总费用公式为：

采购总费用 =1/2 × 每次需采购的数量 × 每件年贮存费用

+ 全年销售量 / 每次需采购的数量 × 每次采购费

按此公式，每次采购 2700 箱总费用为：

$$采购总费用=1/2\times 2\,700\times 9+36000/2700\times 20$$

$$=12\,416.67（元/年）$$

与“最佳经济订购批量”发生的费用比较：

$$12416.67-3600=8816.67（元/年）$$

即每批采购 2700 箱啤酒，全年将多支出费用 8816.67 元。

由于每批采购 2700 箱少支出的资金为：

$$25\times 1\%\ \times 36000=9000（元/年）$$

两者相减：

$$9000-8816.67=183.33（元/年）$$

企业如果接受供应商的优惠条件，每年可少支付 183.33 元。当然，餐厅是否愿意接受供应商的条件，还要考虑多方面的因素。尽管企业每年可少支出 183.33 元，但是增加采购量也会给餐厅增加相当多的困难。如库存量将近原来的 7 倍，原来的仓库肯定放不下。同时，损耗也肯定会上升，等等。

总之，使用经济订购批量法，光靠套用公式是不够的，还需要管理人员在实际工作中领会其基本思想，灵活掌握使用。

（三）有利的采购价格

除了前面已提及的对采购价格控制的要素外，有利的采购价格应涉及的方面还有：采购价格与原料物品使用价值的关系；采购价格与支付条件的关系；采购价格与购买次数的关系。

（四）最优的质量

食品原料的质量概念是指食品原料是否适用。越适于使用，质量就越高。从这个意义上说，最优的质量就是最适用的质量。这里有个经济成本概念，例如用原料熬一锅汤，需要投入一定数量的牛肉，这里的牛肉可以是里脊肉，也可以是牛腿肉，也可以是加工其他产品剩余的牛肉边角料，很明显就原料的质量而言，牛的里脊肉最好，价格也是最高的，与之相反的是牛肉边角料，质量和价格都是最低的。

但用来熬汤，两者的效果几乎没有差异，就企业方面而言，自然会用牛肉边角料，因为其最为适用。同样的原理，可以被广泛地运用到餐饮采购管理之中。

餐饮采购工作的主要对象是食品原料，这种用于餐饮产品生产的原料有一大特性，即原料的成品程度。原料的成品程度可以分成五等：毛品；初加工品；待烹制品；初制成品；制成品。其分类是根据原料的被加工程度。举例来讲，直接从市场购入的鲜活河虾对餐饮企业而言属于"毛品"；经过清洗、去壳，得到的虾肉是"初加工品"；将淀粉、味精、盐等作料拌入虾内，再挂上糊，准备制作虾球，这时的原料已成为"待烹制品"；入油锅、炸好，取出虾球入盘，这时叫"初制成品"；然后将调制好的黄油淋在虾球上，再加上拼花，这时已完成"黄油脆皮虾仁"的成品制作，可以出菜供应，黄油脆皮虾仁就是"制成品"。作为原料，我们购进的是毛品。那么市场上有没有初加工品供应呢？有，如去壳的冰冻生虾仁肉；待烹制品，如干藕粉。初制品，如泡菜作炒菜等配料；制成品，如各种各样的熟食冷菜。

成品程度可以用下列图形表达出来，见图9–3。

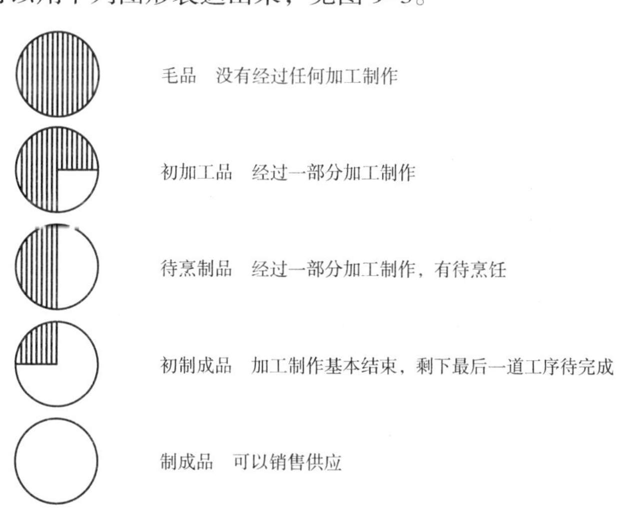

图9–3　食品原料的成品程度

对餐饮企业而言，所购入的原料成品程度越高，企业对原料需要支出的生产和管理费用就越少，反之亦然。降低成本，增加收益，是企业经营活动的基本原则。从这一点上讲，购进制成品最合算，然后依次类推。这一点对人工费用开支昂贵的发达地区的餐饮企业尤其适用。

原料的成品程度越高，购入时也就越贵；原料的成品程度越低，购入时也就越便宜。从这一点上讲，购进毛品最合算，然后依次类推。这一点对人工费开支微不足道的欠发达地区的餐饮企业尤为适用。下面的图例清楚地表明了原料的不同成品程度同原料价格、费用等的关系变化，见图 9–4。需说明的是，图中五类成品程度的原料制成菜肴后，获取的利润是不一样的。

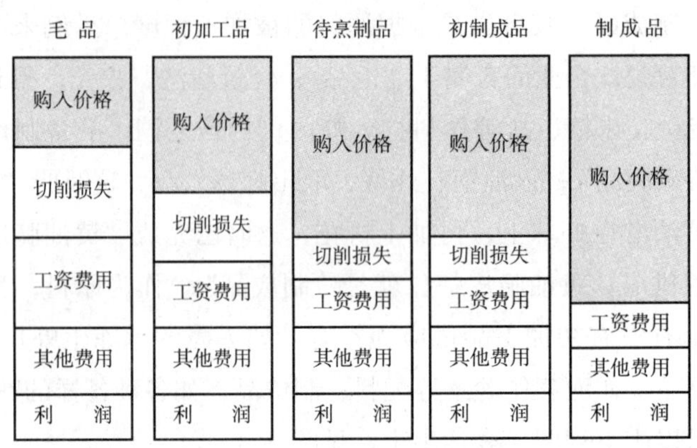

图9–4 不同成品程度的原料、成本及费用比例结构

根据上述原料成品程度的分析，什么是最优的质量呢？这要对企业的具体情况加以具体分析和选择。成品程度高的食品原料在餐饮企业中占有越来越重要的地位，这已为许多中外餐饮企业的实践证明。因为，高成品程度的原料有许多优点：原料少而精；原料的利用率极高；便于运输；占有库房的空间相对变小；易于储存保管；切削损失大大减少；加工制作简便迅速，能耗下降；制作工具和器械比较简单，便于标准加工；便于企业进行定额生产；便于增加经营项目，扩大经营范围，延长经营时间，提高服务质量……

向高成品程度发展是餐饮企业用料的趋势、方向。然而，高成品程度原料并不可能也不会完全替代低成品程度的原料，这是因为这些原料有着许多高成品程度原料不具备的优势：品种丰富，分布广泛；价格低廉；新鲜；营养成分完整无损；便于就地取材；顾客的偏爱……

因此，最佳的质量概念是个动态的概念，餐饮采购管理人员不可从静止的观点去看待它。

（五）理想的交易对象

即在众多的供应商中寻找信誉可靠、服务良好、价格合理且又在同一区域的供应商作为交易对象。

（六）理想的交易地点

采购活动的交易地点应尽可能与酒店处于同一区域，以尽量方便买卖、交割及事务处理。

采购管理中的“订货点方法”与“合理的采购数量法”主要适用于哪些物品的采购？

第二节　餐饮原料验收管理

一、建立合理的验收体系

一旦进货之后，就不能把不合格的货物再卖出去，因此餐饮管理人员应首先建立一套合理、完整的验收体系，保证整个验收工作在机制、体系上完善。验收体系包括：

（一）称职的验收人员

验收人员必须诚实、对验收工作有责任心、食品原料知识丰富。在招聘验收员时，企业的人事部门应参与遴选应聘人员，审查应聘人员的资历，然后会同财务部门和营业部门主管人员决定人员的录用。挑选验收人员的最好方法是从储藏室员工、食品和饮料成本控制人员、财会人员和厨师中发现人才。这些人员有一定的食品知识和经验，而且往往愿意通过从事验收工作积累管理工作经验。现在较通行的做法是由厨房的副厨师长负责食品原料的验收工作。

收货时，验收人员应该对订货单进行数量盘点和质量检验。他们的工作极为重要，在许多国外的酒店、餐馆里，验收人员的地位和工资级别与部门经理相同。

企业应制订培训计划，对所有验收人员进行培训。在某些大型企业里，员工定期轮换工作，培训就显得更为重要。验收人员必须懂得，未经主管人员同意，任何人无权改变采购规格。在工作中，验收人员需和采购人员、行政总厨、厨师、储藏保管人员接触，虚心向他们学习，丰富自己的知识和经验。

（二）实用的验收设备和器材

酒店一般设有验收处或验收办公室。位置一般在酒店的后门或边门，这样送货车开到酒店后门就可以看到验收处，以便于验收。此外要有足够的空地便于卸货。

为使验收工作更有效率，就要有适当的设备和工具。磅秤是验收部最重要的工具。验收部可配备重量等级不同的磅秤，各种磅秤都应定期校准，以保持精确度。

有一种有记录的磅秤，可以将货物的准确重量印在发票或收据上面，不仅可以节省人力，还可以减少手记数的错漏。验收办公室还应有直尺、温度计、起货钩、纸板箱切割工具、铁榔头、铁皮条切割工具、尖刀以及足够数量的公文柜。公文柜用于存放验收部的各种表格，如“验收单”、“验收日报表”等。还有一种特殊设计的验收架，一些水果如橙子等可放在上面，以察看是否有腐烂或斑痕。若质量没有问题，架子上的水果可漏下来，再装入容器。

（三）科学的验收程序和良好的验收习惯

验收程序规定了验收工作的工作职责和工作方法，使验收工作规范化。同时，按照程序进行验收，养成良好的习惯，是验收高效率的保证。

（四）经常的监督检查

餐饮企业管理人员应不定期检查验收工作，复查货物的重量、数量和质量，并使验收人员明白，主管人员非常关心和重视他们的工作。

二、确定科学的验收操作程序

根据验收的目的，验收程序主要围绕以下三个主要环节展开，即核对价格；盘点数量；检查质量。验收的程序分为以下 12 个步骤：

（一）核对送货发票与“订购单”

验收人员应该首先核对送货发票上的供货单位的名称与地址，避免错收货和接收本酒店未订购的货物。其次是核对送货发票上的价格。若发票上的价格高于“订购单”上的价格，验收人员要询问送货员提价的原因，并将情况反映给采购部经理、成本控制员或厨师长，无论退货还是不予退货，都要有厨师长和成本控制员在“货物验收单”上签字，分清责任。若供货单位送货时的价格低于“订购单”上的价格，验收人员应请厨师长检查食品原料的质量，质量合格，厨师长在“验收单”上签字，验收人员可按此价接收这批原料。

（二）检查食品原料质量

食品原料检验的依据是“食品原料采购规格标准”、“请购单”和“订购单”。因为在这些表中均有对所采购的食品原料质量要求的描述。若发现质量问题，如食品原料腐烂、变色、气味怪异、袋装食品过期、水果有明显斑痕等现象，验收人员有权当即退货。

（三）检查食品原料数量

验收人员根据“订购单”对照送货单，通过点数、称量等方法，对所有到货的数量进行核对。数量检查核对应注意下列事项：①若有外包装，先拆掉外包装再称重量。②对于密封的箱或其他容器的物品，应打开一只作抽样检查，查看里面的物品数量与重量是否与容器上标明的一致，然后再计算总箱数。但对高规格的食品原料仍需全部打开逐箱点数。③对于未密封的箱装食品原料，仍应按箱仔细点数或称重。④检查单位重量。除了称到货的重量之外，还应抽查单位重量，检查单位重量是否在验收规格规定的范围之内。

（四）在发货票上签名

所有送货都应有送货发票。送货员呈现给验收人员的送货发票有两联，送货员要求验收人员在送货发票上签名，将第二联还给送货员以示购货单位收到了货物。上联交给付款人员。发票上面应该有价格，验收人员要检查发票上的价格，避免产生错误。

（五）填写验收单

验收人员确定所验收的这批食品原料的价格、质量、数量全部符合“订购单”或“食品原料采购规格书”后，可填写“验收单”。验收单一式四份：第一联交验收处；第二联交储藏室；第三联交成本控制室；第四联交财务部。

（六）退货处理

若送来的食品原料不符合采购要求，验收人员应请示餐饮部经理或厨师长；若因生产需要决定不退货时，应由厨师长或有关决策人员在“验收单”上签名；若决定退货的话，应填写“退货单”。在退货单上填写所退货物品名称、退货原因及其他信息，要求送货员签名。“退货单”一式三联：一联留验收部；一联交送货员带回供货单位；一联交财务部。设法通知供货单位，本酒店已退货，如果供货单位补发或重发，新送来的货物按常规处理。交货中如有腐烂食品原料，退货之后，应向采购部有关人员报告，以便尽快找到可替代的供应来源或可能的生产办法，以减少生产部门的不便。

（七）加盖“验收章”

验收人员检查完食品原料的价格、数量、质量及办理完必要的退货手续之后，可在获准接收的食品原料的送货发票上盖“验收章”，并把盖了“验收章”的送货发票贴在“验收单”上，以便送往财务部。验收章内容有：餐饮企业名称；验收人员签名；验收日期；成本入账部门。

使用验收章有以下意义：①证实收到食品原料的日期；②验收人员签名可明确责任；③管理人员签名表明已知道收到订购的食品原料；④食品成本控制员核对发票金额的正确性。

（八）在货物包装上注明发票上的信息

注在货物包装上的信息主要有：①收货日期，有助于判断存货流转方法是否有效；②购价，在存货时就不必再查寻“验收日报表”或发货票。

（九）对所收到的肉类和海产品加上存货标签

在冷藏室的成本费很高的肉类和海产品原料都必须系上“冷藏鱼肉食品标签”。肉类标签有正、副两联（也可上下或左右两联），正联由验收人员用绳子扎在食品外包装或者直接拴在食品原料上。副联与“验收单”一起交成本控制部。

厨房领料时，连同标签一起发给厨房。若厨房没有整包、整箱领料，储藏室应根据领用数量重新写标签，正联写领剩下的货物数，并扎在领剩下的冷藏食品上，副联写所领数量，并连同所领货物一起送到厨房。厨房领料之后解下标签，加锁保管。原料用完之后将标签送食品会计师，核算当天鱼肉成本。

食品成本控制师核对由其保管的正标签和厨房送来的副标签，根据未使用的标签，盘点存货。发现存货短缺，应分析是否存在偷盗，或者记错了金额。

（十）将到货物品送到储藏室、厨房

食品原料一部分被直接送到厨房或销售地点，称作“直拨原料”；另一部分被送到储藏室，称作“入库原料”。出于质量和安全方面的原因，验收人员应负责保证把货物送到储藏室。由供应单位的送货员直接把货物送入仓库置放的做法是不可取的。当送货员离去后，验收人员或本单位其他工作人员应把货物迅速搬到安全可靠的储藏室。验收人员把“验收单”中规定的一联交给储藏室管理员，后者根据“验收单”再次验收，最后入库贮存。

为了便于进行食品成本核算，验收人员在发票上明显的地方逐项注明哪一项是送厨房的，哪一项是送仓库的；或者根据不同的送货地点，使用不同颜色的发票，以方便送货，并凭此编制“验收日报表”。

（十一）填写“验收日报表”和其他报表

验收完毕之后，大多数大型企业要求验收人员完成一张列明所有收货项目的表格，这张表格通常以供货商分类，以验收的顺序排列。表格之一是“验收日报表”。除了每种食品原料的价格栏目外，该表将成本分为三类；直拨、储藏室和杂项；杂项指不是食品原料的项目，例如纸张和清洁用品，不属于食品原料的成本。

（十二）将各种验收记录呈交有关部门，并标明过期到达的货物

验收人员在所有发票上盖章签字，并把发票贴在“验收单”上，然后将贴着发票的“验收单”送交管理人员，管理人员在发票上签字后送交成本控制员，由成本控制员核对发票数字的正确性。成本控制员检查完毕后送交财务部，财务部会将有关数字填进采购日志内。

当“验收单”还在验收人员手上时，应该记直拨成本，因为直拨成本是在食品原料一收到时就计入成本的，后面讲到日销售成本计算时，就可以看出每日直拨成本是来自验收单的。

由此我们不难看出建立验收程序，是为了保证企业收到的货物是已订购的数量、已明确的质量和已报过的价格。不论对大型企业还是对中小企业来讲，这些步骤是最基本的，也是通用的。控制体系越是完备，越需要更多的人力和设备，当然这样做也会增加成本。但是，即使是小型的个人业主制的餐饮企业也必须采用基本的步骤以防止在验收过程中由于数量、质量和价格方面的问题而引起成本过高。

三、有关验收表格

（一）发货票

所有到货物品都应有发货票。发货票应一式两联，送货人将发货票交给验收人员之后，要求验收人员签名，验收人员签名后将第二联交还送货人，证明企业已收到供货单位发出的货物。第一联应交给财务部，由财务部付款。表 9–5 是一份发货票。

表9–5　发货票

××市副食品公司 支　票 户名__________			____年___月___日	
项　目	单　位	数　量	单　价	小　计

（二）验收单

验收人员应每天详细填写验收单（表 9–6），准确记录验收部收到哪些商品，哪些商品没有发货票，供应单位因交货数量与发货票数量不符而贷记本企业哪些应收账款。有些验收人员为了“节省时间”，在验收单上只记录供应单位名称和送货金额，这种做法是错误的。

验收人员在验收单上填上供应单位名称、商品名称及规格、单位、数量、单价及合计金额与总计金额之后，应在验收单上签名，明确责任。在大型酒店里，验收单应一式三联。第一联送经理室，然后转总会计师；第二联留验收部；第三联送成本会计师。

表9–6　货物验收单

<table>
<tr><td colspan="3">____________酒店
供货单位__________
供货单位地址__________
订购单编号__________</td><td colspan="3">编号__________
日期__________</td></tr>
<tr><td>存货编号</td><td>项目及规格</td><td>单　位</td><td>数　量</td><td>单　价</td><td>合　计</td></tr>
<tr><td></td><td></td><td></td><td></td><td></td><td></td></tr>
<tr><td></td><td></td><td></td><td></td><td></td><td></td></tr>
<tr><td>总　计</td><td></td><td></td><td></td><td></td><td></td></tr>
<tr><td colspan="4">验收员__________
储藏室管理员__________</td><td colspan="2">送货员__________</td></tr>
</table>

（三）冷藏鱼肉食品标签

在验收时，验收人员还应给肉类和海产品加上存货标签。

1. 使用存货标签的优点

（1）填写标签会促使验收人员称鱼、肉的重量。

（2）发料时，可将标签上的数额直接填到领料单上，便于计算食品成本。

（3）标签编号有助于了解贮存食品原料，防止偷盗。

（4）在标签上填明各种有关数据，可简化存货控制程序。

（5）便于存货流转工作。

2. 使用鱼、肉存货标签时应遵守的工作程序

（1）验收人员应为每一块肉、每一条鱼、每一只家禽（单独作一计量单位时，上同）或每一箱鱼、肉、禽填写标签。

（2）标签应分为两部分，一半系在食品原料上，另一半送食品成本会计师（表9–7）。

表9–7　鱼、肉类食品存货标签

标签号______	标签号______
收货日期______	收货日期______
项目______	项目______
重量 / 单价 / 成本______	重量 / 单价 / 成本______
发料日期______	发料日期______
供货单位______	供货单位______

（3）厨房领用原料之后，解下标签，加锁保管。原料用完之后，将标签送交食品成本会计师，核算当天鱼、肉、禽的成本。

（4）食品成本会计师核对由其保管的另一半标签，根据未使用的标签，盘点存货。如存货短缺，应分析是否存在偷盗或是否记错金额。

需要补充的是，给冷藏鱼、肉、禽依品挂上标签的方法已被许多酒店推广到许多较贵重食品原料的保管中。

（四）验收日报表

验收日报表有以下作用：

（1）分别计算食品成本和饮料成本，为编制有关财务报表提供资料。

（2）计算“餐饮直接采购食品”总额，以便计算每日食品成本。

（3）在大型企业里，应配有数名验收人员和管理人员，便于将收货控制的责任从验收人员转至管理人员。

表 9–8 与表 9–9 为两份验收日报表，分别记录了“食品验收”情况与“饮料验收”情况。

表9-8 食品验收日报表

日期：2009/07/14 编号：032218

货品名	供应商名称	发票号	数量（千克）	单价（元）	金额（元）	直接采购食品				库房采购食品					
						一厨房		二厨房		一号库		二号库		三号库	
						数量	金额	数量	金额	数量	金额	数量	金额	数量	金额
二级猪排	区副食品公司	34 670	50	10.00	500.00					50kg	500.00				
二级小牛肉	区副食品公司	34 670	35	12.00	420.00					35kg	420.00				
一级猪里脊	区副食品公司	34 670	25	11.00	275.00					25kg	275.00				
2[#]青豆罐头	×× 罐头食品厂	25 681	5 箱	35.00	175.00							5 箱	175.00		
2[#]蘑菇罐头	×× 罐头食品厂	25 681	6 箱	30.00	180.00							6 箱	180.00		
合计	1550.00														
活鲫鱼	桥垸副食品店	34 671	10	10.00	100.00					10kg	100.00				
活青鱼	桥垸副食品店	34 671	6	12.00	72.00					6kg	72.00				
鲜猪肉（瘦肉）	桥垸副食品店	34 671	10	10.00	100.00	3kg		30.00		7kg	70.00				
四季豆	桥仙菜场	25 682	12	1.60	19.20	12kg		19.20							
生菜	桥仙菜场	25 682	5	1.70	8.50	4kg		6.80		1kg	1.70				
葡萄	大兴果品店	25 682	10	2.20	22.00	6kg		13.20		4kg	8.80				
梨	大兴果品店	25 682	8	1.80	14.40	6kg		10.80		2kg	3.60				
合计	336.10														
总计	1886.10														

表9-9　饮料验收日报表

日期：2011/07/14　　编号：02556

品　名	供应商名称	发票号	箱　数	瓶　数	每瓶容量（毫升）	每瓶单价（元）	每箱单价（元）	总金额（元）
黑牌苏格兰威士忌	××洋酒公司	34781	5	12	700	120.00	1 440	7200
路易老爷白兰地	××洋酒公司	34781	4	12	750	50.00	600	2400
四玫瑰波本威士忌	××洋酒公司	34782	4	12	750	70.00	840	3360
贝克啤酒	金钥匙	34782	30	21	355	4.00	84	2520
龙徽干白葡萄酒	正泰公司	34782	20	10	500	5.00	50	1000
总　计								16480

（五）验收章

验收完毕之后，验收人员应在送货发票上签字并接收原料。有些酒店为便于控制，要求在送货发票或发货单上加盖验收章，如表9-10所示。

表9-10　验收章

× 酒店验收章		
日期________	单价________	金额________
经手人________	验收员________	

使用验收章的作用如下：

（1）证实收到食品等原料的日期。

（2）由收到食品原料和发货票、检查数量、质量、价格的验收人员签名，确认商品。

（3）由食品成本会计师核对发货票金额的正确性。

（4）由总经理与总经理指定的人签名，同意付款。

（六）退货通知单或贷方通知单

如果到货数量不足、质量不符合要求或存在其他问题，验收人员应填写“退货通知单”或“贷方通知单”，如表9-11和表9-12所示。

表9–11　退货通知单

<table>
<tr><td colspan="5">（副本备存）
发自________________
编号____________
交至____________</td></tr>
<tr><td colspan="5">发票号码____________　开具发票日期____________
货品________　单位________　数量________　单价________　总价________
________　________　________　________　________
理由____________________　总计________</td></tr>
<tr><td colspan="5">送货员________　负责人签字____________</td></tr>
</table>

表9–12　贷方通知单

<table>
<tr><td colspan="5">（一式两联）
发方________________
编号____________
收方____________</td></tr>
<tr><td colspan="5">下列项目应予贷记：
发货票号码____________　发货票日期____________
货品________　单位________　数量________　单价________　总价________
________　________　________　________　________
原因____________________　总计________</td></tr>
<tr><td colspan="5">送货人签名________　制表人签名____________</td></tr>
</table>

开具贷方通知单的工作程序为：

（1）在发票上注明哪些商品存在问题。

（2）填写贷方通知单，要送货人签名，并把一联贷方通知单交送货人带回。

（3）将贷方通知单存根贴在发货票背面，在发货票正面注明正确的数额。

（4）打电话通知供应单位：本企业已使用贷方通知单修正发货票金额。

（5）如果供应单位补发或重发货物，新送来的发货票应按常规处理。

（6）将有差错的发货票单独存档，直至问题解决。

（七）无购货发票收货单

验收人员收到无购货发票的货物时，应填写无购货发票收货单（表9–13），以防差错和争议。无购货发票收货单一般是一式两联。验收人员在验收单上注明无购货发票之后，将第一联送财务部，第二联作为存根留在验收部。

财务部收到发货票之后，应送交验收人员。验收人员将无购货发票收货单第二联贴在发货票背面，在验收单上补填发货票上的数额，然后按正常程序，由财务部付款。

表9-13 无购货发票收货单

×× 酒店 No.________ 发货单位____________		无购货发票收货单 日期____________	
数 量	项 目	单 位	小 计
			验收员 __________

四、验收控制

餐饮企业不仅要有良好的验收体系，而且要指定专人负责验收体系的控制工作。验收体系的控制工作应该是财务部门和总会计师的责任。

验收人员和食品成本会计师都是财务部门的成员。但是，为了防止他们串通，验收人员不应直接向食品成本会计员汇报工作。食品成本会计师应监督验收体系的工作。如果验收人员的工作没做好，食品成本会计员应向验收人员指出，并向总会计师汇报。

不负责验收工作，食品成本会计员才能真正做好本职工作。许多企业的总会计师因工作繁忙或者不熟悉验收业务，往往要食品成本会计员负责验收工作，这样做的结果是，食品成本会计员无法发挥监督作用，而且容易与验收人员串通，使企业遭受损失。

在管理良好、纪律严明的企业里，验收部和验收人员的工作由优秀的食品采购员承担。厨师长也应经常检查食品原料的质量，了解食品成本。总会计师在每天工作时间内应抽空到验收处检查工作。

尽管酒店总经理、餐饮经理和餐厅经理的工作非常繁忙，他们仍然应该每天或不定期检查验收部的工作。在大型企业里，除上述人员应检查验收部工作之外，还应经常请企业外部人员，如会计事务所，不定期抽查验收部工作。

许多企业的验收办公室使用一本来访登记簿。总经理希望总会计师、厨师长、采购员、仓库主任、餐饮经理和宴会经理经常到验收处走一走，一方面表示他们对验收人员工作的重视；另一方面，也使验收人员知道自己的工作每时每刻都会受到有关人员的检查。验收人员必须要求每一个来检查工作的人在来访登记簿上签名，写明来访日期和时间。总经理通过查阅来访登记簿，可以了解上述人员是否经常到验收处检查工作。在小型企业里，可能只有一名员工负责采购、验收、仓储、领发料工作，验收工作由总会计师或总经理负责检查。

在验收工作中，还应做好防盗工作。防盗工作的基本原则如下：

（1）指定专人负责验收工作，而不能是谁有空谁验收。

（2）如果验收人员兼管其他工作，应尽可能将交货时间安排在验收人员比较空闲的时候。

（3）商品应运送到指定验收区域。

（4）验收之后，尽快将商品送入储藏室，防止食品变质和员工偷盗。

（5）不允许推销员、送货员等进入储藏室或食品生产区域。验收、检查区域应靠近入口处。入口处大门应加锁。大门外应安装门铃。送货人员到达之后，应先按门铃。送货人员在验收处时，验收人员应始终在现场。

第三节　餐饮原料储藏管理

餐饮原料经过验收程序后，即进入了实物形式的保管环节。在这一环节，有关管理人员首先要弄清食品等原料对储藏保管的一般要求、注意事项，然后要掌握餐饮原料具体储藏管理的方法。

一、储藏管理的总体要求

（一）对储藏区域的要求

餐饮原料仓库又称原料储藏库，每天要接收存储和分发大量的食品等原料。但是，不少酒店、餐厅对储藏库的设计工作不太重视，如各食品储藏库相隔很远，甚至分散在各个不同的楼层，因而影响仓储管理工作。

储藏库设计人员和企业经管人员在储藏库设计工作中需考虑的因素主要有以下几方面。

1. 储藏库的位置

从理论上讲，储藏库应尽可能位于验收处与厨房之间，以便于将食品原料从验收处运入储藏库及从储藏库送至厨房。但是在实际工作中，由于受建筑布局的限制，往往不易做到这一点。如果一家酒店有几个厨房且位于不同的楼层，则应将储藏库安排在验收处附近，以便方便、及时地将已验收的食品原料送进储藏库，这样可以减少原料被“顺手牵羊”的可能性。一般而言，食品储藏库被设计在底楼或地下室内为佳。

2. 储藏库的面积

确定餐饮储藏库面积时，应考虑到企业的类别、规模、菜单、销量、原料市场的供应情况等因素。菜单经常变化的企业，储藏库面积就应大些。远离市场、进货周转较长的企业的储藏库就要比每天都能进货的企业的储藏库大一些。有些企业管理人员喜欢一次性大批量进货，这些企业就必须有较大面积的储藏场地。

储藏库面积既不能过大，也不应过小。面积过大，不仅增加资本支出，而且会增加能源费用和维修保养费用；此外，人们往往喜欢在储藏库放满物品，因此储藏库过大可能会引起存货过多的问题；如果储藏库里没有放满食品原料，空余的场地就有可能用来堆放其他用品，各类存货增多，进出储藏库的人数也会增加，会影响安全保卫工作。储藏库面积过小也会引起一系列问题：不少食品原料只能露天堆放，储藏库的食品原料堆得满满的，保管人员既不易看到、拿到，也不易保持库房的清洁卫生。

小知识

各类储藏库

餐饮原料的易坏程度是不同的。不同易坏程度的商品原料需要不同的储藏条件，对使用时间的要求也不同，因而应分别存放在不同的地点。餐饮原料往往会处于不同的加工阶段，例如新鲜的鱼、洗削好的鱼、半成品的鱼和加工成品的鱼，这又需要不同的贮存条件和设备。因此，酒店应设置不同功能、不同类别的库房。库房的类别通常有以下几种：

（1）按地点分类。中心库房；各餐饮经营点的分库房。

（2）按物品的用途分类。食品库；酒类饮料库；非食用物品库。

（3）按储藏条件分类。干藏库；冷藏库；冰鲜库；冷冻库。

（二）对温度、湿度和光线的要求

几乎所有食品、饮料对温度、湿度和光线的变化都十分敏感。不同的食品饮料在同一种温度、湿度、光线条件之下的敏感程度又不一样。因此，不同的食品饮料应存放于不同的储藏库之内，并给予不同的温度、湿度及光线条件，使食品、饮料始终处于最佳的待食用状态。

1. 温度要求

（1）干藏库。最好控制在 10℃ ~ 21℃。

（2）冷藏库。冷藏的主要作用是防止细菌生长。细菌通常在 10℃ ~ 50℃之间繁殖最快，因此，所有冷藏食品都必须保存在 0℃ ~ 4℃的冷藏间里。由于食品的类别不同，就有存放对象不同的冷藏间，其对应的冷藏温度也各异：①肉类的冷藏温度应在 0℃ ~ 2℃；②水果和蔬菜冷藏温度应在 2℃ ~ 4℃（有些水果是不宜在冷藏条件下存放的，如香蕉等）；③乳制品冷藏温度为 0℃ ~ 2℃；④鱼的最佳冷藏温度应在 0℃左右。同时存放多种食品的冷藏库只能采用折中方案，将温度调节在 2℃ ~ 4℃。

（3）冰鲜库。冰鲜库的温度一般控制在 0℃左右。

（4）冷冻库。冷冻库的温度一般须保持在 –24℃ ~ –18℃之间。表 9–14 给出了各类食品最合适的储藏温度。

表9-14　常用食品原料的储藏温度表

储藏库域	所储藏的食品原料	适宜的温度（℃）
干藏库	1. 干货食品原料	10 ~ 21
	2. 米面类	10 ~ 19
	3. 烈酒类	10 ~ 21
	4. 果酒	10 ~ 21
	5. 啤酒	10 ~ 21
	6. 矿泉水	10 ~ 21
冷藏库	1. 肉类	0 ~ 2
	2. 水产品（主要为海产品）	0 ~ 2
	3. 禽	0 ~ 2
	4. 乳制品	0 ~ 2
	5. 黄油和鸡蛋	0 ~ 2
	6. 新鲜水果和蔬菜	2 ~ 3
	7. 熟食	2 ~ 4
	8. 啤酒和矿泉水（备每天日常服务用）	3 ~ 4
冰鲜库	拟短期内食用的新鲜水产品、肉类、禽类等	0 上下
冷冻库	所有需冷冻保藏的食品（拟长期存储的肉、禽、鱼等）	－24 ~－18

2. 湿度要求

食品原料仓库的湿度也会影响食品存储时间的长短和质量的高低。不同的食品原料对湿度的要求是不一样的。

（1）干藏库。干藏库的相对湿度应控制在 50% ~ 60%；如果是储藏米面等食品的仓库，其相对湿度应该再低一些。如果干藏库的相对湿度过高，就应安装干燥装置；相对湿度过低，空气太干燥，应使用湿润器或在库内泼水。

（2）冷藏库。水果和蔬菜冷藏库的湿度应在 85% ~ 95%；肉类、乳制品及混合冷藏库的湿度应保持在 75% ~ 85%。相对湿度过高，食品会变得黏滑，助长细菌生长，加速食品变质；相对湿度过低，会引起食品干枯。可以在食品上加盖湿布，或直接在食品上泼水。

（3）冰鲜库。其相对湿度控制在 85%上下。

（4）冷冻库。冷冻库应保持高湿度，否则干冷空气会从食品吸收水分。冷冻食品应用防潮湿或防蒸发的材料包好，防止食品失去水分及脂肪变质发臭。

3. 光线要求

所有食品仓库均应避免阳光的直射。仓库的玻璃窗应使用毛玻璃。选用人工照明时应尽可能挑选冷光灯，以免由于电灯光热，使仓库的室内温度升高。另外，储藏仓库应保持空气流通。干藏库最好通过送排气装置每小时换 4 次空气。冷藏库和冷冻室的食品不要靠墙存放，也不要直接放在地板上或堆放到天棚，以利空气流通。

（四）食品储藏库对清洁卫生的要求

干藏库和冷藏库的地面和墙壁应经受得起重压，易于保持清洁，并能防油污、防潮湿。食品仓库的高度至少应该是 2.4 米。如果使用空调，仓库里就应有充足的压力通风设备。仓库内应有下水道，以便清洗冰箱，擦洗墙面和地面。食品仓库在任何时候都应保持清洁卫生。企业应制定清洁卫生制度，按时打扫。冷藏食品每天都应整理整齐，溅出的食物应立即擦净。冷藏库内墙可用温肥皂水洗刷，并应立即用清水冲洗。冷藏库应每天擦洗地面。干藏库同样应每天清扫，特别是要注意对阴暗角落和货架底下的打扫。食品仓库绝对不可以堆放垃圾。干藏库要做好防虫、防鼠工作。墙上、天棚和地板上的所有洞口都应堵塞住，窗口应安装纱窗。如果暖气管和水管必须穿过储藏库的墙壁，管子周围应填塞。在杀虫灭鼠工作中，管理人员应聘请专家指导，以便正确使用杀虫剂和灭鼠药。

二、餐饮原料储藏保管

餐饮物品储存管理的基本过程可以分为三个阶段：入库验收—贮存保管—离库处理。

（一）入库验收

入库验收工作，通常由采购部门与库存部门联手进行，采购部门的验收侧重于对货品数量的点验，而库存部门则侧重于对货品质量的检验和分类。这是由这两个部门各自的业务性质决定的，库存部门的工作重心是物品的保管，因此在管理上就十分强调验收时的质量检查和对物品的分类签收。

1. 质量检查

质量检查是以数量检查为直接前提的。库房在进货时，确认物品数量之后便开始质量检查工作。质量检查工作的重点在两个方面：入库物品的质量把关和对物品储存条件的分析。入库物品的质量把关主要是根据采购规格书所定的标准进行，而对物品储存条件的分析，主要是看所购的食品原料是否适宜存放在酒店的仓库之中。

2. 分类签收

通过检查的入库物品应立即入库保管。物品入库之前要进一步分类、登记和签收，分类是为了更方便地管理；登记和签收是为了建立来龙去脉清晰的账目体系。

（二）贮存保管

餐饮物品验收入库以后，进入贮存保管阶段。贮存保管是库存管理工作的中心环节。对贮存保管的基本要求是：合理存放，精心养护，认真检查，使物品在保管期内质量完好，数量准确；使库存耗损开支和管理费用下降到尽可能低的水平；使物品发放工作便于开展，更好地为生产和销售服务。

1. 库存物品保管的五项原则

（1）库存物品的贮量与生产、销售、消费相吻合。

（2）库存物品应分类集中存放在明确的地点。

（3）库存物品应建立健全的保管、养护、检查制度。

（4）加强对仓库保管人员的管理工作。

（5）尽可能降低储存环节的费用。

2. 影响贮存保管的因素

（1）物品的种类和性质。

（2）物品的成品程度。

（3）餐饮生产部门的生产能力。

（4）仓库的库存能力。

（5）市场的供应状况。

（6）供货期限。

（7）库存部门内部工作组织实施。

（8）餐饮企业购销政策和计划。

3. 科学、合理的存放方法

科学、合理的物品存放往往能达到事半功倍的效果。这些方法有：

（1）分区分类。根据物品的类别，合理规划物品摆放的固定区域。分类划区的粗细程度，应根据企业的具体情况和条件来决定。

（2）四号定位。四号是指库号、架号、层号、位号。四号定位是指对四者统一编号，并和账页上的编号统一对应，也就是把各仓库内的物品进一步按种类、性质、体积、重量等不同情况，分别对应地堆放在固定的仓位上，然后用四位编号标出来。这样，只要知道物品名称、规格，翻开账簿或打开电脑，就可以迅速、准确地寻料、发料。

（3）立牌立卡。即对定位、编号的各类物品建立料牌和卡片。料牌上写明物品的名称、编号、到货日期，有可能再加上涂色标志。卡片上记录物品的进出数量和结存数量等。

（4）五五摆放。五五摆放就是根据各种物品的性质和形态，以“5”为计量基数堆放物品，长 × 宽 × 高，均以“5”作为计算单位。这样，既能使存库物品整齐美观，又便于清点、发放。

需要注意的是，并非所有的餐饮库存原料都可以用这 16 字的存放方法来处理，因为许多餐饮原料的外形、包装等在许多情况下是无规则的。

4. 餐饮食品原料的分类与储藏保管

（1）干藏库。在干藏库储藏的食品原料主要类别有：米、面粉、豆类食品、粉条、果仁等；调料：食用油、酱油、醋等液体作料以及盐、糖、花椒等固体调料；罐头、瓶装食品：包括罐头和瓶装的鱼、肉、禽类；食品、部分水果和部分蔬菜；糖果、饼干、糕点等；干果、蜜饯、脱水蔬菜等。

干藏库的管理要点为：①干藏库应该安装性能良好的温度计和湿度计，并定时检查仓库温度、湿度是否适宜，防止仓库温度、湿度指标超过许可范围。②每一种原料必须有其固定的存放位置，任何原料的贮存应至少离地面 25 厘米，离墙壁 5 厘米。③入库原料须在其包装上注明进货日期，以利于按照先进先出的原则进行发放，保证食品质量。④仓库应定期进行清扫、消毒，预防和杜绝虫害、鼠害。⑤塑料桶或罐装原料应带盖密封，箱装、袋装原料应存放在带轮垫板上，以利挪动和搬运。玻璃器皿盛装的原料应避免阳光直接照射。⑥尽量控制有权进入仓库的人员数量。员工的私人物品一律不准放在仓库内。仓库人员不在职时，仓库应另外加锁以防外人进入，备用钥匙应用纸袋密封，存放在经理办公室，以备急用之需。

（2）冷藏库。在冷藏库储藏的食品原料主要类别有：新鲜的鱼、肉、禽类食品；部分新鲜的蔬菜和水果；蛋类、乳制品；加工后的成品、半成品：糕点、冷菜、熟食品、剩菜等；需使用的饮料、啤酒等。

冷藏库的管理要点为：①冷藏前仔细检查每一食品原料，不要让已经变质或者不洁原料送入冷藏库或冷藏箱。②需冷藏的原料应尽快冷藏，尽量减少耽搁时间。③冷藏设备的底部及靠近冷却管道的地方一般温度最低，这些地方应留给乳制品、肉类、禽类、水产类食品原料。④冷藏设备主要用于贮存容易腐败变质的原料。因此，一些热带水果如香蕉、菠萝、瓜及某些蔬菜和块茎类果实如西红柿、马铃薯、洋葱、南瓜、茄子等都无须冷藏，其储藏温度为16℃～20℃。⑤冷藏时应拆除鱼、肉、禽类等原料的外层原包装，因为原包装物上往往沾有污泥及致病细菌。但经过加工的食品如奶油、奶酪等，应连同原包装一起冷藏，以免发生食品干缩、变色的现象。⑥已经加工的食品和剩余食物应密封冷藏，以免受冷干缩和沾染其他食物的气味，并防止滴水或异物混入。⑦有强烈特殊气味的食物应冷藏在密封的容器中，以免影响其他食物。⑧冷藏温热的熟食，应使用浅底、口大的容器，避免使用深底、口小的桶状容器，以利其迅速散热。一般情况下，应在水中先行冷却，然后再行冷藏。⑨重视冷藏库、冷藏箱的卫生，应制定清扫规则，定期打扫。

（3）冰鲜库。在冰鲜库储藏的主要是在短时间内（1～2天内）就要使用的新鲜的鱼类和肉类食品。

冰鲜库的管理要点是：①随时注意存放在库内的以新鲜水产品为代表的食品的新鲜度状况，以防食品的新鲜度发生变化。②加速库存新鲜食品的周转速度。③更加严格地执行仓库的保管制度。

（4）冷冻库。在冷冻库储藏的食品原料主要为两类：需长时间保存的冻肉、鱼、禽、蔬菜食品和已加工的成品和半成品食物。

冷冻库的管理要点为：①把好进货验收关，冷冻食品在验收时必须处在冰冻状态，避免将已经解冻的食物送入冷冻库。②冷冻食物温度应保持在 –18℃以下，冷冻库的温度越低，温差变化越小，食品贮存期及食品质量就越能得到保证。③冷冻储藏的食品原料，特别是肉类，应该用抗挥发性的材料包装，以免原料过多地失去水分引起变色、变质。因而冷冻库内的相对湿度要尽可能高。④冷冻食物一经解冻，尤其是鱼、肉、禽类原料，应尽快烹制，否则，由于温度回升，容易引起细菌快速繁殖生长。⑤冷冻食物一经解冻，不得再次冷冻储藏，否则，食物内复苏了的微生物会引起食物腐烂变质，而且再次冷冻会破坏食物内部组织结构，影响外观、营养成分及食物香味。⑥有些冷冻食物，主要是蔬菜，可直接烹烧，不需经过解冻，这样反而有利于其外形和色泽的保持。大块肉类必须先行解冻，一般应放置在冷藏库内进行，切忌在室温下解冻，以免引起细菌、微生物急速繁殖。如果时间紧迫，则应将肉块用洁净塑料袋盛装，密封置于自来水池中，用自来水冲洗，以助解冻。⑦不要将原料堆放在地面上或紧靠墙壁，以免妨碍库内空气循环，影响储藏质量。⑧坚持先进先出的原则，所有原料必须注明入库日期及价格，并经常挪动储藏的食品原料，防止某些原料储藏过久，造成浪费。

（三）离库处理

离库处理又叫“发货”、“发料”、“送料”，它是库存实物管理中的最后一个环节。离库处理管理的基本要求是：做好准备工作，严格离库审核手续，按库存物品周转规律准确无误地发送物品，并科学、合理地做好相应的原料成本登记工作。

离库业务的处理是双方面的工作，对申领物品一方来讲，有申报、待批、领料、核查、提货、运送等作业环节；对发放物品一方来说，有备货、审核手续及凭证、编配、分发、送发、核定成本、复核等作业环节。库存管理工作的重点主要放在后者。具体而言，食品原料发料管理的要求是：保证厨房和酒吧能及时得到足够的原料；控制厨房和酒吧的用料数量；正确地统计食品饮料的成本。

1. 食品原料的发放

食品原料的发放工作是从企业采购入库经验收无误的货品中或从食品原料仓储的存货中发出食品原料供给生产部门使用的过程。餐饮食品原料的发放形式共有两种：无须入库贮存原料的发放和库存原料的发放。

（1）无须入库贮存原料的发放。这些原料主要是即购即用的易变质性原料。食品原料经验收合格之后，从验收处直接发至厨房，其价值按当日进料价格记入当天食品成本账内。食品成本控制员在计算当日食品成本时只需从进货日报表的直接进料栏内抄录数据。当然，并非每一次记录都这样简单，例如，有的原料验收后，其中一部分须直接送至厨房，记录成本账目时作为直接进料，而另一部分须送仓库贮存，因而需要作为仓库进料分别登记；另一种情况是，有时大批直接进料厨房当日用不完，剩余部分第二天、第三天才得以消耗完，但这批原料的成本已计入了进料当天的食品成本，因而会不切实地增加那天的食品成本率；为了简化手续，直接进料经过验收、在进货日报表上作登记之后，便直接送交厨房，此后仓库便不作其他任何记录。由于"直接进料"是在一收到之时就发往厨房，如果存在偷盗、浪费和变坏，就会在过高的成本数字上表现出来。

（2）库存原料的发放。库存原料包括干藏的食品、冷藏的食品、冰鲜藏的食品和冷冻藏的食品等。这些食品原料经验收后入库房贮存备用，在生产部门需要时从仓库领出，在领出当日转入当日食品成本账目。因此，对每一次仓库原料发放都应有正确的记录，这样才能正确计算每一天的食品成本。每天库房向厨房和酒吧发出的原料都要登记在"食品仓库发料日报表"上。日报表上汇总每日仓库发料的品名、数量和金额，注明这笔成本分摊到哪个餐饮部门的餐饮成本上，并注明领料单的号码，以便日后查对。月末，将每日"食品仓库发料日报表"上的发料总额汇总，便得到本月仓库发料总额。"食品仓库发料日报表"的式样如表 9-15 所示。

表9-15 食品仓库发料日报表

日期：2011/01/03

货号	品名	数量	单价（元）	金额（元）	成本分摊部门	领料单号	备注
BC-315	黄油（2#）	20 块	6.00	120	咖啡厅、厨房	3856	
BC-514	鸡蛋	15 公斤	3.20	96	中餐厅、厨房	3472	

本日发料汇总：发料项目数＿＿＿＿ 总金额＿＿＿＿ 制表人＿＿＿＿

（3）库存原料发放的控制。

①定时发料。规定发料时间非常重要，因为这直接影响着生产过程。厨房根据

自己所需要的食品原料填写领料单，仓库按领料单进行备料。

为使仓库管理人员有充分的时间整理库房，检查各种原料的库存情况，不致因忙于发料而影响其他工作，应规定每天的领料时间。有的酒店规定每天早上两小时（如 8:00 ~ 10:00）和下午两小时（14:00 ~ 16:00）为仓库发料时间，其他时间除紧急情况外一般不予发料。也可规定领料部门提前一天送交领料单，以使仓库管理员有充分的时间提前准备，避免和减少差错，并能减少领料人员的领料时间。提前送交领料单还可以促使厨房管理人员对次日的顾客流量作出预测，计划好次日的生产。仓库定时发料也有利于仓库保管，减少库存原料的丢失。

②凭单发料。即凭领料单发料。领料单是仓库发出原料的原始凭证。领料单上应正确地记录仓库向各厨房发放的原料数量和金额，它有以下三大作用：其一，控制仓库的库存。领料单是仓库发出原料的凭证，是计算账面库存额、控制库存短缺的工具。其二，核算各厨房的餐饮成本。领料单反映各厨房向仓库领取原料的价值，是计算各厨房餐饮成本的工具。其三，控制领料量。领料单是员工向仓库领料的凭证。无领料单，任何人不得从仓库取走原料，并且员工只能领取领料单上规定的原料种类和数量。因此，领料单是仓库管理和餐饮成本控制的重要工具。食品原料领料单的式样如表 9-16 所示。

表9-16　食品原料领料单

领料部门：酒吧　　　　日期：2007/05/05

仓库类别：干藏库□　冷藏库□　冷冻库□						
品　名	货　号	请领数量	实发数量	单价（元）	食品金额（元）	饮料金额（元）
3#	AA3301	2 箱	2 箱	30	60	
1.25L 雪碧	AA4031	1 箱	1 箱	50		50
				合计	60	50
领料人＿＿＿＿ 发料人＿＿＿＿		领料部门领导＿＿＿＿			本单领料总金额	110

为便于分类统计成本，最好将食品金额与饮料金额分别记录，并注意标明仓库的类别。领料单必须由厨师长或领料部门指定的管理者签字，仓库才能发料。仓库

发料时，领料人和发料人都要签字。领料单上如有剩下的空白处，应当着领料人的面划掉，以免被人私自填写。领料单至少一式三份，一联随发出的原料交回领料部门留作记录，一联送财务部食品成本控制员，最后一联仓库留存，以汇总每日的领料总额。

③准确计价。原料从仓库发出后，仓库保管员有责任在领料单上列出各项原料的单价，计算出各项原料的金额，并汇总领取食品饮料的总金额。肉类及其他冷冻食品发出后，解下系在货物上的标牌，按标牌上的单价和金额记在领料单上。干货及一些其他食品，规格和价格相对比较稳定，在发放时只需在领料单上填写实发数量，再乘以每件货物的单价，计算出领料总额。有许多原料价格常有波动，货物入库时在贮存的包装容器上贴上标牌，注明数量和单价，领料时按标牌上的价格计算领料总额。这里所用的是实际购价计算法，如果仓库不采用物品标牌制度，可以根据货品库存卡标明的单价，采用先进先出法或最近进价法等方法计价。

2. 饮料的发放

饮料购入后，其采购金额全部计入库存额，要在饮料领出后才计入成本。仓库发放饮料同样要凭领料单，领料单须有酒吧经理或餐厅经理签字才有效。

由于饮料在销售时毛利较大，且一些名贵酒类价值很高，所以对饮料的发放应严格控制。一些零杯销售的酒水（通常是名贵酒），不仅要凭领料单，还需凭酒吧和餐厅退回的空瓶。这种做法要求酒吧或餐厅对饮料保持固定的标准库存量。每天退回的空瓶数应是昨日的消耗量（零杯酒除外），每日领取的饮料量实际上是补充昨日消耗掉的饮料量，使酒吧（餐厅）的贮存量保持在标准水平。如酒吧中的人头马 V.S.O.P 按干邑酒的标准贮存量应贮存 5 瓶，用完 2 瓶的空瓶在领料时送回后再领取 2 瓶，这样酒吧每天营业开始时该类酒始终保持 5 瓶的标准贮存量。

由于酒吧和餐厅在营业服务中常销售整瓶酒水，有的客人喝了一半连瓶将酒水带走，整瓶酒水的空瓶就难以收回。为加强控制，整瓶酒水的销售要填写整瓶销售单。客房用餐服务中的整瓶酒水销售也要填写整瓶销售单。在领料时以整瓶酒水销售单代替空瓶作领料的凭证。

酒吧或餐厅保持标准贮存量有利于保证饮料的供应和对酒吧、餐厅的饮料加强控制。采取凭空瓶和整瓶销售单领料，酒吧、餐厅可以随时按实际结存的饮料瓶数和空瓶数（或整瓶销售单上的数量）对照标准贮存量检查饮料的短缺数。各种商标的酒水无论在何时检查都应是如下数量：

满瓶饮料数 + 不满瓶数 + 空瓶数（或整瓶销售数）= 标准贮存量

酒吧及厨房的贮存面积较小且较难控制，所以标准贮存量要根据每天的平均消耗量计算，一般不多于三天的需求量。宴会、团体用餐等重大活动无法设立标准贮存量。为宴会领取的酒水一般大于预计的需用量，在宴会结束后要将未用完的酒水退回。退回的饮料填写在食品饮料调拨单上。

3. 原料的内部调拨及转账处理

大型酒店往往拥有多处餐厅、酒吧、厨房。餐厅之间、酒吧之间、餐厅与酒吧之间等常因业务需要发生食品原料的互相调拨、转让，而厨房的原料物品调拨则更为经常。为使各自的成本核算达到应有的准确性，酒店内部原料物品调拨应坚持使用调拨单，以记录所有的调拨往来。在统计各餐厅和酒吧的成本时，要减去各部门调出的原料金额，加上调入的原料金额。这样可以使各部门的经营情况得到正确的反映，食品饮料调拨单应一式三份或四份，调入与调出部门各留存一份，另一份及时送财务部。有的企业要送一份给仓库记账。食品饮料调拨单的式样如表 9–17 所示。

表9–17 食品饮料调拨单

调入部门：多功能厅 调出部门：大堂吧			日期：2007/06/01 编号：3750821			
品　名	规　格	单　位	数　量		金额（元）	
			请拨数	实拨数	单　价	小　计
可口可乐	355ml	箱	4	4	40	160
雪　碧	355ml	箱	4	4	40	160
合　计						320

调出部门经手人＿＿＿＿＿　　主管＿＿＿＿＿　　仓库保管员＿＿＿＿＿

调入部门经手人＿＿＿＿＿　　主管＿＿＿＿＿

三、餐饮原料库存控制

所谓库存控制，就是企业根据自身状况和所在市场的环境情况，制定出一套完整的体系，对企业的库存物品从数量、质量和管理方面进行监督、调节和制约的措施并加以实施。

库存控制的内容主要包括确定各类物品的存量定额、定期掌握库存数量结存和金额结存情况、库存管理数据的确定和控制等。

（一）库存投资的特点——无收益性

库存管理有一个十分重要的特点，即投资的无收益性。这个特点应从两个方面看，首先从投资看，这种投资一方面表现在固定资产方面：各种类型的仓库库房、机器设备、运输工具等生产性固定资产的投资；另一方面表现在流动资金方面：大量库存物品所占用的资金、人工费用的支出、其他生产与管理费用等。再从收益看，有关库存方面的固定资产或流动资金的任何投资不会因为库存而产生新的利润（为了投机因素而囤积紧缺原料不包括在内）。而且，还需要不断追加投资，以维持正常作业和管理活动的进行。因此，库存占用了一定量的资金，却不能为企业赚得新的经济收益。

这个特点告诉我们，将许多资金压在库存上，于企业是不利的，因此有必要对库存物品进行科学合理的控制。有关这一问题的最新研究，可以参阅“零库存管理理论（Zero Inventory Management/Zero-stock Management）”。

（二）库存控制的实施

库存控制的具体实施需要有关管理人员确定各种物品的相关存量，定期掌握库存结存情况，掌握正常的库存短缺率及相应的库存管理数据。

1. 确定各种库存物品的相关存量定额

（1）库存总金额的控制。由于存货需占用资金，因而存货最好是越少越好或者没有存货，但这在实际工作中又是不可能的。我们需要贮存一定量的物品，以防送货这段时间内食品原料短缺现象的发生。

许多酒店的经验表明，食品原料存货的金额总数应约等于每周消耗的食品原料价值的 1.5 倍。如某酒店餐饮部每周消耗的食品原料总额约为 100000 元，那么这家酒店的食品原料的库存金额总数为 100000 × 1.5，等于 150000 元。如果库存物品的金额数超过了这个标准，就应引起管理人员的注意，因为有可能出现原料变质、占用过多资金以及玩忽职守造成的浪费等现象。如果存货过少，就会额外地增加订购次数，并有可能出现库存短缺，造成计划外的人力、物力、财力支出和正常生产中断等现象。

当然，上面所谈到的仅仅是许多酒店的成功做法，没有考虑到一些特殊情况，如有些度假酒店地处僻静的风景名胜区域，供货、交通不是十分方便，再如有些酒店的经营季节性很明显，客源时多时少，因此必须依据当地、当时的具体情况来确定科学合理的库存总金额。

（2）库存存量定额的控制。

①库存成品原料的金额控制。许多酒店常常忽视成品原料的金额控制。这类原料几乎无须经过加工成熟的过程，稍加处理就可以提供给就餐顾客。由于这类原料的成品度高，采购进货时的价格也高，管理上稍有不慎，原料变质或浪费造成的损失也大。在西方国家，成品原料的总金额数最多不能超过每天其他食品原料成本额的 1.5 倍。在国内，这一金额数的比率可以再低一些。

②其他库存原料的金额控制。与成品的库存食品原料一样，这些物品的贮存在企业流动资金中占有较大的比重，正确制定每种库存物品的定额，对减少积压和浪费以及避免供应短缺或中断有着重要的意义。前面已经提到了库存物品定额对物品采购的影响，库存物品定额同样对库存费用的高低带来影响。库存物品定额有四个数量限度：保险存量线；最低存量线；理想存量线；最高存量线。对每一种需要库存的食品原料品种，都应该根据每一品种的供应状况、贮存特征、餐饮企业的经营政策等因素确定与之对应的四个数量限度，然后根据这些物品的价格与四个数量限度相乘，就能获得四个相应的金额，如此就可以进行控制管理了。

2. 定期掌握库存结存情况（“清仓盘点”）

掌握库存结存情况，从物品库存管理角度而言，称为“清仓盘点”。

（1）“清仓盘点”的概念。清仓盘点，即清点企业的物资、物品，计算这些物品所代表的价值。

餐饮企业物品流动性很大，为了及时掌握食品原料库存流动变化的情况，避免物品的短缺丢失和超贮积压给企业带来的损失，就必须对物品流动变化情况进行控制和检查。在检查和控制的各个环节中，清仓盘点是很重要的一环，它可以使管理人员对物品库存各种情况作深入、准确的了解；保持账、牌、物平衡相符；确定各种台账统计数字，为分析提供依据；从侧面及时掌握整个企业的经济状况和经营能力。清仓盘点不仅仅是库存管理部门的工作，它也是财务管理和整个企业经营管理不可忽视的工作。因此，对清仓盘点工作要从组织上、制度上予以保证。

（2）"清仓盘点"的时间。"清仓盘点"在时间选择上应形成制度。一般来讲，餐饮企业库存部门的清仓盘点应在如下时机进行：①餐饮企业的财务核算周期末（年、季、月等）；②新开饭店、餐馆营业之前；③关、停、并、转企业的结算时期；④仓库管理人员更换交接之际；⑤定期检查；⑥不定期抽查。

餐饮企业的清仓盘点工作至少每月进行一次，预感有问题出现时还应用定期、不定期检查相结合的方法及时发现问题。

（3）清仓盘点的内容、程序与方法。"清仓盘点"工作主要由库存部门和财务部门共同承担进行。库存盘点主要是清点库房和厨房的库存物品，检查原料的实际存货额是否与账面相符，以便控制库存物品的短缺。通过盘点，计算和核实每月月末的库存额和餐饮成本消耗，为编制每月的资金平衡表和经营情况表提供依据。

"清仓盘点"的一般程序为：盘点清单制作→库存实物点查→库存卡结算→库存卡结算结果与库存实物点查结果核对→计算库存品的价值。库存卡如表 9-18 所示。

在盘点时，要对每一种库存物品进行实地点数。为加速盘点速度，可以由一名员工清点货架上原料的数量，另一名员工核对货物库存卡并将实际库存数量填入"盘点清单"上（表 9-19）。

货物库存卡和盘点清单上的原料编排次序应与原料的实际存放次序一致，这样盘点既迅速又不会有遗漏。盘点时，要检查实际存量与货物库存卡的存量是否相符。如有出入，要复查并查明原因。盘点完毕，以实际库存数记账代替账面数字计算出各种原料的价值和库存原料总额，作为月末原料库存额。月末库存额自然转结成下月初的库存额。月末实际库存额与账面库存额的差额计入资金平衡表的流动资产占用项"待处理流动资产损失"，数量不大的金额直接计入餐饮成本。

表9-18　餐饮物品库存卡（表）

<table>
<tr><td colspan="5">货名</td><td colspan="4">标准贮量</td><td colspan="2">订货点贮量</td><td>单位</td><td colspan="2">订货量</td><td colspan="2">订货日</td><td>货架号</td><td>货位号</td><td>价格</td></tr>
<tr><td colspan="5">3#蘑菇罐头</td><td colspan="4">350</td><td colspan="2">90</td><td>听</td><td colspan="2">300</td><td colspan="2">每月1日、10日、30日</td><td>A1-3</td><td>045</td><td></td></tr>
<tr><td colspan="7">进货</td><td colspan="7">发货</td><td colspan="4">结存</td><td rowspan="2">库存盘点数日期</td></tr>
<tr><td colspan="2">日期</td><td>账单号</td><td>数量</td><td>单价</td><td colspan="2">金额</td><td colspan="2">日期</td><td>领料单号</td><td>数量</td><td>单价</td><td colspan="2">金额</td><td>数量</td><td>单价</td><td colspan="2">金额</td></tr>
<tr><td>10</td><td>1</td><td>01467</td><td>300听</td><td>12.60</td><td>3780.00</td><td>元</td><td>10</td><td>1</td><td>1256</td><td>26听</td><td>12.8</td><td>332.80</td><td>元</td><td>52听
326</td><td>12.8
12.8/12.6</td><td>665.60
4112.80</td><td>元</td><td></td></tr>
<tr><td></td><td></td><td></td><td></td><td></td><td></td><td></td><td>10</td><td>2</td><td>1574</td><td>28</td><td>12.80
12.60</td><td>358.00</td><td>元</td><td>298</td><td>12.6</td><td>3754.80</td><td>元</td><td></td></tr>
<tr><td></td><td></td><td></td><td></td><td></td><td></td><td></td><td>10</td><td>3</td><td>2403</td><td>23</td><td>12.6</td><td>289.80</td><td>元</td><td>275</td><td>12.6</td><td>3465.00</td><td>元</td><td></td></tr>
<tr><td></td><td></td><td></td><td></td><td></td><td></td><td></td><td>10</td><td>4</td><td>2708</td><td>29</td><td>12.6</td><td>365.40</td><td>元</td><td>246</td><td>12.6</td><td>3099.60</td><td>元</td><td></td></tr>
<tr><td></td><td></td><td></td><td></td><td></td><td></td><td></td><td>10</td><td>5</td><td>2918</td><td>25</td><td>12.6</td><td>315.00</td><td>元</td><td>221</td><td>12.6</td><td>2784.60</td><td>元</td><td></td></tr>
<tr><td></td><td></td><td></td><td></td><td></td><td></td><td></td><td>10</td><td>6</td><td>3719</td><td>27</td><td>12.6</td><td>340.20</td><td>元</td><td>194</td><td>12.6</td><td>2444.40</td><td>元</td><td></td></tr>
<tr><td></td><td></td><td></td><td></td><td></td><td></td><td></td><td>10</td><td>7</td><td>3902</td><td>26</td><td>12.6</td><td>327.60</td><td>元</td><td>168</td><td>12.6</td><td>2116.80</td><td>元</td><td></td></tr>
<tr><td></td><td></td><td></td><td></td><td></td><td></td><td></td><td>10</td><td>8</td><td>3919</td><td>24</td><td>12.6</td><td>302.40</td><td>元</td><td>144</td><td>12.6</td><td>1814.40</td><td>元</td><td></td></tr>
<tr><td></td><td></td><td></td><td></td><td></td><td></td><td></td><td>10</td><td>9</td><td>4104</td><td>23</td><td>12.6</td><td>289.80</td><td>元</td><td>121</td><td>12.6</td><td>1524.60</td><td>元</td><td></td></tr>
<tr><td></td><td></td><td></td><td></td><td></td><td></td><td></td><td>10</td><td>10</td><td>4215</td><td>22</td><td>12.6</td><td>277.20</td><td>元</td><td>99</td><td>12.6</td><td>1247.40</td><td>元</td><td></td></tr>
<tr><td>10</td><td>11</td><td>03678</td><td>250</td><td>13.00</td><td>3250</td><td>元</td><td>10</td><td>11</td><td>5101</td><td>26</td><td>12.6</td><td>327.60</td><td>元</td><td>323</td><td>12.6/13.0</td><td>4169.80</td><td>元</td><td></td></tr>
<tr><td>"</td><td></td><td></td><td></td><td></td><td></td><td></td><td>"</td><td></td><td></td><td></td><td></td><td></td><td></td><td></td><td></td><td></td><td></td><td></td></tr>
</table>

表9-19 盘点清单

库别：干藏库　　编号：A1　　　　盘点时间：2010/05/30

货 号	品 名	单 位	数 量	单价（元）	金额（元）
A1-0033	泰国香米	袋（50kg）	10	300	3000
A1-0034	精白面粉	袋（50 kg）	8	250	2000
A1-0035	特级大豆	袋（50 kg）	2	150	300
……	……	……	……	……	……

（4）库存物品的价值计算。要计算库存物品的价值，必须确定库存物品的计价方法。在实地清点各种原料后，与各种原料的单价相乘便得到各种原料的价值，各种原料价值相加便得到原料的库存总金额。但是，有时同一种原料在不同的时间、不同的进货渠道购进的价格是不同的。在核算库存额时，有必要先确定库存物品的单价。例如某酒店采购部4月份购进1号草菇罐头，从该酒店仓库的货物库存卡上摘录得该项货品的购进单价和价值等数据如表9-20所示。

表9-20 1号草菇罐头进出货记录表

时 间	品 名	货 号	进出货	数量（听）	单价（元）	金额（元）
4月1日	1号草菇罐头	AB-5601	月初结存	55	4.40	242.00
4月8日	1号草菇罐头	AB-5601	购入	90	4.60	414.00
4月17日	1号草菇罐头	AB-5601	购入	90	5.00	450.00
4月26日	1号草菇罐头	AB-5601	购入	50	5.20	260.00
合 计	1号草菇罐头	AB-5601	—	285	—	1366.00

① 实际进价法。如果仓库在库存的原料上挂上货品标牌，标牌上写有进货的单价，那么采用实际进价法计算领料的原料单价和库存物品的单价就比较简单也最合理。假如该酒店4月底清仓盘点时结存60听1号草菇罐头，根据货品标牌，按实际进价法计算月末库存价值为：

10听 ×4.60=46.00元　　15听 ×5.00=75.00元　　35听 ×5.20=182.00元

合计：303.00元

② 先进先出法。如果不采用货品标牌注明价值，可按照货品库存卡上进料日期的先后，采用先进先出法计价。先购入的货品的价格，在发料时先计价发出，而月

末库存则以最近价计价。在上例中若以先进先出法计价，1号草菇罐头的月末库存价值为：

50听 ×5.20=260.00元　　10听 ×5.00=50.00元

合计：310.00元

③ 后进先出法。由于市场价格呈增长趋势，采用后进先出法，可使记入餐饮成本的原料价值提高，而计入库存存货的价值降低。按后进先出法，月末1号草菇罐头的库存价值为：

55听 ×4.40=242.00元　　5听 ×4.60=23.00元

合计：265.00元

采用后进先出法计价，在实际发料时，还是应将先入库的货品先发出，只是货品价值的计算采用后进先出法而已。

④ 平均进价法。如果仓库贮存的原料品种、数量较多、较大，其市场价格波动也较大，采用上述方法计价较复杂时，可采用平均价格法。平均价格是将全月可动用的原料的总价值除以总数量计算出单价，上述例子中1号草菇罐头的平均价格为：

1366.00元 ÷285听 =4.79 ≈ 4.80元／听

月末1号草菇罐头的库存价值为：

60听 ×4.80元 =288.00元

平均价格法需要计算可动用原料的全部价值平均价格。

⑤ 最后进价法。如果仓库没采用货品标牌，也无货品库存卡反映各次进货价格，为方便计算库存额，可采用最后进价法。最后进价法是一律以最后一次进货的价格来计算库存的价值。这种方法计价最简单，如果仓库没有一套完整的记录制度，或者为了节约盘存时间，可采用最后进价法。当然最后进价法计算的月末库存额不太精确，往往会偏高或偏低。上述例子中1号草菇罐头的库存额以最后进价法计价，其价值为：

60听 ×5.20元／听 =312.00元

用上述五种方法分别计算同一种货物的库存结存情况，会使这种货物的月末库存额的价值有五种。如上述例子中，实际进价法：303 元；先进先出法：310 元；后进先出法：265 元；平均进价法：288 元；最后进价法：312 元。

最高的价值量与最低的价值量间相差 47 元，一种原料有这样的差异，仓库所贮存的所有原料，差异就相当可观了。企业要根据财务制度和库存管理制度在一个财政年度内确定一种计价方法，年中不得任意变动。

（5）厨房贮藏物品的价值计算。许多规模较大的酒店企业，每天在各餐饮点的厨房内存有相当数量的食品原料，这部分原料的价值量也较大。每天从验收处向厨房直接发送的原料，以及仓库向厨房发出的原料，不太可能当日全部使用完毕。厨房的冰箱内、货架上总会有一些原料、未加工完的半成品和没有卖完的成品。如果酒店对这些物品不加清点，会使这部分物品处于失控状态，同时会使财务报表上反映的资产状况、经营情况和成本消耗情况失真。

厨房贮藏物品的价值计算与库存物品的价值计算略有不同。原因如下：一是因为厨房一般没有库存记录统计制度，没有登记货品的库存卡，物品的计价难以精确；二是因为厨房贮存的物品种类多、数量少，盘点计算比较困难；三是因为厨房贮存的物品使用频繁，没有使用和消耗记录，所以计算厨房贮存原料的短缺率比较困难。

厨房盘点计算原料价值的原则是：对主要原料进行盘点核算；对辅料、调料品做估算。具体方法是：先要累积需精确盘点的主要原料和价值较小的原料的相对比例；再在每个月的月末盘点出主要原料的价值，通过主要原料的价值推算出厨房全部原料库存额的大约价值数额。这里的关键是要找出主要原料和价值较小原料价值之间的相对比例关系，这往往需要经过较长时间的观察统计后得出，这样得出的比例比较接近实际情况。

$$\text{厨房总贮存金额} = \text{主要原料价值} \div \text{主要原料占总贮存额的百分比}$$

如某酒店根据长期观察统计，得出厨房内结存的肉、鱼、禽等主要原料占厨房全部贮存原料价值的比例数为 51%，8 月份对主要原料的盘点得出的原料价值为 2450.00 元。8 月份厨房贮存物品结存的价值为：

$$2450.00 \div 51\% = 4803.92 \approx 4804.00\text{（元）}$$

3. 仓库库存短缺率的控制

为控制实际库存额有无短缺，需要将实际库存额与账面库存额进行比较。有关的计算公式为：

库存短缺率 =（库存短缺额 ÷ 发料总额）×100%

库存短缺额 = 账面库存额 – 实际库存额

（月末）账面库存额 = 月初库房库存额 + 本月库房采购额 – 本月库房发料总额

月初库存额数据从上月末库存额转结而来。本月库房采购额数据从本月验收日报表等汇总而来。本月仓库发料总额从本月领料单上的领料总额汇总而来。根据国际通行惯例，库存短缺率不应超过 1%。如果超过1%，即为不正常短缺，必须及时查明原因，采取补救措施。造成不正常短缺的原因是多种多样的，这些原因计有：

① 领料单统计的发料额和月末实物盘点的库存额不是完全按实际进价计价，从而带来人为的金额之差；②原料发料时，重量的衡量有允许范围内的误差；③食品原料的自然干缩失重；④发料时没使用领料单；⑤发放的原料数量与领料单不符；⑥由于管理不妥，食品变质腐烂，或饮料等玻璃瓶破碎造成流失；⑦管理不严，食品饮料丢失、被盗或私拿享用等。

如果库存短缺率超过 1%，仓库管理员有责任调查原因和被追查责任。

如某酒店餐饮食品原料仓库经月末库房库存实物盘点，实际库存金额为 64000 元，账面库存金额的数据如下：月初仓库库存额：93000 元，本月仓库采购额：274000 元，本月仓库发料总额：285000 元。则：

月末账面库存额 =93000+274000–285000=82000 元

仓库库存短缺额 =82000–64000=18000 元

仓库库存短缺率 =（18000 ÷ 285000）×100% =6.31%

出现 6.31%的差异，一定要追究出其中的原因。

4. 库存管理的其他一些数据指标

除库存短缺率之外，还有其他一些评估库存管理水平的数据指标，如物品的平均贮存额、物品的周转速度，通常我们将这些称为库存管理的数据。

（1）物品的平均贮存额。物品的平均贮存额反映的是某一时段仓库平均的贮备状况。从管理角度看，平均贮备额越低，管理水平越高，库存货物占用的资金就越少，与货物相关的库存费用支出就越少。物品的平均贮存额的计算公式为：

物品的平均贮存额 = 全年每个月月末的储存额之和 ÷ 12

如某酒店全年 12 个月月末的贮存额之和为 3259860 元，全年的平均贮存额为：

平均贮存额 =3259860 ÷ 12=271655（元）

（2）物品的周转速度。物品的周转速度包括两个方面：一是库存周转率；二是物品周转时间。

①库存周转率。它反映了企业原料的贮备量是否合适，是否充足，是否过量。为保证生产的正常进行，原料的贮备要充足，但过量贮备会增加原料变质、丢失的可能性，会加大库存管理费用并导致资金积压。库存周转率的计算公式如下：

库存周转率 = 原料消耗额 ÷ 平均库存额 =（月初库存额 + 本月采购额 − 月末库存额）÷［（月初库存额 + 月末库存额）÷ 2］

如某酒店餐饮仓库食品原料月初库存额为 163158.52 元，本月采购额为 346946.36 元，月末库存额为 135827.70 元。库存周转率为：

（163158.52+346946.36−135827.70）÷［（163158.52+135827.70）÷ 2］=2.5

库存周转率大，说明每月库存周转次数多，库存量较小，资金的使用次数多，资金的利用率高。库存周转率多少为宜，取决于多种因素，如酒店（或餐厅）所处的地点不同，采购的方便程度不同，企业需要储备的原料量不同。例如大量使用新鲜原料的海鲜餐厅，储备原料量应小些；另外企业的经营方式不同，处理剩菜的方法不同，也会使库存周转率不同。

就库存周转率来说，要注意它的变化。如某企业的库存正常周转率为每月 2 次，但某月周转率增加或降低很多，就要查明原因。

②物品周转时间。以一定时间内的平均储存额与同期物品消耗额来说明平均库存物品周转一次所需要的时间，物品周转时间越短，表明周转速度越快。周转时间的计算公式如下：

周转时间 = 平均库存额 ÷ 原料消耗额

仍以讨论库存周转率时提及的那家酒店为例：

周转时间 =［（163158.52+135827.70）÷2］÷（163158.52+346946.36−135827.70）

≈ 0.4（月）≈ 12 天（0.4 × 30 天）

即平均每隔 12 天资金周转一次。

除此之外，另有一类开支也应引起管理者的重视，这就是库存成本费用。库存成本费用可以分为两类：一类因与储存直接相关，称为储存费用；另一类与流通有关，称流通费用。储存费用应含下列项目：储存场地和设备的投资折旧费用；器械和工具的损耗、维修费用；储存物品的资金占用和这部分资金的利息支付以及风险费用；物品的自然损耗支出。流通费用应含下列项目：人员的工资费用；管理费用（如清扫、保养、资料、盘点等开支）；人为的损耗和事故损耗等。

本章小结

本章重点介绍了餐饮原料采购、验收、库存管理。在餐饮原料采购管理中，分别介绍了采购订货的组织表现形式、采购运作程序的制定、采购质量的控制、采购数量的控制、采购价格的控制、采购方式的选择与控制、采购过程中的技术问题等内容；在餐饮原料的验收管理中，介绍了验收体系的建立、验收操作程序的建立、相关的验收表格及如何进行验收控制等；在餐饮原料库存管理中，首先介绍了库存管理的一般要求和特点，然后重点叙述了食品原料等物品的储藏管理方法，最后介绍了如何进行库存控制。

复习与思考

一、思考题

1. 酒店餐饮原料采购中，主要通过什么手段进行质量控制？

2. 食品原料验收时，仓库管理人员的验收重点在哪里？

3. 影响食品原料储藏的自然因素有哪些方面？

4. 食品原料库存控制的意义是如何实现的？

二、练习题

1. 单选题

（1）保证所采购的食品原料质量达标的前提是（ ）。

A. 原料采购的分类 B. 原料采购质量标准的制定

C. 原料采购数量的确定 D. 原料采购金额的控制

（2）下列原料中一般不用"长期订货法"采购进货的是（ ）。

A. 米面 B. 酒类 C. 鲜活水产品 D. 罐头食品

（3）食品的安全冷藏温度区间是（ ）。

A. 0℃～4℃ B. 10℃～13℃ C. 0℃～20℃ D.16℃～22℃

（4）"清仓盘点"的主要目的是：清点各类食品原料的数量，计算食品原料的（ ）。

A. 价值 B. 成本 C. 人工 D. 运费

2. 判断题

（1）目前，国内大多数星级酒店的采购部在组织关系上归酒店财务部领导管理。（ ）

（2）食品原料有不同的成品形态，其中"制成品"这种成品形态的购入价最低。（ ）

（3）长期保存的茶叶需密封后置于冷冻条件下保存。（ ）

第十章 酒店餐饮产品的生产加工管理

学习意义 酒店里唯一生产制作实物性产品的部门是餐饮部，餐饮部的内部管理具有工厂生产管理的特点，学习这部分内容可以帮助学习者从更全面、系统的角度认识理解酒店餐饮经营管理的特色。

内容概述 本章分别介绍餐饮生产管理概述、餐饮生产组织机构及人员配置、餐饮生产场所的安排与布局、餐饮生产质量控制、饮品生产管理和管事部的运行与管理。

学习目标

知识目标

1. 了解餐饮生产管理的一般特征。
2. 了解生产组织机构及人员配置。
3. 了解生产场所的安排与布局。
4. 了解餐饮企业饮品生产的过程，熟悉管事部的性质及业务运行过程。

能力目标

1. 学会厨房人员配置的一般方法及厨房机构的搭建。
2. 掌握餐饮生产质量控制的方法。

厨师长开餐时的现场督导

比较中西方酒店的厨房管理，你会发现有许多不同的地方。围绕餐饮产品质量控制这个核心问题，开餐时候的控制方式就各不相同，笔者认为西方国家的做法比较好，值得中餐厨房借鉴。一般情况下，西方国家酒店的厨房开餐时，厨师长的工作岗位在厨房通往餐厅的连接处（而中餐厨师长此时的工作岗位，要么在头炉，要么在厨师长办公室内），其主要职责有两个：一是负责所有从餐厅进厨房的点菜单的生产任务安排，二是对厨师烹饪的产品进行出品前的质量检查。而中餐厨房的这两项工作，通常是由传菜组的领班承担，其直接后果是出品质量普遍不高。究其原因，一是传菜组的领班对生产计划安排与出品质量检查缺乏权威性，二是其不具备专业性。这从很大程度上解释了中国酒店菜肴质量普遍较差的原因。

“他山之石，可以攻玉”，中餐厨房在内部管理上，可以很好地借鉴西方酒店的做法，厨师长开餐时的现场督导，便是一例。

第一节　餐饮生产管理概述

一、餐饮生产活动的基本特征

（一）过程的完整性和内容的复杂性

餐饮厨房生产活动，尤其是传统意义上的厨房生产活动与工业生产活动有很大不同。餐饮厨房生产过程十分完整，从餐饮原料的验收、粗加工、储存、切配、烹饪加工处理到产品送至出菜口，整个过程几乎都是在厨房部门的小天地中完成的。

餐饮生产活动还具有生产内容上的复杂性。从工艺加工角度看，首先是原料选择，其质量的鉴别难度颇高，需要看、闻、摸、按，再加上仪器鉴定等；然后是粗加工部门，分选、宰杀、冲选、刮削、浸泡、发制、晾晒等；再就是切配部门的切制、配制、分份；最后上炉灶烹饪成菜。从非工艺角度看，有冷菜、点心、西菜等专项烹饪作业类型，呈现出众多的形式。

（二）时间的间歇性

餐饮生产节奏基本上是由餐厅营业情况决定的。餐厅内高朋满座，厨房内炉火熊熊，紧锣密鼓；餐厅门庭冷落，厨房则冷冷清清，无事可做。这使得厨房生产节奏时紧时慢，呈现出明显的间歇性。这种用餐的时间性规律，使得厨房工作在一日之中几经“峰顶”和“峰底”阶段。这种规律如图 10–1 所示。

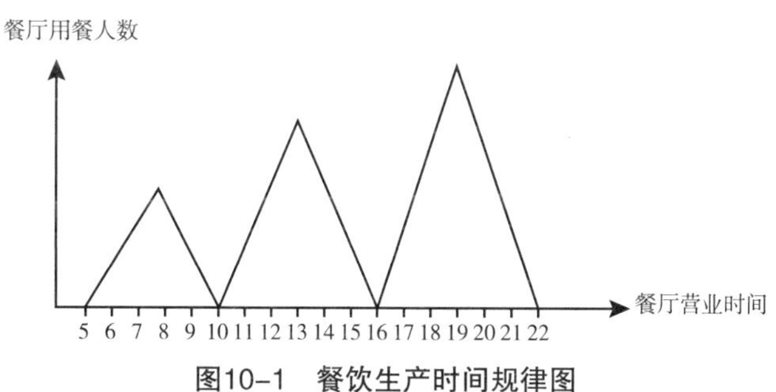

图10–1　餐饮生产时间规律图

时间上的间歇性还表现在某一种具体产品的生产上。一种类型的用餐者喜欢某种食品，另一种类型的用餐者则喜欢另一种食品，这两类用餐者的轮流交替出现，马上会引起厨房产品生产上的时间性变化，这种变化往往在做生产计划时难以预料。

（三）强度的超常性

在各行各业现代化的进程中，餐饮厨房生产或许是发展最慢的行业之一，其中的原因是多种多样的，有技术的、有社会的、有观念上的，也有因市场变化而引起的。这在传统的中餐厨房表现得更为突出，绝大部分劳动都靠手工加工完成，整个加工过程中，手工劳动的比重占90%以上。除此之外，厨房生产的劳动环境也是整个酒店所有劳动岗位中最为艰苦的，高温、蒸汽、油腻、噪声、食品加工器械等，时时刻刻困扰着生产加工者。烹制完毕的菜肴，没有通过类似工业品销售的物资部门中转，而是直接送到餐厅的餐桌上，产品预制的可能性很小。现点现做，现做现消费，一气呵成。生产与销售直接见面，更使餐饮生产强度加大。

（四）效率的低下性

如上所言，由于餐饮生产时至今日仍基本上以手工劳动为主，这就决定了生产活动效率上的低下性。餐饮经营上的产销直接见面，同样会造成生产活动效率上的低下。产品一旦生产出来，质量检查和检验的时间就很少，尤其是在营业高峰时期。产品一旦离开生产场地，便直接放在消费者面前，质量欠佳的菜肴，虽有餐厅服务相佐，可入口之后，终究不能遮掩真相。食用消费心理揭示，人们对味觉的不满意程度，远超过对视觉、嗅觉、触觉等其他方面引起的不满程度。被用餐者拒绝的餐饮产品几乎没有返工的余地，这与其他种类的产品截然不同。对这一类没有返工整修余地的产品，我们称之为一次性质量产品。但是，遭到拒绝的餐饮一次性质量产品并非都是质量欠佳的产品，在许多场合下，评判质量好坏的标准是由消费者确定的。而众口难调则大大地加大了生产者的劳动难度，降低了餐饮产品的生产效率。

二、与其他行业或部门的对比

（一）相似或相同之处

酒店厨房与制造业生产部门相似之处在于：两者都是从事生产，生产实物产品，变动成本比重较大。酒店厨房与酒店其他服务部门的相似之处如表10-1所示。

表10-1　酒店厨房与酒店其他服务部门相似之处

酒店厨房	酒店其他服务部门
成品一般不宜贮存	产品不可贮存
生产到消费间隔时间极短促	生产与消费同步进行
生产受当日需求量影响	生产受当日需求量影响
劳动密集型	劳动密集型

（二）不同之处

酒店厨房与制造业生产部门的不同之处如表 10-2 所示。

表10-2　酒店厨房与制造业生产部门的不同之处

酒店厨房	制造业生产部门
成品一般不宜储藏	成品可以贮存
生产到消费间隔时间极短促	生产与消费相分离
传统厨房生产受到当日需求量影响	日生产不受当日需求量影响
劳动密集型	资本密集型

酒店厨房与酒店其他服务部门的区别如表 10-3 所示。

表10-3　酒店厨房与酒店其他服务部门的区别

酒店厨房	酒店其他服务部门
从事生产	从事服务
生产实物产品	生产无形产品
变动成本比重较大	主要为固定成本

酒店厨房和酒店其他服务部门虽同属于酒店，但一个是生产部门，一个是服务部门。服务部门工作要素主要是人，如回答询问、帮助客人点菜等。有时也包括人和物，如整理床铺、铺台等。而厨房作为一个生产部门从事生产，其生产要素类似制造业的生产三要素，即人、设备和原料。因此厨房组织生产就要组织好这三个要素，组织不好，就会出现下列三个方面的问题：

其一，三要素不平衡。如设备充裕，原料丰富，但人员不足；或人员充足，设备充裕，但原料不足；抑或人员充足，原料丰富，但设备不足。这样的生产都无法满足需求。

其二,三要素的质量差异。如原料质量较好，设备较好，但人员技术水平低；或人员技术水平高，原料质量较好，但缺少合适的设备；抑或人员技术水平高，有合适的设备，但没有合适的原料。这些都会影响餐食的质量。

其三，生产成本经常受到原料价格的影响。厨房一般不主张较多地贮存食品原料，以保证食品质量和降低贮存费用，还包括减少因贮藏而造成的损耗，因而市场原料价格的波动直接影响到生产成本。为此，厨房管理必须重视生产三要素的合理组合。

第二节　餐饮生产组织机构及人员配置

要使餐饮生产活动正常运作，首先要建立起合理的餐饮生产组织机构，并本着科学、合理、经济、高效、实用的原则，配置相应的生产工作人员。

本节介绍了不同规模、不同市场定位的酒店具有的不同餐饮生产组织机构，以及生产机构中各部门的职能、人员配置的具体方法。

一、酒店餐饮生产组织机构设置

根据餐饮生产规模、结构和方式的不同，厨房组织机构可以分设为不同形式。厨房组织机构并非一成不变，随着酒店餐饮经营方式、策略的变化，厨房组织机构也须作相应的调整和改变，以反映餐饮生产各岗位和工种之间的最新关系。

（一）现代大型酒店厨房组织机构

这种厨房的特点是设立一个集中加工的主厨房（又叫加工厨房、中心厨房、切配中心等），负责所有经营产品的原料加工和切割，甚至配份。这种加工有别于普通的粗加工，它是将原料加工成可以直接烹调的半成品，并按产品规格进行配份，然后进行冷藏，随时供各烹调厨房领用。各个烹调分厨房根据各自厨房的供应品种，向主厨房订取半成品，加工所需原料则由主厨房集中向采购部申订。

目前，西方国家的大型酒店的餐饮厨房和国内一些发达地区的酒店厨房采用的就是这种组织机构。这种组织机构是工业化革命进入酒店行业的标志之一，由于所有的原料验收入店之后均用标准加工方法成形，使得产品本身的质量得到极大保证；由于采用了标准配份方法，使得产品的数量标准得以维持；由于采取了集中统一的加工配份，使得原料的利用程度达到最大值，使得餐饮的效益处于最佳状态。现代大型厨房的组织机构如图 10–2 所示。

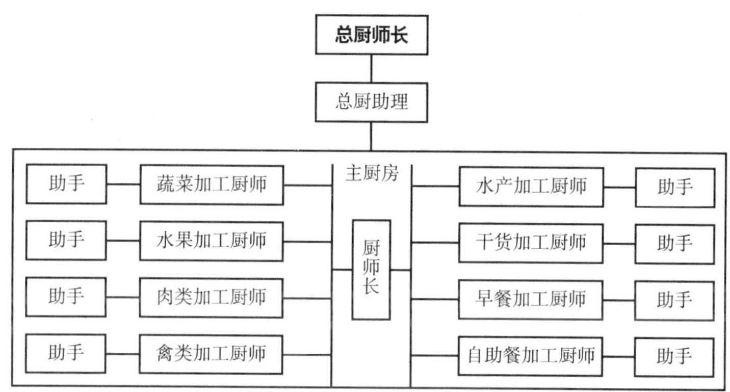

图10–2　现代大型厨房组织机构图

注：上图中的长方形框内为主厨房（也叫切配中心、加工厨房或中心厨房）。

（二）中型酒店厨房组织机构

中型酒店厨房通常可以分为中菜和西菜两部分。但厨房的规模要小些，每个厨房兼有相对独立、全面的多种生产功能。中型酒店厨房的组织机构如图 10–3 所示。

（三）小型酒店厨房组织机构

小型酒店厨房规模较小，机构也比较简单，可以设置几个主要的职能部门，更小的厨房可不设部门而直接设岗。小型厨房的组织机构如图 10–4 所示。

（四）粤菜厨房组织机构

近年来，粤菜风靡全国，由于岭南饮食习俗自身的特点，在餐饮厨房的组织机构设置方面也独具风格。这种厨房的优点在于分工细致，职责明确，便于督导和监

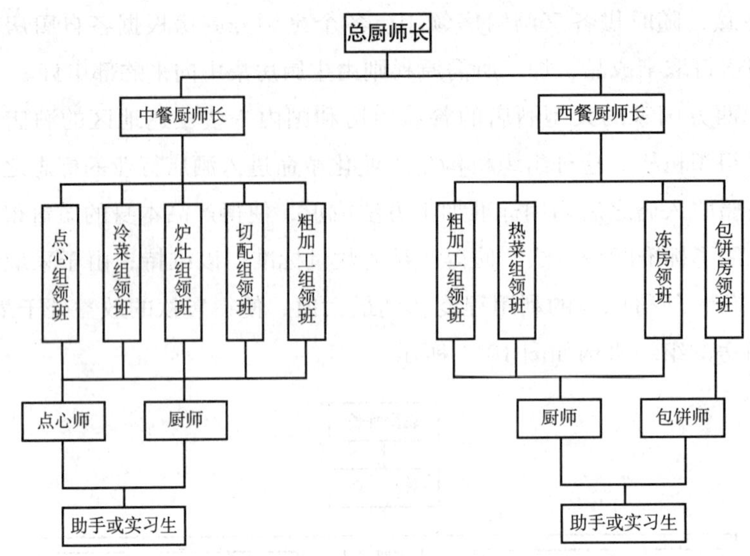

图10-3 中型酒店厨房组织机构图

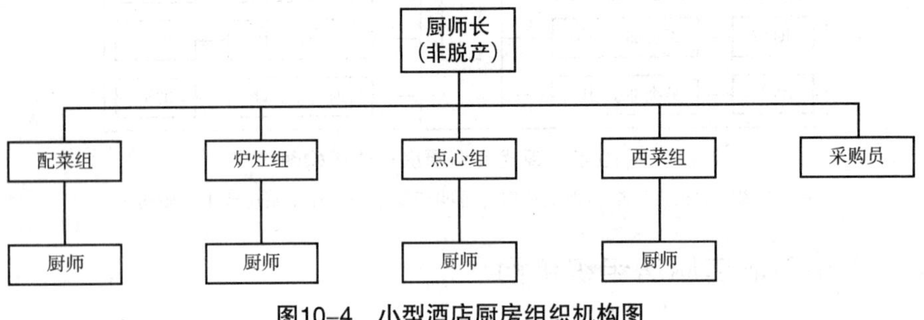

图10-4 小型酒店厨房组织机构图

控管理。粤菜厨房的组织机构如图 10-5 所示。

(五)中、西厨房从功能角度划分的内部机构设置

1. 中餐厨房组织结构

中餐厨房因中餐产品数量众多(相比于世界上任何一种餐食)、烹饪工艺比较复杂、工艺手段极其繁多,一般多采用以工艺流程为主、产品对象为辅构建组织结构的方式。无论是社会餐饮企业的厨房还是酒店厨房,其基本的表现形式如图 10-6 所示。

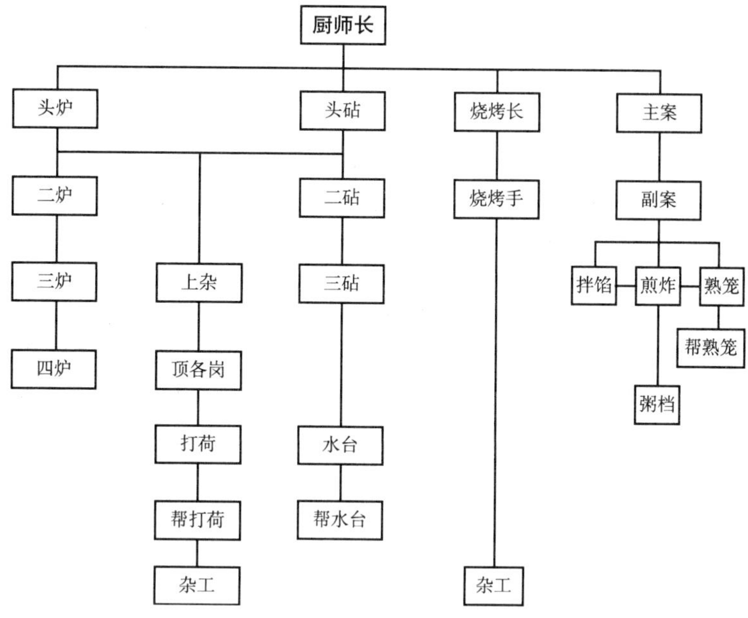

图10–5 粤菜厨房组织机构图

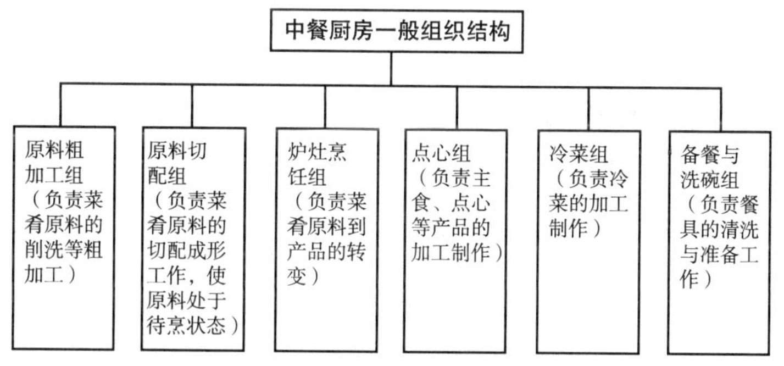

图10–6 中餐厨房一般的组织结构

在图 10–6 中，厨房生产过程中的主体部分原料粗加工组、原料切配组、炉灶烹饪组的构建就是按工艺流程的先后原则进行的，而中餐厨房的点心组、冷菜组则与西餐厨房相似采用了产品对象原则来搭建组织结构。

2. 西餐厨房组织结构

西餐厨房采用产品对象原则来搭建组织结构（大部分中西快餐厅厨房也是这种组织结构），其基本表现形式如图 10–7 所示。其原因在于西餐的产品品种明显地少于中餐，加工工艺相对简单，这些都极大地方便了西餐的生产管理，也就是管理学中所讲的方便实施专业化分工方法。

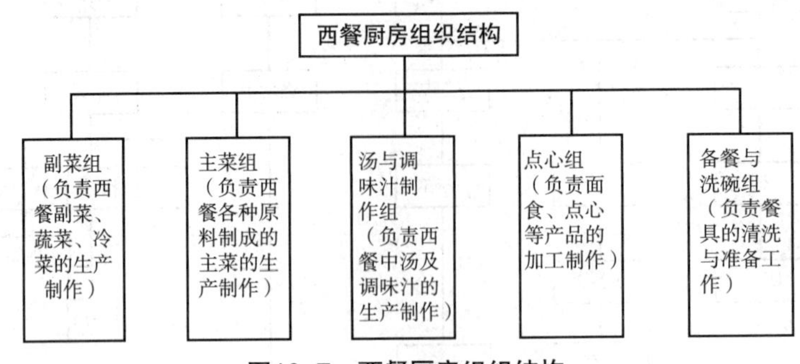

图10-7 西餐厨房组织结构

从组织形态上看，国内饭店业厨房革新的发展趋势表现在哪？

二、餐饮生产组织各部门的职能

（一）餐饮生产组织各部门职能示意图

由于酒店规模、星级标准的不同，餐饮生产组织各部门职能和任务也有区别。大型、高星级酒店的厨房规模大、联系广，各部门职能比较专一（图 10–8）。中、小型酒店厨房的有些功能则会合并，结构联系也较为简单。

（二）餐饮生产各部门的职能

1. 加工部门

主要负责菜点原料的初步加工，向切配岗位提供净料。原料加工的范围和程度因分工要求不同而有较大差别，有的只负责蔬菜的粗加工，有的则负责所有原料的粗加工，还有的甚至要求将原料加工成形后提供给配菜部门。

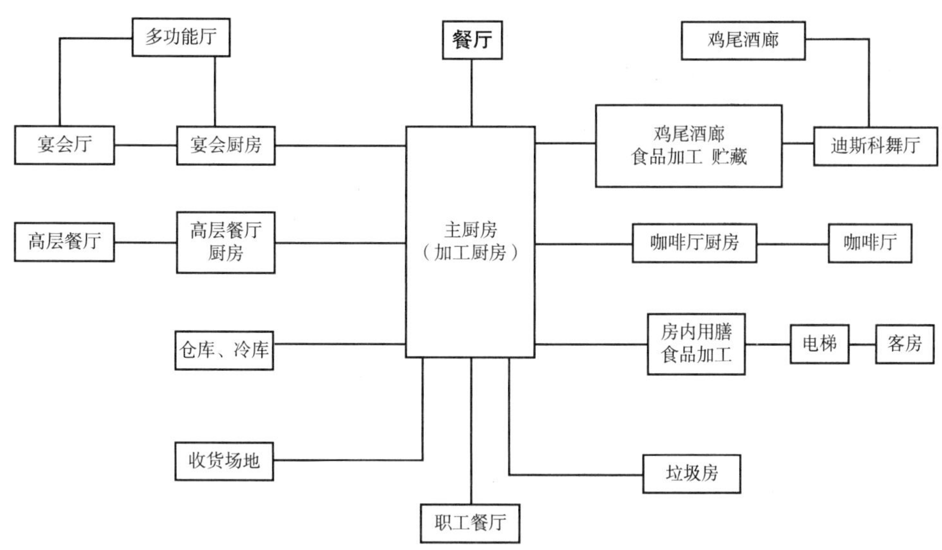

图10-8 大型、高星级酒店厨房功能示意图

2. 配菜部门

也称砧墩或案板切配，它负责原料的成形加工和配份，是加工的后一道工序。它对成本控制起着决定性的作用，因为菜肴的数量规格由配菜部门控制。

3. 炉灶部门

它的职能是将配制成的半成品烹制成菜肴并及时提供给餐厅。因此它是对菜肴口味、质量起关键作用的部门。

4. 冷菜、冻房部门

主要负责冷菜的制作和供应。中厨粤菜厨房的烧味部和卤水部门功能类似冷菜部门，因其生产上突出了广东特色的冷菜而定名。西厨冻房不仅负责冷菜制作，还负责沙拉、水果盆等生冷食品的制作与出品。

5. 点心部门

主要负责各类点心的制作和供应。中厨粤菜风味厨房、点心部门还负责茶市小吃的制作和供应。有的点心部门还兼管甜品、炒面类食品的制作。西厨点心部又称包饼房，同样负责各类面包、蛋糕、甜品等的制作与供应。

三、餐饮生产人员的选配

生产人员的选配包括两层含义：一是指满足餐饮生产需要的厨房所有员工（含管理人员）的配备，也就是厨房人员的定额；二是指生产人员的分工定岗，即厨房各岗位选择、安置合适人选的定员。厨房员工选配的情况即定员定额是否恰当合适，不仅直接影响到劳动力成本的开支、厨师队伍的士气高低，而且对餐饮生产效率、产品质量以及餐饮生产管理的成败有着不可忽视的影响。因此，此项工作是进行正常生产经营的基础工作，必须抓细做好。

（一）确定生产人员数量的要素

不同规模、不同星级档次、不同规格要求的酒店的厨房，其员工配备的数量自然各不相同。即使同一地区、同一规模、同一档次酒店的厨房，配备的员工数量也不尽相同。影响员工配备的因素是多方面的，只有综合考虑以下因素，再进行生产人员的定额才是全面而可行的。

1. 餐饮生产规模

厨房的大小、多少，厨房的生产能力如何，对生产人员定额起着主要作用。厨房规模大，餐饮服务接待能力就大，生产任务无疑较重，配备的各方面生产人手就要多；反之，厨房规模小，餐饮生产及服务对象就有限，厨房则可以少配备一些人手。

2. 厨房的布局和设备

厨房结构紧凑，布局合理，生产流程顺畅，相同岗位功能合并，货物运输路程短，餐饮生产人员就可以减少；厨房多而分散，各加工、生产厨房间隔或相距较远，或不在同一座建筑物、同一楼层，配备的餐饮生产人员则要增加。厨房设备性能先进，配套合理，功能全面，不仅可以节省厨房人员，而且可以提高生产效率，扩大生产规模；相反，则需多配备人员以增加生产人手，满足生产需要。

3. 菜单与产品标准

菜单是餐饮生产的任务书。菜单品种丰富，规格齐全，加工制作复杂，加工产品标准要求较高，无疑要加大工作量，则要配备较多的生产人员；反之，人员可减少。快餐厨房由于供应菜式固定、品种有限，因此，其厨房可以比零点厨房少配备一些人手。

4. 员工的技术水准

员工技术全面、平稳，操作熟练程度高，工作效率就高，厨房员工就可以少配备；员工大多为新手，或不熟悉厨房产品规格标准，或员工来自四面八方缺乏默契配合，工作效率低，不仅要多配备员工，生产的差错率也会比较高。

5. 餐厅营业时间

餐饮生产对应的餐厅的营业时间的长短，对生产人员配备也有很大关系。有些酒店、餐馆除一日三餐外还要经营夜宵，负责酒店住客 18 小时或 24 小时的房内用膳，甚至外卖。随着营业时间的延长或延伸，厨房的班次就要增加，人员就要多配备。若是仅开午、晚两餐，厨房人手则可少配 1/3 至 2/5。

（二）确定生产人员数量的方法

生产人员人数的确定很难找到十分精确的方法，不过，以下几种方法可供参考。在核定生产人员数量时，既可以一种方法测算，也可以几种方法综合推算。

1. 按比例确定

国外酒店一般 30~50 个餐位配备一名生产人员，其差距主要在于经营品种的多少和风味的不同；国内档次较高的酒店一般是 15 个餐位配一名餐饮生产人员，规模小或规格高的特色餐饮部门有 7~8 个餐位就配一名生产人员的。据南京、北京几家星级标准较高的酒店及港澳东方文华酒店的调查分析，其餐位与生产员工之比均在此范围之内。中西方厨房员工配比有较大不同，其原因主要在于产品结构、品种、生产制作的繁简以及原料的加工和设备、设施的配套使用等情况的不同。

粤菜厨房内部员工配备比例一般为：一个炉灶配备 7 个生产人员，如一家小酒店的厨房有两个炉灶，其人员的配置为：2 个后镬（炉灶师傅）、1 个打荷、1 个上杂、2 个砧板、1 个水台、1 个大案（面点），1 个洗碗、1 个择菜煮饭、2 个走楼梯（传菜），2 个插班（如果炉头数在 6 个以上，可设专职大案，专职伙头）。其他菜系的厨房，炉灶与其他岗位人员（含加工、切配、打荷等）的比例是 1 ：4，点心与冷菜工种人员的比例为 1 ：1。

2. 按工作量确定

对于规模、生产品种既定的厨房，测算每天所有加工制作菜点所需要的时间，累积起来，即可计算出完成当天餐饮所有生产任务的总时间，再乘以一个员工轮休和病休等缺勤系数，最后除以每个员工规定的日工作时间，便能得出餐饮生产人员的数量。公式为：

$$总时间 \times（1+10\%）\div 8= 餐饮生产人数$$

3. 按岗位描述确定

根据厨房规模设置厨房各工种岗位，将厨房所有工作任务分各岗位进行描述，进而确定各工种岗位完成其相应任务所需要的人手，汇总厨房用工数量。

（三）岗位人员的选择

将厨房员工分配到各自合适的岗位，不仅是人事部门的任务，餐饮生产管理者也要拿出主导意见。餐饮生产管理人员对所属岗位需要配备什么样的人，比人事部门更清楚，同时，到岗后的员工培训也更加有针对性，管理起来也较方便。而人事部门提供员工的背景材料、综合素质以及岗前培训的情况等也必不可少。因此，密切人事部门与餐饮生产管理者之间的协调与配合，共同确定厨房岗位人员的选择与安排，是十分必要和有利的。

在对厨房进行岗位人员的选择和组合时，还应注意以下两点：

1. 量才使用，因岗定人

厨房在对岗位人员进行选配时，首先要考虑各岗位人员的素质要求，即岗位任职条件。上岗的员工要能胜任，能履行其岗位职责，同时要在认真细致地了解员工的特长、爱好的基础上，尽可能照顾员工的志愿，让其有发挥聪明才智、施展才华的机会。要杜绝为照顾关系、情面而设岗，否则将为餐饮生产和管理留下隐患。

2. 不断优化岗位组合

厨房人员分岗到位后，并非一成不变。在生产过程中可能会发现一些学非所用、用非所长的员工，或者会暴露一些班组群体搭配欠佳、团体协作精神缺乏等现象。这不仅影响员工的工作情绪和劳动效率，久而久之，还可能产生不良风气，妨碍管理。因此，优化厨房岗位组合是必需的。但在优化岗位组合的同时，必须兼顾各岗位尤其是主要技术岗位工作的相对稳定性和连贯性。

第三节　餐饮生产场所的安排与布局

没有满意的员工就没有满意的顾客；没有使员工满意的工作场所，也就没有使顾客满意的环境。生产场所合理的设计布局是生产餐饮产品、体现高超烹饪技艺的客观要求。因为餐饮生产的工作流程、生产质量和劳动效率，在很大程度上受到厨房设计布局的影响。生产场地设计布局的科学与否，不仅直接关系到员工的劳动量和工作方式，同时影响到生产场地内部以及生产场地与餐厅间的联系，影响到建设投资是否合理和确有成效。本节所提及的餐饮生产场所主要是指以厨房为代表的餐饮生产场所。

一、餐饮生产场所布局的基本要求

生产场所的布局是指具体安排厨房各部门的位置以及厨房设备和设施的分布。厨房的安排布局，依据酒店的规模、位置、星级档次和经营策略的不同，表现出不同的风格和具体做法。

科学的设计和布局可以帮助厨房减少浪费、降低成本、方便管理、提高工作质量、提高生产效率和减少员工外流。厨房设计和布局必须注意以下几个方面。

（一）保证工作流程通畅、连续，避免回流现象

餐饮生产从原料购进开始，经粗加工和切割、配份到烹调出品，是一项连续不断、循序渐进的工作。因此，厨房原料进货和领用路线、菜品烹制装配与出品路线，要避免交叉回流，特别要注意防止烹调出菜与收台、洗碟、入柜的交错。厨房物流和人流的路线在设计布局时应给予充分考虑，不仅要留足领料、清运垃圾的推

车通道，而且要兼顾大型餐饮活动时，餐车、冷碟车的进出是否通畅。如果是开放式厨房，还要适当考虑餐厅有可能借用厨房用地。

（二）厨房各部门尽量安排在同一楼层并力求靠近餐厅

厨房的不同加工作业点，应集中紧凑地安排在同一楼层、同一区域，这样可以缩短原料、食品的搬运距离；便于互相调剂原料和设备用具；有利于垃圾的集中清运，切实减轻厨师的劳动强度，提高工作效率；可以保证出品质量，减少客人等餐时间；同时，也更便于管理者的集中控制和督导。如果同层面积不够容纳厨房全部作业点时，可将库房、冷库、烧烤间等设计布局到紧挨着的上、下楼层，但要求它们的出口与厨房间有方便的垂直通道相连。

厨房尽可能靠近餐厅。厨房与餐厅的关系是非常密切的，在餐厅用餐的客人希望尽快地吃到自己所点的餐食，希望餐厅厨房工作效率高。厨房为了保证餐食质量，希望生产的食品能尽快地消费掉，厨房与餐厅靠得近可以使刚生产的食品马上送到客人面前。餐厅与厨房间每日的食品与盘碟进出批量都很大，厨房与餐厅靠近可以缩短两者的距离，提高工作效率。

（三）兼顾厨房促销功能

厨房虽然是餐饮后台，若设计独具匠心，巧妙得体，不仅可以美化、活跃餐厅气氛，也可以推动厨房产品的销售。鲜活水产的售价不菲，若将活养箱池置于餐厅与厨房相连处，正面可供就餐宾客观赏、选点，背面方便取捞作业，不仅美化了餐饮环境，而且可以刺激客人的消费欲望。当服务人员以规范优美的动作，向客人展示所点的活养水产品时，将对餐厅的消费产生导向效应。同样，色泽诱人、香气四溢的各类烧烤制品布置于明档，由衣着整齐、动作娴熟的厨师操作加工，无疑也会起到美化餐饮环境和引导消费的作用。对这样的厨房，不仅要精心设计，精细施工，并要配备增氧、恒温、换水设施，保证相关餐厅及厨房美观大方，卫生整洁。

（四）作业点安排紧凑

作业点是厨房的基本工作岗位。作业点的用具、设备要放在靠近作业人员的地方，离得太远，不但影响工作速度，而且增加作业人员行走的距离，加大体力消耗。

（五）设备尽可能兼用、套用

现代酒店，大多设有多功能餐厅、小宴会厅以及风味餐厅、零点餐厅等，提供相应产品的厨房自然增多。而各厨房若不能合理安排布局，势必要配齐若干套厨房设备。尤其是多功能餐厅厨房，使用频率不是很高，厨房设备大多闲置，很不经济。因此，厨房设计时应尽可能合并厨房的相同功能，如将点心、烧烤、冷菜厨房合而为一，集中生产制作，分点灵活调配使用，可节省厨房场地和劳动力，大大减少设备投资。

（六）创造良好的工作条件

厨房的通风、照明、高温、噪声问题比较突出，严重影响员工的工作效率。设计厨房时，必须重视厨房的工作条件，以提高生产工作效率。

（七）要符合卫生和安全要求

厨房是食品加工生产单位，国家对食品卫生有专门的法规。厨房里容易发生刀伤、烫伤、火灾等事故，要特别小心。因此厨房设计中一定要重视这方面的问题。

当然，在厨房设计中，首先必须保证各厨房出品及时，质量可靠；否则一味追求省、并、俭，便可能事与愿违。传统的厨房设计，餐厅与厨房不在同一楼层，多以吊笼取菜，这虽然节省一个厨房，但出菜的质量、时效都受影响，尤其是大规模的餐饮活动同时进行时，其负面效应更加明显。因此，设计与餐厅规模相适应的烹调厨房，配备少量的烹调炉灶设备，是经济而又能保证出品质量的做法。

二、餐饮生产场所的整体布局安排

餐饮生产场所的布局安排，即确定食品生产各部门的具体位置，将生产所需要的设备、用具最为合理地组合成操作加工的点、线并分布在生产场所内。这是一项复杂而又受多种因素影响的工作。因此，在进行布局安排时，应该由布局设计者、管理者、生产者、设备专家共同讨论、研究决定。

整体布局是指餐饮生产系统的整个设计规划。通常中小型酒店的生产场所是一个具有多种功能的综合性大厨房，而大型酒店的生产场所是由若干不同功能的分点厨房组成的。大型酒店各分点厨房是有机相连的整体，在厨房的位置、面积、生产功能的分配、产品的流程上，都体现着整体作业的协调性。

（一）厨房面积的确定

厨房的面积应占一个合适的比例。厨房面积对生产是至关重要的，它影响到工作效率和工作质量。面积过小，会使厨房拥挤和闷热，不仅影响工作速度，而且会影响员工的工作情绪；面积过大，员工工作时行走的路程就会增加，既浪费时间又耗费精力，同时还会增加清扫、照明、维护等费用。国内外厨房面积的差异很大，分析影响厨房面积的因素主要有：①原料加工程度不同。发达国家对食品原料的加工已实现社会化，如猪、牛等各按不同部位及用途做了精细、准确、标准的分割，按质、按需定价；而国内的原料加工仍是简单分割、规格不准、分量不实，或以整片、整只出售，需做进一步的加工。②供应菜肴品种的差异。中餐中有许多菜肴制作工艺复杂，如鱼翅、海参的涨发需要多道工序、多种设备的处理，故中餐厨房面积应大于西餐厨房（但目前的实际状况恰好相反）。③设备的先进程度与空间的利用率。④社会的发展进程与社会观念。虽然按上述四点分析，从理论与实践角度看，中餐厨房的设计面积应大于西餐厨房，但由于中西方社会发展进程上的差异带来了社会观念上的不同，也带来厨房面积分配比例上的不同。现代西方文明已普遍认同了宽敞、舒适的工作条件能批量生产出优质的产品，因而西方国家的酒店厨房设计在面积、温度、照明等方面同餐厅相匹配；厨房面积加上后台其他设施，一般占到整个餐厅面积的50%左右；而国内酒店在安排餐饮布局时，往往将面积最小、楼层最次、条件最差的空间留给厨房。

确定厨房面积的方法一般有两种，一是以餐厅就餐人数为参数来确定，具体规格如表10–4所示。使用这种方法，通常就餐规模越大，就餐的人均所需厨房面积就越小，这主要是因为小型厨房的辅助间和过道等所占的面积不可能按比例缩得太

表10–4 厨房面积规格

厨房供餐人数（人）	平均每位用餐者所需的厨房面积（m^2）
100	0.679
250	0.679
500	0.46
750	0.37
1000	0.348
1500	0.309
2000	0.279

小。二是按餐厅或餐饮面积作为依据，来确定它们之间的面积比例。通常，厨房除去辅助间之外，其面积应是餐厅面积的 40% ~ 50%，占餐饮总面积的 21%左右，具体面积比例如表 10-5 所示。

表10-5　餐饮各部门面积比例表

部门名称	所占比例（%）
餐饮总面积	100
餐　　厅	50
客用设施	7.5
厨　　房	21
仓　　库	10
清　　洗	6.5
员工设施	3
办 公 室	2

比例中应留有一定的弹性幅度，这是因为各酒店的餐饮定位、档次、功能以及用料情况、制作工艺、设备设施、场地的可用面积等因素的情况各不相同。

（二）餐饮生产场所的区域安排

餐饮生产场所的区域安排是指根据餐饮生产的特点，合理地安排生产先后顺序和生产的空间分布。一般而言，一家综合型的酒店，根据其产品和工作流程大致可以划分成三个区域。

1. 原料接收、储藏及粗加工区域

这一区域的布局应靠近原料入口，区域中有干藏库、冷藏库、冰鲜库、冷冻库等，还有相应的办公室和适当规模的粗加工间，根据加工的范围和程度，确定其面积的大小。

2. 烹调作业区域

此区域内应包括冷菜间、点心间、配菜间、炉灶间，以及相应的小型冷藏室和周转库。这个区域是形成产品风味、质量的集中生产区域，因此应设置可透视

监控厨房的办公室。冷菜间、点心间、办公室应单独隔开，配菜间与炉灶间可以不作分隔。

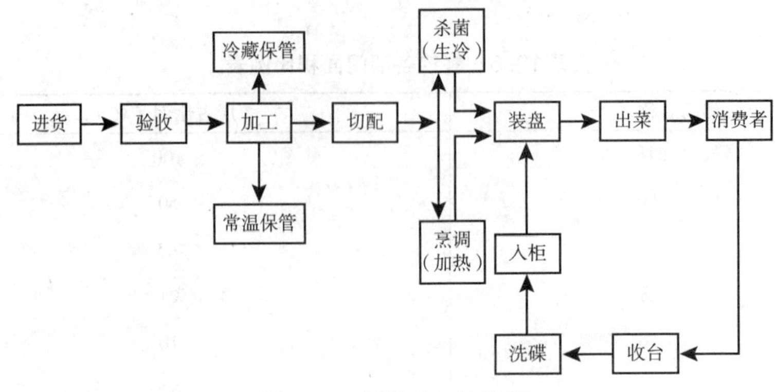

图10-9　餐饮产品流程图

3. 备餐清洗区域

布局时应包括备餐间、餐具清洗间和适当的餐具贮藏间。小型厨房可以用工作台等作简单分隔。

以上三个区域是不同规模的餐饮生产所必需的，布局时应形成相对独立而功能清楚的格局，确保厨房有一个通畅的生产流程。上述三个区域的布局可以参阅图10–10。

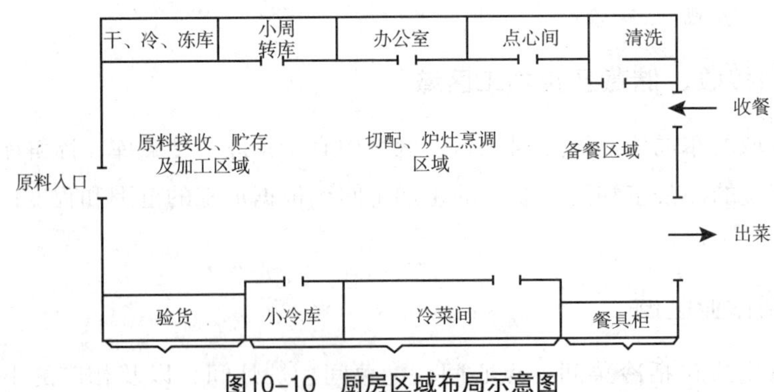

图10–10　厨房区域布局示意图

相关链接 搜索

厨房与餐厅的空间距离

苏北靠近山东省的某一县级市修建了一座三星级饭店，由于种种原因，该饭店的厨房被置于距主楼约50米处的另一幢建筑之内且这两处建筑之间没遮没盖。传菜时，菜肴直接同外界接触，暑时气候直接影响了菜肴的温度，此饭店的餐饮质量因此难以得到保证。厨房与餐厅应尽可能被布置于同一平面之上且最好紧挨着。这对于菜肴传递的及时性、前后台间信息沟通的方便性及保证菜肴综合质量都是十分重要的。

第四节　餐饮生产质量控制

餐饮生产，即由酒店餐饮部承担的对菜肴、点心、饮料等对象的加工、制作、成品的过程。餐饮部生产的产品，即厨房等餐饮生产部门加工制作的各类冷菜、热菜、点心、甜品、汤羹，以及水果盘等，其质量的高低好坏，直接反映了餐饮生产、制作人员技术水平的高低。产品的外表形态及内在风味，小而言之，会对就餐客人产生直接影响，关系到其是否再来用餐；大而言之则是通过客人的口碑，影响到整个酒店餐饮的声誉和形象。因而，餐饮生产的质量控制应成为餐饮生产管理的重点。

抓好餐饮生产质量管理与控制应首先了解有关产品质量的基本原理、餐饮产品的质量概念及特征，形成餐饮产品质量的因素；然后应抓住餐饮产品生产过程的质量管理核心——标准食谱的制定与实施环节，展开工作与管理。

一、餐饮产品质量概念

餐饮产品的质量主要来自两个方面，即食品菜肴本身的质量和外围质量：前者指提供给客人的食品应该无毒、无害、卫生营养、芳香可口且易于消化；食品的色、香、味、形俱佳，温度、质地适口，客人用餐之后能获得满足。后者则主要指产品的服务、销售要好，服务工作热情、及时、周到而有效率，就餐环境要舒适，能满足客人猎奇、享乐的心理需求，体现其身份和地位。

（一）构成餐饮产品自身质量的要素

1. 产品的卫生

卫生是菜肴等食品的首要质量标准。卫生首先是指加工菜肴等的食品原料本身是否含有毒素；其次是指食品原料在采购加工等环节中有否遭受有毒、有害物质、物品的污染，如化学有害品和有毒品的污染；再次是食品原料本身是否由于有害细菌的大量繁殖带来食物的变质等。这三方面无论是哪一方面出现问题，均会直接影响产品本身的卫生质量。

2. 产品的营养

营养同样是食品原料与产品在自身质量上的重要方面。随着社会的进步与科学技术的发展，使得人们越来越将食品营养作为自己膳食的追逐目标。这就需要我们餐饮管理工作者严格管理，把好营养质量关，并能区别不同就餐对象，设计专门的菜单进行烹饪加工，体现出菜肴品质的可靠和营养。鉴别餐饮产品是否具有营养价值主要看两个方面：一是食品原料是否含有人体所需要的营养成分；二是这些营养成分本身的数量达到怎样的水平。

3. 产品的颜色

食物的颜色是吸引消费者的第一感官指标，许多人往往通过视觉对食物进行第一步评判。"色"往往以先入为主的方式，给用餐者留下第一印象。

餐饮菜点产品的颜色可以由动物、植物组织中天然产生的色素形成。餐饮产品的生产烹调加工过程能对菜点成品的颜色变化发生作用，烹调加工的目的之一，就是通过恰当的处理，使原料转变成趋于理想的颜色。

餐饮产品颜色改变的另一种途径，是通过添加含有色素的调味品来完成，如黄油、番茄汁、酱油等均具有这样的功能。

菜肴的颜色应自然清新、色彩鲜明，适应季节变化、适合不同地域、不同审美标准、合乎时宜、和谐悦目，能给用餐者以美感。有些原料搭配不当或烹调过分、成品色彩混沌、色泽暗淡，不仅表明营养方面的质量欠佳，而且会影响用餐者的胃口，影响就餐情绪。

4. 产品的香气

餐饮产品的香气，是指菜肴飘逸出的芳香气味，是人们通过鼻腔上部的上皮嗅觉神经系统感知的。人们就餐时，总是先感受到菜肴的香气，再品尝到食物的滋味。在人们将食物送入口中之前，气味就由空气进入鼻中。人们之所以将“香”单独列出来，是因为食物的香气对增加进餐时的快感有着巨大作用。当人嗅到某种久违的香气时，往往能引起对遥远旧事的回忆；人的嗅觉较味觉灵敏得多，但嗅觉感受比味觉感受更易疲劳。另外，人对气体的感受程度同气体产生物本身的温度高低有关，一般来说，物体本身的温度越高，其散发的气体就越容易被感受到。因此，要特别重视热菜热上，如响油鳝糊的麻油伴蒜香，生煸草头的清香，姜葱炒膏蟹的辛香，北京烤鸭的肥香，未品其味，先闻其香，芳香浓郁，清新隽永，诱人食欲，催人下箸。反之，如果菜肴特有的芳香不能得以呈现和挥发，就会影响消费者对菜肴的期望，对其质量的评价自然不会高。

5. 产品的滋味

产品的滋味系指餐饮产品入口后对人的口腔、舌头上的滋味感觉系统产生作用，给人口中留下的感受。味是传统中餐菜肴质量指标的核心。人们去餐厅用餐，并非仅仅满足于嗅闻菜肴的香味，他们更需要品尝到食物的味道。人们通常所说的酸、甜、苦、辣、咸是五种基本味。五味调和百味香。基本味的不同组合，各取不同比例、用量，调制出的菜肴滋味可谓丰富多彩，如川菜就有百菜百味之说。

6. 产品的外形

产品的外形是指菜肴的成形、造型。原料本身的形态，加工处理的技法，以及烹调装盘的拼摆都直接影响到菜肴的“形”。

刀工精美，整齐划一，装盘饱满，形象生动，能给用餐者以美的享受。这些效果的取得，要靠厨师的艺术设计，如松鼠鳜鱼栩栩如生，冬瓜盅艳丽多彩，凤尾虾如凤似玉。另外，利用围边进行盘饰点缀等，使热菜的造型更加多姿多彩，如碧绿鲜带子，镶一双紫菜头雕红蝴蝶；珊瑚虾腐的中间摆一个面塑的老寿星等，既使菜肴更加饱满，又使得就餐时的餐饮主题更加突出。厨师成功的艺术构思，无不使客人食欲大增。

热菜造型以快捷、神似为主；冷菜的造型比热菜更方便因而有更高的要求。冷菜先烹制后装配，提供了较充裕的美化菜肴的时间。因此，对一些主题餐饮活动，冷菜有针对性的装盘造型就更加有必要和更富有效果。

菜肴的“形”的追求要把握分寸，过分精雕细刻，反复触摸摆弄，或者污染菜肴，或者喧宾夺主，甚至华而不实、杂乱无章，则是对菜肴“形”的极大破坏。

7. 菜肴的质感

质感，即菜肴给人的质地方面的印象。质感包括的属性如韧性、弹性、胶性、黏附性、纤维性及脆性等。菜肴的质感是影响其可接受性的另一个重要因素。任何偏离菜肴可接受的特有质地，都可使其变为不合格产品。所以人们一般不愿购买发软的脆饼、不喜欢多筋的蔬菜等。

菜点在口腔中被咀嚼并被齿龈和硬、软颚感受到，菜点进一步被牙齿咬碎，使口腔表面分泌出大量的味觉与嗅觉刺激物。这些刺激物的总效应就是为大脑提供该菜点的质地感觉。通常菜点的质地感觉包括以下几个方面：一是酥，指菜肴入口，咬后迎牙即散，成为碎渣，产生一种似乎有抵抗而又无阻力的微妙感觉，如香酥鸭。二是脆，菜肴入口立即迎牙而裂，而且顺着裂纹一直劈开，产生一种有抵抗力的感觉，如清炒鲜芦笋。三是韧，指菜肴入口后带有弹性的硬度，咀嚼时产生的抵抗性不那么强烈，但时间较久。韧的特点，要经牙齿较长时间的咀嚼才能感受到，如干煸牛肉丝、花菇牛筋煲等。四是嫩，菜肴入口后，有光滑感，一嚼即啐，没有什么抵抗力，如糟熘鱼片。五是烂，菜肴宛如瘫痪，入口即化，几乎不要咀嚼，如米粉蒸肉。菜肴的质地受欢迎与否在很大程度上取决于原料的性质和菜肴的烹制时间及温度等。因此，制作菜肴必须将严格的生产计划与每道菜肴合适的烹制时间相结合，以生产合格的产品。

8. 产品的器皿

器皿是指餐饮产品生产后用来盛装产品的容器。对产品器皿的基本要求是，不同的菜肴以不同的器皿盛装。配合恰当，相映生辉，相得益彰。菜肴分量与盛器的大小一致，菜肴的名称与盛器的叫法相吻合，菜肴的身价与盛器的贵贱相匹配，可使菜肴锦上添花，更显高雅。虽然大部分盛器对菜肴质量并不产生太大的直接影响，但是对于用煲、砂锅、铁板、火锅、明炉等制造特定气氛和需要较长时间保温的菜肴来说，盛器对其质量却有着至关重要的作用。比如，明炉豉油鳗鱼用盘子代替明炉装鱼，不仅无法继续加温，而且会很快冷却，直接影响其质量和效果。热菜用保温盛器、冷菜用常温餐具能不同程度地提高菜肴出品的质量。相反，菜肴本身质量较好，可盛装在五花八门的残破餐具里，产品的总体质量无疑将大为逊色。

9. 产品的温度

产品的温度，即菜点的出品温度。同一种菜肴，同一道点心，出品食用的温度不同，口感质量会有明显差别。如蟹黄汤包，热吃汤汁鲜香，冷后则腥而腻口，甚至汤汁凝固；再如拔丝苹果，趁热上桌食用，可拉出万缕千丝，冷后则糖饼一块，更别想拔出丝来。因此，温度是重要的菜肴质量指标之一。科学研究发现，不同温度食品的风味和口感是不一样的。餐饮生产及服务人员要更好地把握每类菜肴食品的特色品质，就应遵循表 10–6 所示的温度规定。

表10–6 菜肴的出品及食用温度规定

食品名称	出品及食用温度	食品名称	出品及食用温度
冷　菜	10℃左右	冷咖啡	6℃
热　菜	70℃以上	果　汁	10℃
热　汤	80℃以上	西　瓜	8℃
热　饭	65℃以上	热　茶	65℃
砂锅、煲类菜	100℃	热牛奶	63℃
啤　酒	6℃ ~ 8℃	热咖啡	70℃

10. 产品的声效

产品的声效，即声音、声响的效果。有些菜肴，由于厨师的特别设计或特殊盛器的配合使用，已经在消费者中形成概念：菜肴上桌是该响的。如虾仁锅巴等锅巴类菜肴，铁板鳝花等铁板类菜肴等。此类菜肴服务上桌的同时，发出“吱吱”的响声，说明菜肴的温度是足够的，质地（尤其是锅巴炸的酥脆程度）是达标的，为餐桌创造的气氛是热烈的。反之，如果应该发出响声的菜肴没有出声，说明菜肴温度不够，或者是菜肴质地不符合要求，再则就是服务不及时等，没有达到人们约定俗成的评判标准，使用餐者觉得菜肴与价值不符，感到失望和扫兴。

（二）消费者对餐饮产品自身质量的感官评定

客人对所订所点的菜肴是从不同角度对其进行鉴赏和食用的，无论菜肴的外观还是风味及其结构组织，客人都是通过身体感觉器官，如眼、耳、鼻、口（舌、牙齿）和手来品尝和把握的。手虽然很少直接接触食物，取用和搛夹菜肴的筷子给手的感觉同样可以帮助人们了解菜肴的质地。因此，客人对菜肴自身质量的评判，是在调动以往的经历和经验，结合该质量指标应有内涵的同时，经过感官鉴定而得出的。菜肴与用餐客人的感官印象关系如图 10–11 所示。

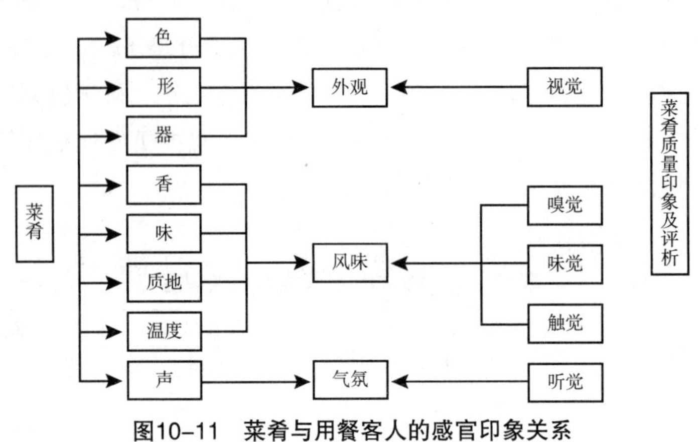

图10–11　菜肴与用餐客人的感官印象关系

感官质量评定法，是餐饮实践中最基本、最实用、最简便有效的方法。感官评定是应用人的感觉器官通过对菜肴的鉴赏和品尝来评定菜肴食品各项指标质量的方法，即用眼、耳、鼻、舌（齿）、手等感官，通过看、嗅、尝、嚼、咬、听、搛夹等方法，检查菜肴外观色、形、器，品尝菜肴风味香、味、质、温等，从而确定其质量。

1. 嗅觉评定

嗅觉评定就是运用嗅觉器官来评定菜肴的气味。菜肴的气味大部分来自菜肴原料本身，调味及烹调处理亦可为菜肴增添受消费者喜爱的香气，如烤面包的焦香、椒盐里脊的咸香等。保持并能恰到好处地增加其芳香的菜肴，则为好的产品；破坏、损害了原有芳香或因香料投放失当、烹调不得法、掩盖原料固有的香味而产生令人反感气味的菜肴则为不合格产品。

2. 视觉评定

视觉评定是根据经验，用肉眼对菜肴的外部特征如色彩、光泽、形态、造型，菜肴与盛器的配合，装盘的艺术性等进行检查、鉴赏，以评定其质量优劣。充分利用天然色彩，合理搭配，烹调恰当，自然和谐，色泽诱人，刀工美观，装盘造型优美别致的菜肴则为合格优质产品。反之，原料合格而刀工成形差；或切配合适而调味用料重，成品褐黑无光泽；抑或烹制较好而装盘不得体、不整洁等都为不合格产品。

3. 味觉评定

味觉是人舌头表面味蕾接触食物、受到刺激时产生的反应，可以辨别甜、咸、酸、苦、辣等滋味。菜肴口味是否恰当准确、符合风味要求，味觉评定具有很重要的作用。菜肴纯咸或单酸等呈单一口味的几乎没有。除了甜品以甜味为主（大多甜品亦具香味，属香甜口味）外，绝大部分菜肴都是复合味，如咕咾肉——酸甜型，椒盐鱼条——咸香型，怪味鸡——麻辣咸鲜酸甜香等综合型等。烹制菜肴其调味用料准确、比例恰当、口味纯正地道即为合格产品；菜肴虽经调味，可味型不突出，似是而非，甚至出于谨慎，菜肴淡而寡味，其质量则较差。

4. 听觉评定

音波刺激耳膜引起听觉。听觉也能用于评定菜肴质量，尤其是锅巴及铁板类菜肴。听觉检查评定菜肴质量，既可以发现其温度是否符合要求，质地是否已处理得膨发酥松（主要指锅巴类菜肴），同时还可以考核服务是否全面得体。若菜肴在餐桌及时发出响声并香气四溢，配有相应的防溅措施（铁板类菜肴添加菜盖），则证明该菜这方面的质量是可以的。反之，响声菜给人以无声或声音很微弱的听觉感受，其质量是不合格的。

5. 触觉评定

通过人体舌、牙齿以及手对菜肴直接或间接地咬、咀嚼、按、摸、敲等活动，可以检查菜肴的组织结构、质地、温度等，从而评定菜肴质量。如通过咀嚼可以发现菜肴的老嫩，通过用舌及口腔的接触可以判断汤、菜温度是否合适，用手掰食面包可以检查其松软状态及筋力程度，用手借助于汤匙、筷子可以检查菜肴是否软嫩、酥烂等。菜肴软硬恰当，酥嫩适口，其质量是好的；老硬干枯，烂糊不清，则为低劣产品。

五种感官对菜肴质量的鉴赏评定，往往要同时并用，才能全面把握菜肴的质量。如评定烤鸭的质量，不仅要观察鸭皮是否光亮红润，闻闻肥香、焦香是否纯正，还应该用筷子敲敲其表皮是否酥脆，进而品尝其面酱是否香甜咸适中，配食、咀嚼的触感是否软、脆、爽、滑、嫩、细、暄、绵、筋等兼具，这样，方能对烤鸭的质量作出较全面正确的评定。

二、餐饮产品质量的形成过程

完整的餐饮产品质量的形成过程至少应该经历三个阶段：产品设计过程、产品生产制作过程、产品的推销服务过程（有关推销与服务的内容，请参阅本书第十一章酒店餐饮产品销售管理与第十二章酒店餐饮服务管理）。

餐饮产品的设计是指产品生产制作前对菜肴、点心、饮品的各种功能、原料状况、加工技术、成本与获利情况进行一系列分析、安排和调整，以定出最合乎本企业生产的规范方案。这种方案在专业上被称为"标准食谱计划"（Standard Recipe）。

餐饮产品的生产制作是指如何依据"标准食谱计划"所设计的方案，通过具体的加工步骤、生产过程来达到产品设计所规定的质量指标指数。

（一）产品设计过程

产品的目标质量在产品的设计阶段已经基本确定下来。设计是质量之母，如果设计出来的产品，其质量已经达不到要求，那么最终生产出来的产品肯定是先天不足。因此，抓好餐饮产品质量的第一项工作就是把好产品设计关，打好质量的基础。

影响餐饮产品设计质量的因素有：产品质量成本、产品价格、质量成本与价格的关系。

一般而言，所设计的产品质量越高，产品本身所需支出的成本就越高，在达到一定程度之后，继续提高产品的设计质量（假设设计质量可以无限度提高），则产品的成本会增加得更快。反之，产品的设计质量越低，其本身的成本也就越低。但若低到一定程度之后，若继续降低设计质量，则成本降低的幅度会变小。这种产品设计质量与产品成本的关系可以用图 10–12 表示。

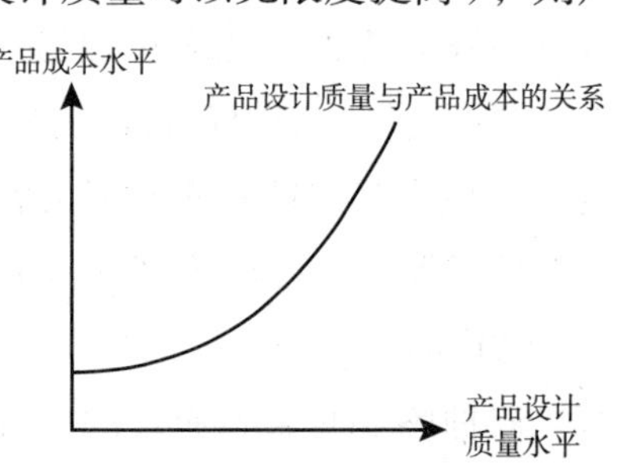

图10–12　产品设计质量与产品成本关系

看一下产品价格问题。常常是产品的设计质量越高，产品的售价也相应提高。但当

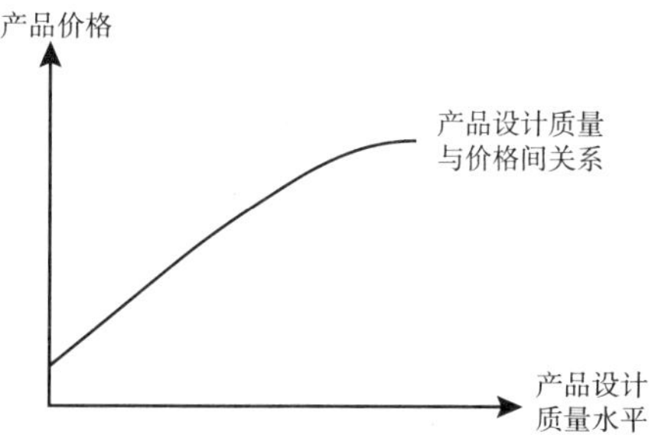

图10–13　产品设计质量与价格间关系

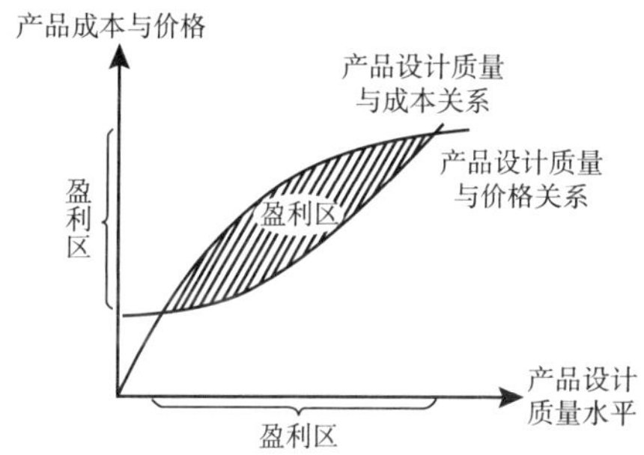

图10–14　产品设计质量—产品成本—产品售价的关系

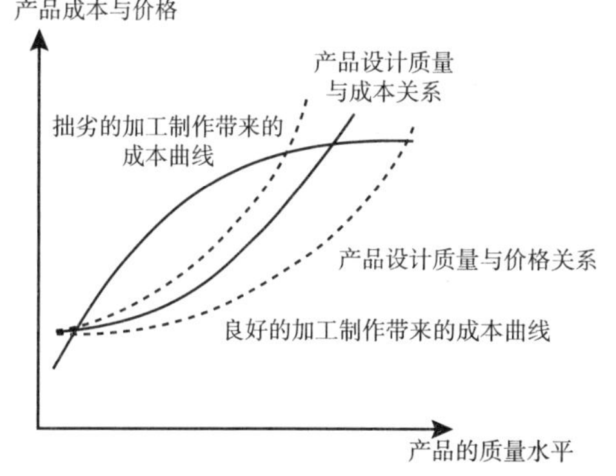

图10–15　产品的设计质量、成本、价格与加工制作水平的关系

产品售价上升到一定程度时，再提高设计质量水平，其售价也不会按比例升高。反之，设计质量越差，售价也相应下降。但是，下降到一定程度后，再降低设计质量水平也不能再引起价格下降了。这种产品质量与价格之间的关系，可以用图 10–13 表示。

不同的产品设计质量会带来不同质量水平的产品，这些产品的成本和售价也是各不相同的。把设计质量水平与产品的成本、产品的售价相关起来，我们就会发现“产品设计质量—产品成本—产品售价”之间有盈利关系，如图 10–14 所示。

为了使所设计的产品质量水平能够盈利，就一定要使设计质量维持在盈利区域之内。这实际上是产品设计质量水平的适度性问题。质量上粗制滥造的产品不能赚钱；过分考究、精雕细凿的质量要求同样不能给企业带来利润。

（二）产品生产制作过程

餐饮产品设计质量的最终实现和形成，主要是通过具体的加工制作。另外，产品加工制作水平的高低可以改变产品的设计质量及成本水平。加工制作水平的提高，可以帮助降低产品成本；反之，则会带来更多的成本支出。它们之间的关系参见图 10–15。

显然，良好的制作加工既降低了产

品的成本支出，又增加了盈利区域。因而，抓好产品的加工制作过程的管理显得极为重要。

三、餐饮产品的设计质量控制——制定标准食谱

（一）标准食谱的概念

标准食谱起源于西方国家的酒店管理，它是指餐饮企业为了规范餐饮产品的制作过程、产品质量和经济核算而制定的一种印有产品所用原料、辅料、调料的名称、数量、规格和产品的生产操作程序、装盆要求以及制作成本、价格核算方法等内容的书面控制标准。

（二）标准食谱与普通食谱的区别

普通食谱的主要内容包括加工餐饮产品的原料、辅料以及餐饮产品的制作过程两大部分；它的作用主要是作为厨师等餐饮产品加工生产者的生产工具书。

标准食谱的主要内容除了普通食谱的部分内容之外，另有关于餐饮产品经济核算方面的内容。它的主要作用是餐饮管理人员用于餐饮成本核算与控制。

（三）标准食谱的表现形式

餐饮企业使用的标准食谱主要有三种表现形式：

（1）标准菜谱。餐饮管理人员对菜肴生产、制作过程、成本核算等进行控制的工具。

（2）标准面点谱。餐饮管理人员控制面点生产、成本核算的工具。

（3）标准酒谱。餐饮管理者对鸡尾酒、混合酒等饮品实施生产控制、经济核算的工具。

标准食谱是上述三种表现形式的总称。

（四）标准食谱在餐饮生产管理中的作用

（1）使用标准食谱，能使产品的分量、成本和质量始终保持一致。

（2）所有厨师等生产人员只需按标准食谱规定的操作方法烹饪加工产品，从而

减少管理人员现场监督管理的工作量。

（3）便于生产管理人员依据标准食谱制订安排生产计划。

（4）按标准食谱生产，即使是技术水平不太高的厨师，也能烹制符合质量要求的产品。

（5）由于统一使用标准食谱规范生产，管理人员对厨师的调配使用也显得比较容易。

当然，使用标准食谱也会引起一些问题：使用新的食谱前，要对原来使用的食谱进行修改、测试；实行新的标准食谱需花费一定的时间；必须对生产人员进行培训，使他们掌握新的食谱；有些未使用过标准食谱的厨师可能会产生反感，甚至感到使用标准食谱会扼杀自己的创造性和主动性。

（五）标准食谱的结构及样本

标准食谱的结构由两部分组成：普通食谱的内容和有关某个产品的经济核算、成本数据等内容。标准食谱的样本如表 10–7 所示。

（六）制定标准食谱的程序与注意事项

（1）确定主配料原料及数量。这是很关键的一步，它确定了产品的基调，决定了该产品的主要成本。批量制作的产品只能平均分摊测算数量，例如点心和菜肴单位较小的品种，但无论如何，都应力求精确。

（2）规定调味料品种，试验确定每份用量。调味料品种、牌号要明确，因为不同厂家、不同牌号的质量差别较大，价格差距也较大。调味料只能根据批量分摊的方式测算。

（3）根据主、配、调味料用量，计算成本、毛利及售价。随着市场行情的变化，单价、总成本会不断地变化，每项核算都必须认真全面地进行。

（4）规定加工制作步骤。将必需的、主要的、易产生歧义的加工方法、加工步骤加以统一规定。

（5）选定盛器，落实盘饰用料及式样。

（6）明确产品特点及质量标准。标准食谱既是培训、生产制作的依据，又是检查、考核的标准，其质量要求更应明确具体才切实可行。

（7）填制标准食谱。字迹要端正，要使员工都能看懂。

（8）按标准食谱培训员工，统一出品标准。

表10–7　标准食谱（样本）

类别____________　　　　　　　　　　　　编号____________

食品名称			生产厨房	总分量	每份规格	日　期
用　料	单　位	数　量	日期		日期	
			单位成本	合计	单位成本	合　计
合　计						
菜肴的准备及加工步骤					特点及质量标准	

四、餐饮产品质量控制常用方法

受多种因素影响，餐饮产品的质量变动较大，餐饮生产管理正是要确保各类出品质量的可靠和稳定。应采取各种措施和有效的控制方法来保证餐饮产品的质量符合要求。

（一）阶段控制法

回顾餐饮生产运作流程，从原料购进到产品售出，可以分为食品原料购储、食品生产和食品消费三大阶段。加强对每一阶段的质量检查控制，便可以保证餐饮生产全过程的质量。

1. 食品原料购储阶段的控制

原料购储阶段的控制主要包括原料的采购、验收和贮存控制。在这一阶段应重点控制原料的采购规格、验收质量和贮存管理方法。

（1）要严格按采购规格书采购各类菜肴原料，确保购进原料能最大限度地发挥应有作用，并使加工生产变得方便快捷。没有制定采购规格标准的一般原料也应以方便生产为前提，选购规格分量相当、质量上乘的物品，不得乱购残次品。

（2）全面细致验收，保证进货质量。把不合格原料杜绝在企业之外，可以减少厨房加工生产的不少麻烦。验收各类原料，首先要严格依据采购规格书规定的标准，对没有制定规格书的采购原料或新上市的品种或质量把握不准的，要随时约请有关专业厨师进行认真检查，保证验收质量。

（3）加强储存原料管理，防止原料保管不当而降低质量标准。严格区分原料性质，进行分类保藏。各类储藏库要及时检查清理，防止将不合格或变质原料发放给厨房加工生产部门。厨房已申领暂存在小库（周转库）的原料，同样要加强检查整理，确保质量可靠和卫生安全。

2. 食品生产阶段的控制

食品生产阶段主要应控制申领原料的数量与质量、菜肴加工与配份以及烹调的质量。

（1）加工是菜肴生产的第一个环节，同时是原料申领和接受使用的重要环节。进入厨房的原料质量要在这里得到认可，因此，要严格按计划领料，并检查各类将要加工的原料的质量，确认可靠才可进行生产。对各类原料进行加工和切割，要根据烹调需要，事先明确规定加工切割规格标准并进行培训，督导执行（表10–8）。

表10–8　原料切割规格表

成品名称	用　　料	切割规格
笋　　片	罐装冬笋	长 5.5cm、宽 2cm、厚 0.2cm
鱼　　条	青 鱼 肉	截面 0.8cm 见方，长 5cm
……		

原料经过加工切割后，大部分动物、水产类原料还需要进行浆制（上浆），这道工序对菜肴的色泽、嫩度和口味能产生较大影响。对各类菜肴的上浆用料应作出

规定，以指导操作。如果因人而异，烹调岗位则无所适从，成品难免千差万别。上浆用料规格如表 10–9 所示。

表10–9　上浆用料规格表

品种 用量用料	鸡　片	……			
精　盐	60g				
水	700ml				
生　粉	200g				
蛋　清	6 只				
松肉粉	5g				
……					

（2）配份是决定菜肴原料组成及分量的一道工序。配份工作不仅要求在开餐前将所需要的干货原料涨发到位，还要准备一定数量的配菜小料（料头）。对大量使用的菜肴主、配料的控制，则要求配份人员严格按菜肴配份价格表，称量取用各类原料，以保证菜肴风味（表 10–10）。中菜切配、西菜切配以及冷菜的装盘均可规定用料品种和数量。随着菜肴的翻新和菜肴成本的变化，如有必要，餐饮生产管理人员还应及时测试用料比例，调整用量，修订配菜规格并督导执行。

表10–10　菜肴配份规格表

菜肴名称	主　料		配　料		盛器规格	备　注
	名　称	数　量	名　称	数　量		
玉环柱甫	元　贝	12 粒	节　瓜	1250g	10 人大盘	
……						

经常使用的主要味型的调味汁应批量集中兑制，以便开餐烹调时各炉头随时取用，以减少因人而异的偏差，保持出品口味质量的一致性。调味汁的调兑应确定专人、根据一定的规格比例制作（表 10–11）。

表10–11　调味汁用料规格表

调味汁名称 / 用量用料	京都汁	……			
浙　醋	500g				
白　糖	300g				
芝麻酱	100g				
梅　子	100g				
茄　汁	150g				
姜　汁	75g				
……					

3. 食品消费阶段的控制

菜肴由厨房烹制完成，即交餐厅出菜服务，这里有两个环节容易出差错，须加以控制，其一是备餐服务，其二是餐厅上菜服务。

（1）备餐工作要求为菜肴配齐相应的作料、盛器和卫生器具及用品。加热后调味的菜肴（如炸、蒸、白灼菜肴等）大多需要配带作料，如若疏忽，菜肴则淡而无味；有些菜肴不借助一定的器具用品，食用起来很不雅观或不方便（如吃整只螃蟹等）。因此，备餐间有必要对有关菜肴的作料和用品的配备情况作出规定，以提醒服务员上菜时注意带齐（表 10–12）。

表10–12　菜肴作料、用品配备表

菜　名	作　料	用　品	备　注
白灼基围虾	虾　汁	洗手盅	每客一份
……			

（2）服务员上菜要及时规范，主动报告菜名；对于食用方法独特的菜肴，应向客人作适当介绍或说明。要按照上菜次序，把握上菜节奏，循序渐进地从事菜点销售服务。分菜要注意菜肴的整体美和分菜完毕后的组合效果，始终注意保持餐饮产品在宾客食用前的形象美观。对客人需要打包的食品，同样要注意尽可能保持其各方面质量的完好。

以上所述，强调了餐饮产品在各阶段应制定一定的规格标准，以控制其生产行为和操作过程。而生产结果和目标的控制还有赖于各个阶段和环节的全方位检查。建立并实行严格的检查制度，是餐饮产品阶段控制的有效保证。

餐饮产品质量检查也应根据生产过程，抓好生产制作检查、成菜出品检查和服务销售检查三个方面。生产制作检查，指菜肴生产加工过程中下一道工序的员工必须对上一道工序的食品加工制作质量进行检查，如发现不合标准，应予返工，以免影响成品质量。成菜出品检查指菜肴送出厨房前必须经过厨师长或菜肴质量检查员的检查。成菜出品检查是对餐饮生产烹制质量的把关验收，因此必须严格认真，不可马虎迁就。服务销售检查是指餐厅服务人员也应参与食品质量检查。服务人员直接与宾客打交道，从销售的角度检查菜点质量，往往要求更高，尤其是对菜肴的色泽、装盘及外观等方面的质量检查。因此，要注意调动和发挥服务人员的积极性，加强和利用检查功能，切实改进和完善出品质量。

（二）岗位职责控制法

利用岗位分工，强化岗位职能，并施以检查督导，对餐饮产品的质量亦有较好的控制效果。

1. 所有工作项目均应有所落实

餐饮生产要达到一定的标准要求，各项工作必须全面分工落实，这是岗位职责控制法的前提。餐饮生产既包括主要、明显的炒菜、切配等，也少不了零散的、容易被忽视的打荷、领料、食品雕刻等。厨房所有工作明确划分、合理安排、毫无遗漏地分配至各加工生产岗位，才能保证餐饮生产运转过程顺利进行，生产各环节的质量才有人负责，检查和改进工作也才有可能。

厨房各岗位应强调分工协作，每个岗位所承担的工作任务应该是本岗位能够顺利完成的，而不应是阻力、障碍较大或操作很困难的几项工作的累积。厨房岗位职责明确后，要强化各司其职、各尽其能的意识，员工在各自的岗位上保质保量及时完成各项任务，其质量控制便有保障。

2. 岗位责任应有主次

厨房的所有工作不仅要有相应的岗位分担，而且厨房各岗位承担的工作责任也不应是均衡一致的。将一些价格昂贵、原料高档或为高规格、重要宾客提供的菜肴的制作以及技术难度较大的工作列入头炉、头砧等重要岗位职责，这样在充分发挥厨师技术潜能的同时，进一步明确责任，可以有效地减少和防止质量事故的发生。对厨房菜肴口味以及生产上工作难度较大的项目，也应规定给各工种主要岗位完成，如配兑调味汁、调制点心馅料、涨发高档干货原料等。为了便于对菜肴的质量进行考核，应经常调查客人对菜肴成熟与否、口味是否恰当的评价。打荷在根据订单（或宴会菜单）安排烹制出菜时，将每道菜的烹制厨师姓名或工号留注订单，以备待查。

从事一般餐饮生产、对出品质量不直接构成影响或影响不是太大的岗位并非没有责任，只不过比主要岗位承担的责任轻一些而已。餐饮生产是一个有机相连的系统工程，任何一个岗位、环节不协调，都有可能妨碍开餐出品和菜点质量。因此，这些岗位的员工同样要认真对待每一项工作，主动接受餐饮生产管理人员和主要岗位厨师的督导、配合，协助完成餐饮生产的各项工作任务。

（三）重点控制法

重点控制法是针对餐饮生产与出品的某个时期、某些阶段或环节出现的质量或秩序问题，或对重点客情、重要任务以及重大餐饮活动而进行的更加详细、全面、专注的督导管理，以及时提高和保证某些方面或活动的生产与出品质量的一种方法。

1. 重点岗位、环节控制

通过对餐饮生产及产品质量的检查和考核，找出影响或妨碍生产秩序和产品质量的环节或岗位，并以此为重点，加强控制，提高工作效率和出品质量。例如，炉灶烹调出菜速度慢，菜肴口味时好时差，通过跟踪检查发现：炒菜厨师手脚不利索，重复浪费操作多，每菜必尝，口味把握不住；经过分析，原来多为新招聘厨师，对经营菜肴的调味、用料及烹制缺乏经验。因此，餐饮生产管理者就必须加强对炉灶烹调岗位的指导、培训和出品质量的检查，以提高烹调速度，防止和杜绝不合格菜肴送出厨房。又比如，一段时期以来，有好几批客人反映宴席吃过以后仍觉腹中饥辘。检查分析发现，宴席各客分食导致菜肴需求增多，但配菜仍按整席、整盘用量配制，导致分菜以后数量不足，这时则需加强对配菜的控制，保证按调整后的规格配菜，以使吃套餐和宴席的客人有足够、适量的菜品。显然，作为控制的重点岗位和环节是不固定的。某段时期中几个薄弱环节通过加强控制管理，问题解决了，而其他环节新的问题又可能出现，应及时调整工作重点，进行新的控制督导。这种控制并不是简单的头痛医头、脚痛医脚的方法，而应根据餐饮生产管理的总目标，随着控制重点的转移，不断提高生产及产品质量，完善管理，向新的水准迈进。

这种控制法的关键是寻找和确定餐饮生产控制的重点，对餐饮生产运转进行全面细致的检查和考核则是其前提。对餐饮生产和产品质量的检查，可以采取管理者自查的方式，也可以凭借宾客意见征求表或向用餐客人征询意见等资料。另外还可以聘请质量检查员以及有关行家、专家检查。进而通过分析，找出影响质量问题的主要症结所在，加以重点控制，以改进工作、提高出品质量。

2. 重点客情、重要任务控制

根据厨房业务活动性质，区别对待一般正常生产任务和重点客情、重要生产任务，加强对后者的控制，对厨房社会效益和经济效益的影响可发挥较大作用。

重点客情或重要任务，是指客人身份特殊或者消费标准较高，因此从菜单制定开始，就要强调针对性，从原料的选用到菜点的出品，要注意全过程的安全、卫生和质量可靠。餐饮生产管理人员要加强每个岗位环节的生产督导和质量检查控制，尽可能安排技术、心理素质较好的厨师为其制作。每一道菜点，在尽可能做到设计构思新颖独特之外，还要安排专人跟踪负责，切不可与其他菜品交叉混放，以确保制作和出品万无一失。在客人用餐之后，还应主动征询意见，积累资料，以提高以后的工作质量。

3. 重大餐饮活动控制

重大餐饮活动不仅影响范围广，而且为酒店创造的利润也多，同样消耗的食品原料成本也高。加强对重大活动菜点生产制作的组织和控制不仅可以有效地节约成本开支，为酒店创造应有的经济效益，而且通过成功地组办大规模的餐饮活动，向社会宣传酒店、厨房的实力，进而通过就餐客人的口碑，扩大酒店及厨房的影响，餐饮生产管理人员对此应有足够的认识。

厨房对重大活动的控制应从菜单制定着手，要充分考虑客人的结构，结合酒店原料库存供应情况以及季节特点，开列一份（或若干份）具有一定风味特色而又能为其活动团体广为接受和餐饮生产力所能及的菜单。接着要精心组织各类原料，合理使用各种原料，适当调整安排厨房人手，计划使用时间、安排厨房设备，妥善及时地提供各类产品。餐饮生产管理人员、主要技术骨干均应亲临第一线，从事主要岗位的烹饪制作，严格把好各阶段产品质量关。重大活动的前后台配合十分重要，传菜与停菜（因宾主讲话、致辞、祝酒、演出活动等影响）要随时沟通，及时通知炉灶等岗位，厨房应设总指挥负责统一调度，确保出品次序。重大活动期间尤其应采取切实有效的措施，控制食品及生产制作的卫生，严防食物中毒事故的发生。大型活动厨房冷菜生产量较大，卫生工作尤为重要。对冷菜的装盘、存放及出品要严加控制，避免熟菜被污染和变质情况的发生。大型活动结束以后，要及时处理各类剩余原料和成品，注意搜集客人反馈，为其他活动的承办积累经验。

第五节　饮品生产管理

饮品在酒店的餐饮产品中占有十分重要的地位。一般而言，西方国家酒店饮品的毛利率都在70% ~ 80%，国内星级酒店略低一些，但仍比食品的毛利率要高。在整个餐饮部获取的利润中，饮品的获利能力是相当高的。另外，相对厨房的菜肴生产制作，饮品的管理要容易得多。这些因素都促使酒店应更好地做好饮品的生产管理。饮品的生产管理主要应抓好如下几个方面：使用标准的计量与饮用器具、执行标准的制作配方、遵循标准的操作规范。

一、使用标准的计量与饮用器具

为使出品用量标准化，首先应考虑使用标准计量器具，尤其是那些成本较高的酒水原料用量必须严格地用标准计量器来控制；除了必须使用标准计量器具之外，还必须使用标准的、合乎要求的饮用杯具。

（一）标准计量器具

使用标准计量器具的主要目的是保证产品的数量标准和产品的成本标准。常用的标准计量器具有：

1. 标准量杯

标准量杯有玻璃制和金属制两种，它们通常用于专业酒吧和餐厅的酒吧，主要是调制混合酒时用于计量原料和计量纯饮酒类的出品。常见的计量容量为 30 毫升、45 毫升、60 毫升等。吧台员工在调制鸡尾酒等混合饮品及斟倒纯饮酒类时，必须按酒店规定的操作方法使用标准量杯。

2. 标准量酒嘴

标准量酒嘴是计量器具的一种，使用时一次只能从酒嘴倒出一个标准分量，倒第二份之前，需将瓶口朝上，再重复第一次动作，每斟一次只能流出一份定量的酒液，其分量的多少视酒嘴的型号而异。

3. 手动酒液计量器

手动酒液计量器装于纯饮酒类的瓶口上，然后将酒瓶瓶口朝下挂于吧台内的墙壁上或酒柜上，使用时用酒杯杯口顶住酒液计量器往上推，酒液就会流出一个标准分量，每推一次流出一份，不会多流出。这种装置多用于较名贵的纯饮酒计量。

4. 电动酒液计量器

现代酒吧常使用电脑控制的酒液计量器，计量器预先调节好标准的配料量，酒吧员工只要按下相应的按键便可得到所需的标准容量的酒液。

（二）标准饮用杯具

这里的标准饮用杯具有三层含义：一是餐厅与酒吧必须备有满足各种饮用需求的专业用标准杯，切不可用威士忌酒杯装干邑酒提供给客人；二是指各种专业用酒杯的容量必须同酒店规定的标准份额相吻合，为了确保每次出品的酒液分量达到标准，欧洲许多酒店在酒杯上印有不同酒类的标准分量刻度线，使餐饮员工的每次服务均让顾客满意；三是酒吧配备的各种酒杯应有一个标准存量，以减少不必要的器皿损耗。

二、执行标准的操作配方

为了确保饮品质量稳定，为了使饮品的份额一致，为了出品的酒水的成本始终如一，在配制饮品时需要使用标准配方。饮品的标准配方是餐饮标准食谱在酒吧管理中的一种表现形式。

饮品的标准配方需要列出如下内容：饮品的标准份额；配制饮品的各种配料的名称、用量和成本额；饮品的配制、加工方法；配制饮品的各种器具；饮用时的载杯；每份饮料的标准成本。饮品的标准配方格式如表 10–13 所示。

表10–13 饮品标准配方

品名：干马提尼 标准成本：6.10 元
编号 :038 成本率：29%
类别：混合酒类 售价：21.00 元

配 料	用 量	成本（09/10/12）	成 本	成 本
哥顿千金酒	45ml	4.80		
仙山露干味美思酒	5 滴	0.30		
腌制橄榄	1 个	1.00		

配制需用器具：
1. 混酒杯 ×1
2. 滤冰网 ×1
3. 吧匙 ×1
4. 鸡尾酒杯 ×1（90ml）

配制方法：
1. 将金酒与干味美思酒先后倒入放有冰块的混酒杯中
2. 用吧匙搅匀
3. 盖上滤冰器，将酒液滤入鸡尾酒杯
4. 放入橄榄
注：鸡尾酒杯需预冷（Chilled）

除了对混合酒的配制加工进行标准控制之外，还应设立整瓶酒的服务分量标准，这主要是对名贵的纯饮酒类而言。纯饮的名贵酒大多是烈性酒，在酒吧一般通过零杯销售，销售时多以份为计量单位，每份的计量以 30 毫升居多。每瓶烈酒的容量一般为 700 毫升，以 30 毫升作一份，可分 23 份左右，除去允许损耗的酒液 30 毫升外，每瓶烈酒应可以收回 22 份酒款。管理人员平时就用这一标准来衡量管理与服务状况。

三、遵循标准的操作规范

为了制作出符合质量标准的饮品，在配制饮品时应符合并遵循相应的操作规范和要求。

（一）酒杯的温度处理

不同的酒类有不同的饮用温度，其杯具的温度处理也应与之相适应。需常温下饮用的酒类，如白兰地、利口酒、红葡萄酒等的饮用杯具，既不要作升温处理，也无须作降温处理，常温状态下的杯具就可作载杯了。另外一些酒类的饮用温度较低，饮用的杯具则要作冰镇降温处理，这类杯具有：大多数鸡尾酒杯、白葡萄酒杯、香槟杯、啤酒杯等。冰镇处理的方法一般有两种：一种是将玻璃杯放在冷杯柜中作降温处理；另一种是将冰块放在杯中，用手握杯做旋转运动，使冰块沿杯壁转动，通过摩擦使玻璃杯降温。

（二）冰块的使用

酒水服务中常用到冰块，冰块的使用应根据标准配方的要求，选择冰块的不同的表现形式：刨冰、碎冰或块状冰，但不管什么形式，都应当新鲜、洁净、卫生。

（三）饮品应充分混合

依据调酒时常用的四种加工方法：兑和、调和、摇和与搅和，针对不同款式的鸡尾酒进行制作。如鸡尾酒以含气类饮料作辅料，通常采用兑和与调和的方法进行加工；如用乳制品等一些黏稠的饮料作辅料，一般应选用摇和的方法加工制作。混合操作的时间长短，视具体情况而定。

（四）倒酒

如用调酒壶一次调制 2 份以上的饮品，在倒酒前先将载杯准备好，列成一排，各酒杯先倒入 1/4 杯，然后倒入 1/2 杯，直至倒完，而不能先倒满一杯再倒第二杯。这样才能保证每杯酒的浓度、颜色、数量、口味基本一致。

第六节　管事部运行与管理

管事部是餐饮运转的后勤保障部门，担负着为餐饮的前后台运转提供各种物资用品、打扫厨房和清洁各种厨具，确保餐饮前后台的工作和餐饮服务区域的卫生处于最佳状态的重要职责。管事部是餐饮生产和经营活动正常进行的基本保证。

一、管事部的组织结构

（一）现代大型酒店餐饮管事部组织结构

现代大型酒店餐饮经营的区域分布在酒店各个区域，有中餐厅、西餐厅、风味厅、酒吧、宴会、送餐服务部等，要确保各种餐饮活动的顺利进行，必须有一个组织力强的管事部作后勤，才能保障各种物资、物品、设备的及时到位及卫生等工作的质量。

现代大型酒店餐饮管事部通常负责宴会部及各类餐厅的物资、用品、设备的提供、清洗和保养，并保持这些区域的卫生环境。其组织结构如图 10–16 所示。

（二）小型酒店餐饮管事部组织结构

小型酒店餐饮管事部的组织结构比较简单，管事部指挥幅度比较小，涉及人员主要有杂役、擦银工、洗碗工和保管员等。因此，有些酒店餐饮部只配置管事主管，领导几个工作小组，保证各种餐饮物资、用品、设备及时到位和工作环境卫生清洁。在一些更小的餐饮企业，一般不直接设立管事部，而是由厨师长直接负责各种物资、用品及设备的提供和保养，至于卫生和洗碗工作则单独聘请人员负责。其组织结构如图 10–17 所示。

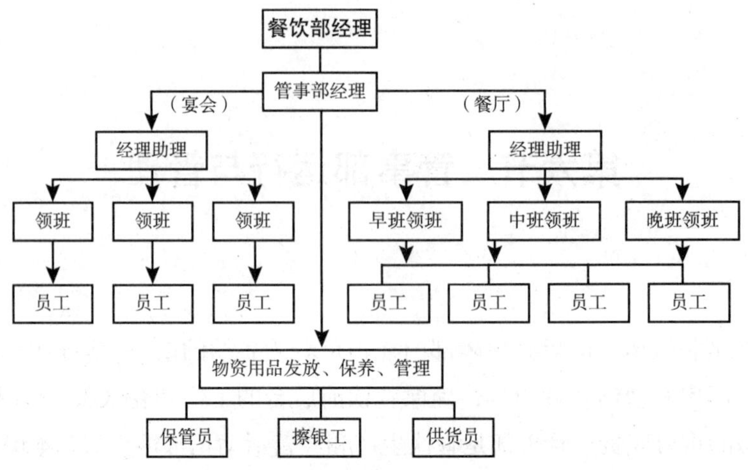

图10-16　现代大型酒店餐饮管事部组织机构图

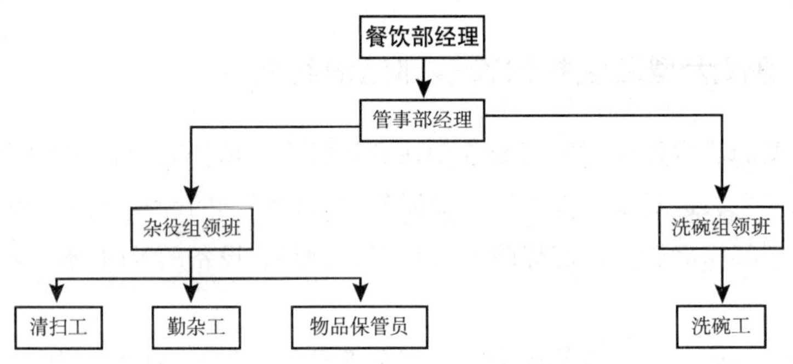

图10-17　小型酒店餐饮管事部组织机构图

二、管事部的职能

一个运转良好的管事部会提供一个清洁卫生的工作场所，使员工在舒畅的环境中工作，从而提高员工的工作效率。这一目标的实现与科学合理的分工和各行其责是分不开的，因此，合理建立岗位、明确工作职责、相互配合协作是管事部工作正常运转的基本保证。

（一）物资、用品管理

1. 餐饮用具的管理

（1）管事部负责餐具及其他器具的报购、领取、保管、调配、发放，各部门应各自保管好从管事部领出及借用的器具，并把责任落实到人。

（2）管事部根据餐饮部经理批准的定额计划和追加计划向有关部门发放物资和用品，属计划外的作临时借用处理。

（3）管事部负责每月将各部门对物资和用品的领取、借用及拖欠情况向餐饮部经理汇报，对损耗量超计划的部门，作出合理的处理。

（4）各部门丢失或损坏器具、餐具等，应及时报管事部经理，由餐饮部核对并根据情况分别给予报损或赔偿处理。

（5）管事部负责餐厅各种用具物品的回收和清洗工作，对清洗过程中造成破损的进行数量统计，以便核对损耗率。

（6）管事部负责厨房使用的各种厨具、用品的统一管理和调配，并建立物资及用品领、借、还等手续。

（7）管事部负责器具的保养，对一些贵重物资和用品应配专人负责保养，如银器的清洗、抛光等。

（8）管事部负责对所有物资、用品进行登记、定期盘点和向餐饮部汇报。

（9）管事部负责对各种餐饮物资、用品的质量进行监督，对不符合质量要求的要及时向餐饮部汇报。

（10）管事部负责下属所有员工的工作调配和人员培训。

2. 布草管理

（1）餐厅用布草应备有记录，要有专人管理，对餐厅每日布草的使用情况及周转数量做详细的记录。

（2）为防止餐厅布草流失，将多余的布草保存好，需要时按所需数量领取。

（3）管事部负责各种布草物件的清洗工作，将清洗好的布草及时清点保管好，由专人保管，存放在干燥、卫生的地方。

（4）合理使用各种布草，注意轮换使用、专布专用，尽可能减少破损，防止久放发脆、发霉和虫蛀。

（5）管事部负责各种布草的定期盘点，确保餐厅各种布草的数目准确。

（二）设备的使用和保养

（1）管事部设专人负责各种设备的使用和保养，尽可能延长设备的使用寿命，对各种设备的使用情况作详细的记录和汇报。

（2）管事部负责制订各种设备的使用和保养计划，对各种设备的使用作详细说明，指导和监督使用。

（3）管事部负责定期检查各种设备的使用情况和计划落实情况。

（4）管事部负责各种设备的配置和安放，尽可能避免因设备的经常性移动而造成设备损坏。

（5）管事部负责选配维修保管人员，并与设备供应商保持联系。

（6）建立各种设备使用档案，将设备使用情况、位置、维修情况和日期、维修费用等信息记录在档案中，为设备申购提供依据。

（三）卫生管理

1. 洗碗间和餐具库房的卫生

洗碗间和餐具库房是管事部工作人员的作业场所，必须保持清洁卫生。尤其是洗碗间应保持地面干燥无污物、操作台面餐具分类摆放井然有序。

2. 日常卫生

明确日常卫生工作的内容和工作范围，将餐饮场所的铜饰物、指示牌、门窗进行清洗抛光；对餐厅的地板、地毯进行拖洗和吸尘；对餐厅的餐车、通道及墙面进行清洗；对厨房炉头、案台、橱柜、水槽、菜梯等进行清洗，等等。

3. 计划卫生

管事部必须制订除日常卫生打扫以外的卫生工作计划，即对餐饮经营区域的卫生打扫工作制订定期卫生计划。如定期清洁餐厅的玻璃墙门；定期清洁空调出风口；定期清洁餐厅灯饰、风帘机、防尘网等；定期清洁厨房油烟罩、油烟管；定期清洁洗碗机、疏通下水道，等等。

4. 垃圾的处理

垃圾分为干垃圾和湿垃圾两种。干垃圾主要指玻璃、瓶罐、纸张、食品下脚料以及各种混合垃圾等。湿垃圾主要指食用油、油脂、废水和洗涤污水等。可以回收的垃圾可出售，对于不可回收的垃圾，其处理方法为：一是将干垃圾存放在规定的垃圾房，再交城市环保部门处理。有些酒店为了减少垃圾处理成本，通过减少垃圾体积和重量的方法进行半垃圾处理。二是将湿垃圾集中在专用的垃圾桶中，经过滤油器等处理后进入下水道，并加强对下水道的检查，定期清洗和疏通。

三、管事部与其他部门的关系

（一）管事部与采购部门的关系

管事部的重要职能之一是为餐饮部门提供各种器具、用品和设备，这些物资都要由采购部门完成。要确保各种物资、设备采购得合理准确，必须做好与采购部门的协调工作。从管事部方面来说，要保证做好以下几个方面的工作：

（1）应提供采购规格书，将需要采购的物资、设备等的规格、性能、品牌、质地及颜色等作具体说明，必要时附上各种餐具、器具、布草、设备、卫生用品等的样品和图片，确保采购的物资正确无误。

（2）应认真做好各种餐具、器具、物品和设备的使用调查工作，做到善于分析掌握情况，对餐具物品等的使用量和库存量有明确的数字概念，并合理地确定各种餐具物品的采购周期和最低库存量，使采购工作有计划地进行，同时降低采购成本。

（3）必须做好采购餐具物品的检查工作，认真验收各种餐具物品的数量、规格、品牌和质地等是否与采购规格书相符，以保证采购餐具物品的质量。

（二）管事部与宴会部之间的关系

大型宴会活动的物品、餐具等的筹措是管事部的职责之一。因此，在宴会活动确认后，宴会部必须迅速将宴会订单送到管事部。管事部经理接到任务后，应及时参加宴会部经理主持的一周客情报告会，及时沟通宴会信息，掌握宴会的规格要求并及时调配人员，安排筹措各种物品餐具，确保在宴会开始前，准确按宴会订单的要求，做好各项准备。在宴会进行过程中以及宴会结束后，保证有足够的人员及时洗净各种餐具和物品，立即清点归库，统计出餐具损耗量。在整个宴会活动中始终与宴会部保持密切的联系，相互配合以保证满足客人的需要，使宴会获得圆满成功。

（三）管事部与餐厅、厨房、酒吧的关系

管事部与餐厅、厨房、酒吧的关系最为密切，彼此的支持和协作影响到餐饮部生产和服务的质量和效率。管事部是餐饮生产服务顺利运转的保证，其工作重心是要确保及时提供餐厅、厨房、酒吧服务和生产所需的餐具物品。为此，管事部必须做好以下几个方面的工作：

（1）管事部必须确保有足够数量的餐具物品的使用和周转，保证餐具物品的清洁卫生。

（2）管事部应注意工作区域的卫生安全，保持工作区域地面的干燥，避免因人员进出而将地面的油污带入餐厅污染餐厅的地毯等。

（3）餐具用品的洗涤工作必须严格按照规定的程序、质量和卫生要求进行操作，尽可能避免失误，以减少餐具物品的损耗量。

（4）属于餐厅保管的金属餐具和贵重物品，洗涤后应及时交专门的管理人员验收，做好记录，以免造成遗失或损失。

（5）培养相互协作的精神，急前台所急，想客人所想，维护餐饮企业的集体荣誉。

本章小结

本章介绍了餐饮生产活动的基本特征、餐饮生产组织机构及人员配置、餐饮生产场所的安排与布局、餐饮生产质量管理、管事部的运行与管理。作为酒店向客人提供食品等产品的生产加工部门，厨房生产对餐饮经营状况的好坏至关重要。餐饮生产管理是对食品加工过程中各活动进行计划、指导、监督、指挥和控制。

复习与思考

一、思考题

1. 餐饮生产活动的基本特征有哪些？

2. 现代酒店大型厨房组织结构与传统大型的厨房组织结构有何本质不同？

3. 餐饮生产场所布局的基本要求有哪些？

4. 餐饮产品的质量具体由哪些方面的因素构成？

5. 饮品生产质量控制主要分哪几个阶段？

6. 管事部的工作职责主要有哪些？

二、练习题

1. 单选题

（1）下列选项中属于烹调作业区域的是（　）。

A. 冷菜间　　B. 餐具储藏间　　C. 餐具清洗间　　D. 备餐间

（2）负责菜肴、点心等烹饪加工任务的是酒店的（　）。

A. 管事部　　B. 厨务部　　C. 宴会服务部　　D. 后勤部

（3）食用消费心理揭示，人们最不能容忍的不满意来自（　）。

A. 视觉的感受　　B. 嗅觉的感受　　C. 触觉的感受　　D. 味觉的感受

（4）“标准食谱”规范了许多标准，但不属于标准食谱规范内容的是（　）。

A. 标准配料量　　B. 标准成本　　C. 标准烹调程序　D. 标准食用方法

（5）适用于设备较多、人员较少、产品较集中的厨房布局方式是（　）。

A. 直线形　　B. U 形　　C. 相背形　　D. L 形

（6）热汤出品及食用的温度应至少在（　）。

A. 60℃以上　　B. 70℃以上　　C. 80℃以上　　D. 90℃以上

2. 判断题

（1）构成餐饮成本的最主要部分是固定成本。（　）

（2）在“切配中心”机制下，食品原料的粗加工和切配工作由各分厨房完成。（　）

（3）一般而言，餐饮后台面积与餐饮前台面积相当。（　）

（4）完整的餐饮产品的质量概念是由产品的设计质量、加工质量和服务质量三方面组成的。（　）

（5）西方国家的烈性酒，大多以700毫升作为标准包装单位。（　）

（6）按国际惯例，餐厅的日常清洁卫生工作是由餐饮管事部承担。（　）

第十一章 酒店餐饮产品销售管理

学习意义 虽然中国人有“酒香不怕巷子深”的说法，但现代社会的发展速度和现实情况又告诉我们，酒香还需穷吆喝。学习本章内容是为了使学习者了解掌握餐饮销售的基本原理、基本方法，将自己生产的产品顺利、体面地推销出去。

内容概述 本章介绍了餐饮产品销售计划的制订、餐饮产品价格制定、餐饮营业场所销售决策、餐饮销售控制等内容。

学习目标

知识目标

1 了解并熟悉餐饮产品销售计划、餐饮产品价格的制定过程。

能力目标

1 学会餐饮营业场所的销售决策方法。

2 掌握进行餐饮销售控制的基本方法。

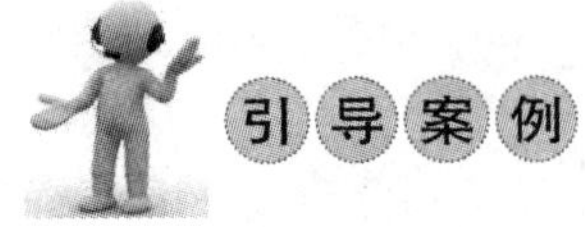

一元钱吃一斤基围虾

20 世纪 90 年代中期，华东某省会城市某新开业的俱乐部推出了“一元钱吃一斤基围虾”的开业宣传、促销活动，活动的第一天 50 张餐桌全部满座，销售基围虾 300 余斤。前往消费的顾客有各式各样的人，有的顾客点了基围虾也点了其他菜肴，但大多数顾客只要了基围虾。有人说这家俱乐部的老板是傻瓜，也有人说这家俱乐部的经营者精明。负责俱乐部财务工作的经理是这么认为的，推出基围虾特价销售，每斤虾贴 60 元，300 斤是 1.8 万元，等于部分广告开支，我们是用一种常人罕用但印象深刻的方法，做了把大广告。

——资料来源：蒋一飒主编．酒店营销 180 例．东方出版中心，1998.

此例给我们如下一些启发：第一，营销策划要有创意；第二，经营销售要有度量；第三，估量客人要有信心。

第一节　餐饮产品销售计划制订

同其他产品一样，餐饮产品的销售同样需要计划进行指导。因为餐饮的采购、制作、销售服务之间的时间间隔极其短暂，需要餐饮管理人员精心筹划，尽可能做到采购多少、生产多少、销售多少。

一、餐饮产品销售统计——餐饮产品销售预测的基础

销售统计是以书面形式记录餐厅菜肴等产品的销售份数。销售统计的复杂程度

取决于餐厅经营品种的数量、信息的详细程度以及信息的用途等。

（一）原始记录

有关消费者订菜的数量记录基本上来自餐饮第一线的餐饮销售人员——餐厅服务员。餐厅服务员在接受就餐者点菜的时候，将客人点菜的有关信息（菜名、价格、分量、台号、人数等）记录在“点菜单”上（Captain's Order）。点菜单所记录的信息必须完整、清楚、准确。这些信息通常可以从以下途径获取。

1. 收银员的手工即时统计

餐厅收银员在接受服务员传递的点菜单、开具用餐账单的同时，应做好各种菜肴的销售数量记录。这种信息可以记录在预先准备好的菜肴销售记录卡上（表11-1）。

这种方法的特点是：信息收集及时，无须专门人员在数据累计后再作专门统计，不需要增加额外的人工费用。但要求收银员必须仔细、完整地做好记录。随着电脑的普及，这种用手工进行统计的方法正在逐步退出舞台。

表11-1　××餐厅产品销售记录卡

日期：2008.02.10	星期：日		餐别：晚	天气：多云
菜肴名称	销售份数	总　数	单价（元）	销售额（元）
海蜇皮蛋	正正正正一	21	16.00	336.00
翡翠炒虾球	正正正正正正	30	28.00	840.00
生炒乳鸽松	正正正正𠃋	24	30.00	720.00
椒盐焗肉排	正正正一	16	18.00	288.00
总　计		91 份		￥2184.00
客人数	正正正正正正正 正正正𠃋	54 人		

2. 收餐后的事后统计

有些餐厅的收银员当班时业务量大，工作过忙，来不及做统计工作。可以在每餐结束后将点菜单连同账单交给财务部，统计方法如前。但这种形式较费时间。

3. 电脑统计

目前，电脑已经进入酒店业务管理的各个方面。利用电脑进行餐饮销售统计工作，需要电脑本身具有相应的业务管理软件。其特点是快捷、及时。

（二）信息的汇总及使用

餐饮有关管理人员在获取餐饮销售统计数据之后，可以选用不同的方式将这些数据汇总。常见的汇总方法如下：

1. 按经营日期汇总

所谓按经营日期汇总，就是将每日的销售统计数据按日历日期排好，每周或每月列在一张纸上予以汇总。此种汇总方法的作用如下：

（1）反映菜肴总销售趋势及各菜肴销售趋势，可以预计次日、下周和下月的菜肴销量，便于做好生产计划与安排。

（2）通过销售数量的统计，了解各菜的受欢迎程度，便于及时对菜单进行分析和调整。这种按经营日期汇总的方法，如表 11–2 所示。

表11–2　××餐厅按经营日期统计汇总的销售数据

日　期	1	2	3	4	5	6	7	8	9	10	11	12	13	14	15
星　期	一	二	三	四	五	六	日	一	二	三	四	五	六	日	
品　名															
海蜇皮蛋	21	18	26	18	27	20	18	22	20	27	20	26	18	19	
翡翠炒虾球	43	39	50	29	36	31	28	41	27	52	27	34	28	27	
生炒乳鸽松	34	40	51	35	41	29	25	35	38	49	33	42	29	24	
椒盐焗肉排	30	35	40	21	37	25	19	32	37	38	20	38	26	18	
总数（份）	128	132	167	103	141	105	90	130	132	166	100	140	101	88	
客人数	90	93	117	72	99	74	63	91	92	116	70	98	71	62	

2. 按星期几的形式汇总

按每星期中的各天分别统计销售数据。将数据按星期一、星期二……星期日分别汇总。

这种销售统计方法能反映出一星期中每天客流量的变化情况及各天的销售规模及规律，了解一星期中每天各类菜的销售份数，便于计划一星期中每天各菜的销售与生产数量及相应的人员配备，如表 11–3 所示。

表11–3 ××餐厅按星期几的形式汇总销售数据

星 期	一						二						
日 期	1	8	15	22	29	小计	2	9	16	23	30	小计	…
品 名													
海蜇皮蛋	21	23	20	19	21	104	18	16	21	20	21	96	
翡翠炒虾球	43	39	42	45	40	209	41	39	38	45	46	209	…
生炒乳鸽松	34	33	30	32	33	162	33	31	39	40	28	171	
椒盐焗肉排	30	29	31	35	31	156	29	28	35	36	37	165	
菜肴总份数	128	124	123	131	125	631	121	114	133	141	132	641	…
客人总数	90	87	87	92	88	444	85	80	93	99	92	449	…
销售额（元）	3100	2972	2954	3154	3004	15184	2948	2782	3200	3428	3130	15488	…
平均消费额（元）	34.44	34.16	33.95	34.28	34.14	34.20	34.68	34.78	34.41	34.63	34.02	34.49	…

3. 按销售时段汇总

许多餐厅对各时段的销售额和客人数进行汇总统计，对于快餐厅、咖啡厅和酒吧而言，这种统计汇总更为重要，因为这些经营场所营业时间长，在清淡和高峰时段的需求量波动大。掌握各时段的销售数据能帮助餐饮管理人员做好生产时间的安排及不同生产时间生产数量的计划，帮助管理人员确定员工工作的班次和员工人数的安排。同时该信息还能显示出餐厅营业的清淡时段，以便计划清淡时段的推销活动、计划餐厅最合适的营业时间。

表 11–4 为某咖啡厅在 12:00 到 24:00 的经营时间内对销售额和客人数的统计数据。

4. 按各菜销售数的百分比汇总

不少餐厅除了统计各菜肴的销售份数外，还统计各菜肴的销售百分比。进行这种统计往往不能只取一天的数值，因为一天的数值有许多偶然因素，很难反映出规律性，要取一段较长时间的数据。图 11–5 是上述餐厅累计的有关菜肴销售百分比数据。

表11–4　××餐厅有关时段销售数据统计

时　段	客人数（次）	销售额（元）
12:00 ~ 13:00	16	800
13:00 ~ 14:00	45	2350
14:00 ~ 15:00	45	2150
15:00 ~ 16:00	26	1350
16:00 ~ 17:00	3	160
17:00 ~ 18:00	4	210
18:00 ~ 19:00	23	1150
19:00 ~ 20:00	39	2005
20:00 ~ 21:00	48	2410
21:00 ~ 22:00	49	2500
22:00 ~ 23:00	36	1810
23:00 ~ 24:00	24	1200
总　计	358（人次）	18095.00（元）

表11–5　××餐厅有关菜肴销售百分比统计

品　名	销售份数	占销量的百分比（%）
海蜇皮蛋	1803	28.52
翡翠炒虾球	1952	30.88
生炒乳鸽松	1431	22.64
椒盐焗肉排	1135	17.96
总　数	6321	100

各菜肴销售百分比统计，对于各菜的销售预测和各菜的生产计划具有极大的参考价值。如果销售百分比是较长时间的累积值，则能较客观地反映出各菜的销售和需求规律，在预测未来的菜肴销售总额后，可与此作比较，预测各菜的销售量，并根据销售量做好各菜的销售和生产计划。除此之外，这种信息对分析菜单上各菜的受欢迎度、决定是否继续提供某种菜品有很大意义。

（三）统计时的注意事项

1. 天气状况

在国内不理想的天气，尤其是恶劣的天气一般会导致就餐人数减少，销售额下降（对零点餐厅而言）；但在欧美国家却是雨天或者阴天反而会使酒店的外来就餐人数增加。

2. 特殊日子和特殊活动

重要的节日、假日对餐饮销售量有一定的影响。有些节日使外出就餐人数增加，而有些节假日使某些餐厅的销售量减少。另外，如酒店举办重要活动，像举办展览会、举行会议等，会影响住店客人在餐厅消费。其他像餐厅附近翻修马路、城市建设，甚至对酒店门前实施一定的道路交通管制，都会使销售受到不同程度的影响。

3. 每日的住店客人数及客源结构

对酒店餐厅而言，有必要记载每日的住店客人数及住店客人的客源结构，统计这些住店客人在店内餐厅的就餐比例，这一信息同样可用于餐饮销售预测。

二、餐饮产品的销售预测

预测是利用可得的相关数据来预计未来，是对未来的一种有根据的推测。如果能对未来的销售量作较精确的预测，就能较适当地做好餐饮生产和采购计划，能够正确地安排各种产品的生产份数，避免盲目生产和采购，降低食品饮料变质和丢失的概率，减少浪费。

（一）菜肴销售的总量预测

对菜品销售总量的预测需要应用销售记录的数据。企业若能按星期每天分别统计各种菜品的销售量，进行销售预测就比较容易。假如企业要求预测下周一的销售量，就要先列出上一个月中各星期一全部菜品的销售总数，然后采取一种简单的加权平均法求出预测值。表 11–6 是某酒店在 6 月份各星期一的有关菜肴的销售总数以及加权值。

表11-6　某酒店6月份星期一的菜肴销售统计与预测

星期一	菜肴销售总数	各销售数据的权数	加权值	理论预测值
06.01	128	1	128	
06.08	124	1	124	
06.15	123	2	246	
06.22	131	2	262	
06.29	125	3	375	
合　计	631	9	1135	
07.06	1135 ÷ 9=126			

加权平均预测法是给予以往的销售数据以不同的权数，越晚的数据给予的权数越大，然后将权值相加除以总权数，求出平均值。其计算公式如下：

$$\overline{N}=\frac{Q_1W_1+Q_2W_2+\cdots+Q_nW_n}{W_1+W_2+\cdots+W_n}$$

式中，$\overline{N}$ 为平均值；Q 为销售数据；W 为权数。

表 11–6 中理论预测值的计算如下：

$$(128\times1+124\times1+123\times2+131\times2+125\times3)\div(1+1+2+2+3)=126.11$$

加权平均法是给予新近的数据较大的权数，这样较能反映销售趋势，也能消除由于偶然事件而引起数据变化的影响。尽管如此，按数学公式计算出来的预测值只是理论预测值，实际工作中还要考虑季节、天气等因素，若是酒店餐厅还要考虑客房出租率，是否有会议和团队用餐、宴会预订等因素。用数学方法测得的数据要均衡上述几种情况，再为保证菜品供应加上一定保险值，就可得出菜品销售的预测值。

预测值 = 理论预测值 ± 特殊情况增减值 + 保险值

在上例中，若根据气象预报下周一会下雨但无其他特殊情况，管理人员根据经验，估计下雨大概销售量会减少 50 份，为保证供应，加上理论预测值 10%的保险值，这一天的预测值应为：

$$126\times(1+10\%)-50=89$$

这种预测方法十分简单，也比较实用，适合需要每日制定计划生产量的餐厅使用。

（二）各菜肴的销售份数预测

如果某预测日的菜单与之前可比日的菜单没有大的变化，并且该日没有特殊的餐饮活动，则可使用前述“各菜销售百分比”记录数据来预测各菜品的销售份数。

首先，预测被预测日的全部菜品的销售总数，然后查出根据一段较长时间统计的各菜占总销售数的百分比来进行预测。在上例中，被预测的 7 月 6 日的销售总数，各菜所占的百分比统计值以及各菜的理论预测值如表 11–7 所示。

表11–7　各菜肴的销售份数预测

品　名	占销售总数百分比统计值（%）	预测销售份数
海蜇皮蛋	28.52	25
翡翠炒虾球	30.88	27
生炒乳鸽松	22.64	21
椒盐焗肉排	17.96	16
7 月 6 日预测总数	100	89

显然，只要将该日销售总数预测值乘以各菜占总数的百分比就可以得出各菜销售份数的理论预测值。当然管理人员还应根据该日是否有大的宴会和餐饮活动的计划，对理论预测值进行调整。

上述预测方法以先前的销售统计数据为依据，具有一定的科学性，再加上管理人员对经营情况的判断，因此这种预测方法既简单又具有实用性。但是此方法比较粗糙，在很大程度上要依赖于管理人员的经验判断。

销售预测对于餐饮生产品种和数量的计划、对于人员的安排起着指导作用。厨师长根据销售预测数据计划菜单上每道菜品的生产份数要求采购员采购适量的原料，因此它又是生产与销售管理相互关联的一个重要环节。

三、餐饮产品的生产与销售计划

餐饮产品的生产与销售计划规定了各菜肴计划生产的份数，反映了各菜肴的预测销售数量，为生产制作人员和服务人员规定了生产和服务销售指标。

餐饮产品的生产与销售计划由餐饮部经理或相应的管理人员负责编制，如表 11–8 所示。

表11-8　餐饮产品生产与销售计划表

日期：2010 年 05 月 05 日　　星期三　　餐别：

菜　名	预测数	调整后预测数
海蜇皮蛋	25	27
翡翠炒虾球	27	29
生炒乳鸽松	21	24
椒盐焗肉排	16	19
总　数	89	99

天气状况对餐饮生意的影响

欧洲大部分国家的夏季，阳光贵如金。一旦艳阳高照，城市的居民们便纷纷涌往郊外晒日光浴并就地进行烧烤、野炊，或在附近的户外啤酒园、葡萄园（均为餐馆）用餐，而市中心的饭店只能眼巴巴地看着这些客人被太阳抢走。

在国内，情况也大抵如此。天气好，大家愿意出门消费，用餐的环境一般要胜过家中；天气不好，由于还不能普遍地以车代步，只能放弃外出用餐的打算。

第二节　餐饮产品定价

餐饮产品定价是餐饮销售管理的核心内容。餐饮产品的价格体现了餐饮企业的档次、规格，反映了餐饮企业的市场定位和经营指导思想及经营策略。餐饮产品的价格合理与否，直接影响到企业在社会上的形象和上座率，这些又反过来决定了企业的经营业绩与效益。

一、定价原理

价格是商品价值的货币表现形式。价格的高低受商品所含价值量的大小及市场对其供求关系的制约。

按照马克思的政治经济学理论，价格呈如下结构：

$$W=C+V+M$$

其中，W 为价格，C 为生产资料转移的价值，V 为劳动者的报酬，M 为积累（以税金和利润的形式体现）。

通常我们将餐饮产品的价格结构分解成如下形式：

餐饮产品价格 = 原料成本（含主料、辅料、调料）

+ 费用（食品由原料变为成品过程中的所有支出）+ 税金 + 利润

习惯上，人们又将价格结构中的费用、税金、利润三者之和称为毛利，这样价格结构可以简化整理为：

餐饮产品价格 = 原料成本 + 毛利

（一）以价值为基础，使价格尽可能接近价值

餐饮产品的价格结构中，原料部分的成本占有的比重很大，这固然是商品价值主要部分的货币表现，但它不是商品价值的全部。作为全部商品价值的货币表现的价格，除了原料成本之外，还有生产费用、流通费用、税金和利润。一家企业要持续或扩大再生产，要为国家提供资金积累，在商品售出以后，不仅要使原料成本得到补偿，还要补偿生产费用、流通费用，向国家缴纳税金和取得一定的利润。这样，制定价格时，就要在生产成本等的基础上，加上流通费用、一定的税金和利润，从而形成价格的最高经济界限。

（二）考虑市场供求状况对价格的影响

价格与供求的关系十分密切。在一定条件下，市场价格对商品供求起着调节作用。商品价格的高低会引起商品供应量与需求量的增减；反过来，商品的需求情况也调节着市场价格的高低，引起商品价格的涨落。

（三）使价格符合国家的价格法规与政策，实行合理的商品差价

这些差价在餐饮产品的定价过程中主要表现在三个方面：地区差价；季节差

价；质量差价（企业的档次差价）。

二、定价目标

餐饮定价目标应与企业经营的总体目标相协调，餐饮产品价格的制定必须以定价目标为指导思想。

（一）以企业的经营利润作为定价目标

餐饮定价往往要以经营利润作为目标。管理人员根据利润目标预测经营期内将涉及的经营成本和费用，然后计算出完成利润目标必须完成的收入指标。

要求达到的收入指标 = 目标利润 + 食品饮料的原料成本 + 经营费用 + 营业税

例如，某餐厅要求达到的年利润为 100 万元，根据以前的财务统计，餐饮原料成本占营业收入的 45%左右，营业税占 5%，部门经营费用占 30%，餐饮部分摊的企业管理费占 5%。预计明年这些项目占营业收入的比例相差不大，那么明年餐饮营业的收入指标为：

$$TR=100+45\%\ TR+5\%\ TR+30\%\ TR+5\%\ TR$$

$$TR=100\div(1-45\%-5\%-30\%-5\%)=66667\text{（万元）}$$

式中，TR 为餐厅要求达到的营业收入指标。

决定销售收入的大小有两个关键指标：一是座位周转率，二是客人平均消费额。通过预测餐厅的座位周转率，就能预测出客人的平均消费额指标：

客人平均消费额指标 = 计划期餐饮收入指标

÷（座位数 × 座位周转率 × 每日餐数 × 经营期天数）

如果上述餐厅有 100 个餐座，预计每餐座的周转率为 1.1，每天供应晚餐和午餐，则客人平均消费额指标为：

$$\text{客人平均消费额指标}=66667\div(100\times1.1\times2\times365)$$

$$=83.03\text{（万元）}$$

根据目标利润计算出的客人平均消费额指标，还应与顾客的需求和顾客愿意支付的价格水平相协调。在确定目标客人平均消费额指标后，就可以根据各类菜品占营业收入的百分比来确定各类菜的大概价格范围。

（二）注重销售的定价目标

在有些情况下，管理人员出于经营的需要，在定价时追求增加客源和菜品的销售数量。例如有些餐厅所处的地点过于偏僻，或餐厅的知名度较低，管理人员为吸引客源、增加菜单的吸引力，往往在一段时间内将价格定得低些，使顾客喜欢光顾而使餐厅的知名度提高。有些餐厅在遇到激烈竞争时，为了扩大或保持市场占有率，甚至为了控制市场，也以确定低价来增加客源。这些企业虽然会因低价而生意兴隆，但在短期内可能会得不到应得的利润，甚至不能产生利润。

（三）刺激其他消费的定价目标

有些餐厅为实现企业的总体经营目标，以增加客房或其他产品的客源作为餐饮定价的目标。在我国许多酒店中，餐饮部在定价时往往考虑整个酒店企业的利润，以较低的餐饮价格来吸引会议、旅游团体以及商务客人，以此提高客房出租率，使企业的整体利润提高。

（四）以生存为定价目标

在市场不景气或竞争激烈的情况下，有些餐饮企业为了生存，在定价时只求保本，待市场需求回升或餐厅出名后再提升价格。当餐饮收入与固定成本、变动成本和营业税之和相等时，企业能求得保本。保本点的餐饮收入等于固定成本除以贡献率（1- 变动成本率 - 营业税率）。保本点的客人平均消费额等于固定成本除以贡献率和客人人次之乘积：

保本点客人平均消费额 = 固定成本 ÷［客人人次 ×（1- 变动成本率 - 营业税率）］

例如，某餐厅每月固定成本预计为 300000 元，餐饮变动成本率为 40%，营业税率为 5%。该餐厅有 200 个座位，每天供应午、晚两餐，预计每餐座位周转率能达到 1.5，该餐厅若要保本生存，客人平均消费额要达到：

300000 ÷［200 × 1.5 × 2 × 30 ×（1-40% -5%）］=30.30（元）

三、定价策略

定价对于任何一个企业的经营来说都是十分重要的。企业如果没有价格依据，当顾客质疑某一价格时，管理人员就难以做出合理解释。这样，不仅会浪费管理者的时间，同时也会使企业在顾客中失去信誉。有确定的价格可使企业通过管制价格实现企业的经营目标。这样，企业的价格不会被动地受市场竞争或市场潮流所牵制，而能主动地以确定的价格去迎战竞争者。

价格表现在许多方面，如价格水平的高低、价格的灵活度、价格的优惠等。确定的价格可防止机械地跟风竞争者价格，或采用只计算成本、费用加利润的定价方法，而使管理人员能有效地控制价格。

（一）公开牌价

公开牌价（List Price）是印在菜单上或贴在招牌价目表上的公开销售价格。一些企业采用相对不变的公开牌价，也有些企业没有固定的公开牌价。相对不变的公开牌价是在一段期间内保持不变的公开销售价。企业对一般顾客按其基本价销售，但可根据不同的场合或不同的推销需要进行加价或折扣。相对不变的公开牌价对管理提供方便，为销售提供准则，也可以减少与顾客的矛盾。所以大多数餐饮企业都采用公开牌价。有些餐厅没有固定菜单，它们根据市场供应的品种，即时编制菜单，价格随原料市场价格的变动而变动，因而不采用固定公开牌价。大多数餐厅对一般菜品采用固定公开牌价，但对随市场供应而附加的时令菜及根据顾客特殊需要而开设的套菜不列公开牌价。有的特殊套餐，如宴会、团体餐、会议餐还可以与客户一起商定价格。

公开牌价上一般标明确切的最终价格。有些企业为了迎合某些顾客追求优惠的心理，在公开牌价上标明价格已经打了一定折扣，如表 11–9 所示。

表11–9　酬宾优惠价目表

	原　价	优惠价
三人和菜	50 元	30 元
五人套菜	70 元	50 元

由于许多顾客不了解产品真正值多少钱，他们只关心价格折扣的大小，看到优惠价就会来购买，实际上有时这些优惠价往往还高于竞争者价格。对于这种假优惠牌价有许多争执和不同看法，特别对高档餐厅来说，它会有损企业的形象。

（二）价格水平

价格水平可从客人的平均消费额总结出来。如前所述，客人平均消费额的高低受定价目标的制约。在追求目标利润、注重销售、刺激消费和求生存的定价目标指引下，企业会确定不同的价格水平。同时，企业还要根据本餐厅的产品质量和竞争状况决定其价格水平是高于、接近于，还是低于竞争者。

在完全竞争的环境中，企业确定的价格高于或低于市场价都是不明智的。竞争局势越激烈，企业对价格的控制程度越小，价格越接近竞争者。企业需要争夺市场、扩大市场占有率时，往往愿意推行低于竞争者的价格。企业需要突出产品质量、树立高档餐厅的形象时，又往往将价格水平定得高于竞争者。

（三）价格灵活度

餐饮管理的另一种价格策略是价格的灵活度策略。灵活度究竟该多大？餐厅应该采用固定价格还是灵活价格？这些都是定价时需要考虑的问题。

1. 固定价格

固定价格是在相同销售条件下，对一定数量的产品采取相同的销售价格。

我国很多餐饮店采用固定价格政策。在一般情况下，价格不予商量或讨价还价。在酒店中，由于餐饮产品涉及变动成本大，收入的增加对边际成本的增长作用很大，因而餐饮产品价格调节余地小，其价格通常比客房价格固定性大。采取固定价格定价比较容易，管理比较方便，并容易建立良好的企业信誉。但要注意固定价格不能定得过死。过死的固定价格等于给竞争者通报价格，而且不易适应外界市场需求和竞争局势的变化。

2. 灵活价格

灵活价格是以相同产品、相同数量在对不同顾客和不同场合时采取不同的价格。对不同顾客所采取的价格是高是低，取决于顾客价格的协商能力以及企业与客户的关系。灵活价格在小型，特别是个体经营的餐馆中运用较多；在产品尚未标准化、菜单尚未固定下来时运用较多；有时餐厅为招徕顾客，会答应顾客要求的折扣。在大型餐厅中有时为招徕大型宴会、团体用餐，管理人员会与客户协商价格。有些酒店对长住户或常客户的用餐可根据要求给予特殊价格。

灵活价格的优点是：可以根据竞争状况和顾客需求调节价格，不会为价格高而失去客源。精明的管理人员会对愿意支付高价的顾客收取高价，而对不愿支付高价的顾客收取较低的价格。灵活价格的缺点是：当顾客发现其他顾客比他支付的价格低时会产生不满情绪，或促使更多的顾客前来协商价格，最终会给企业销售增加困难并使企业失去良好的信誉。

（四）新产品价格

对新开张的餐厅或新开发的菜系、菜品，往往要决定是采取市场暴利价格、市场渗透价格还是短期优惠价格。

1. 市场暴利价格

当餐厅开发出新产品时，将价格定得高一些，以获取更多的利润。当别的餐厅也推出同样的产品而顾客开始拒绝高价时再降价。市场暴利价格往往在经历一段时间后要逐步降价，它通常运用于企业开发新产品投资量大、产品独特性强、竞争者难以模仿、产品的目标顾客对价格敏感度小的场合。采取这种价格能在短期内获取尽可能多的利润，尽快收回投资成本。但是，由于这种价格能使企业获得暴利，因而会很快吸引竞争者，会很快产生激烈的竞争，从而导致价格下降。

2. 市场渗透价格

这一价格是自新产品开发时就将产品价格定得低一些的。目的是使新产品迅速地被消费者接受，企业能迅速打开和扩大市场，尽早在市场上取得领先地位。企业由于获利低而能有效地防止竞争者挤入市场，使自己长期占领市场。市场渗透政策用于产品竞争性大且容易模仿而目标顾客需求的价格弹性大的新产品。

3. 短期优惠价格

许多餐厅在新开张期内或开发新产品时，暂时降低价格使餐厅或新产品迅速投入市场，为顾客所了解。短期优惠价格与上述市场渗透价格不同，它是在产品的引进阶段完成后就提高价格。

（五）价格折扣和优惠

运用价格折扣是餐饮推销的一种重要手段。对公开牌价打一定折扣的优惠在餐饮行业运用甚广。

1. 团体用餐优惠

为促进销售，餐饮企业常常对大批量就餐的客人进行价格折扣。比如会议就餐、旅游团队就餐等，其价格往往比较优惠。会议和团队就餐通常以每人包价收费，在这个包价中提供各色菜肴。

例如，某酒店根据会议的档次，确定三个等级的价格，如表 11–10 所示。

表11–10 某酒店的等级价格（元）

	每人每天包价	早 餐	午 餐	晚 餐
经济菜会议餐	30	4	12	14
标准菜会议餐	40	6	16	18
特别菜会议餐	50	10	18	22

某酒店根据旅游团队的档次和人数确定价格，如表 11–11 所示。

表11–11 某酒店旅游团队用餐价格（元）

<table>
<tr><td rowspan="5">旅行团队用餐价格</td><td colspan="5">标准菜</td><td colspan="4">特别菜</td></tr>
<tr><td></td><td>每人每天价格</td><td>早餐</td><td>午餐</td><td>晚餐</td><td>每人每天价格</td><td>早餐</td><td>午餐</td><td>晚餐</td></tr>
<tr><td>10 人以上团队</td><td>70</td><td>14</td><td>28</td><td>28</td><td>100</td><td>20</td><td>40</td><td>40</td></tr>
<tr><td>2 ~ 9 人团队</td><td>80</td><td>16</td><td>32</td><td>32</td><td>128</td><td>28</td><td>50</td><td>50</td></tr>
<tr><td>个 人</td><td>100</td><td>20</td><td>40</td><td>40</td><td>148</td><td>38</td><td>55</td><td>55</td></tr>
</table>

2. 累积数量折扣

有的酒店为鼓励长住户和常客户经常在店内就餐，以折扣价格鼓励客人在店内就餐。一般酒店中的长住户，其在店内就餐的需求是一种日常生存性需求，而不是享受性需求，因此他们不愿在餐厅花费很多的金钱和时间。酒店如能提供价格折扣，就能有效地吸引他们在店内就餐。如南京一家酒店就以每天 30 元的折扣包价向长住户提供做工简单、经济实惠的饭菜。一些餐厅为鼓励常客户常来餐厅举办宴会，对常客户的宴会价格进行折扣。折扣率的大小通常取决于客户光顾餐厅的次数。有的餐厅午餐营业时间在 13:00 ~ 14:00 达最高峰，为使客人提前就餐以减少高峰时段的压力和增加总客源，对 12:45 前结账的就餐客人提供价格折扣。

四、定价方法

餐饮产品的定价方法同工业产品的定价方法既有相同、相似之处，也有自己本身的特点。这里主要就餐饮产品本身所具有的定价方法进行论述。

（一）声望定价法

声望定价法系指餐饮企业利用本企业在社会上的良好声誉或者本企业的某些著名厨师在社会上的威望和影响而实施的定价法。北京全聚德的烤鸭、上海小绍兴的三黄鸡的售价，显然比同地区其他酒店的同种菜品价格要高，其售价明显是以企业或个人的良好社会形象为基础，这些良好的社会形象又是以企业产品的优良质量和不懈宣传为依托的。因此，企业在利用本身的声誉进行定价的同时，还要注意通过不断的努力来维护、保持良好的形象。

（二）不同时间、季节定价法

不同时间、季节定价是指餐饮企业依据餐饮产品生产原料生长的自然规律，在不同的季节使用不同的烹饪原料来制定不同的产品价格。江南水乡的清水大闸蟹唯有在西北风渐起的金秋十月享用才是最佳的，此时的螃蟹自然是身价百倍了。不同时间、季节定价的另一层含义是指企业可以利用一年中的平时和周末、工作日和节假日之间的差异选用不同的价格；也可以利用一天之中不同营业时段，采用不同的价格，如酒吧可在每日 18:00 之前推出半价销售的“快乐时光”活动。

（三）毛利率定价法

这是一种利用毛利在售价结构中所占比率计算价格的方法。这种方法在餐饮企业中使用最为广泛，餐饮产品的基本价格都是采用这种方法计算出来的。

除书上介绍的方法之外，还有哪些常用的定价方法？

五、毛利率定价法

（一）毛利率的核定

1. 毛利率的基本概念

餐饮产品毛利率的概念严格来讲有两种：

（1）餐饮产品的销售毛利率是产品毛利与产品销售价格之间的比率（产品毛利对应于产品价格而言，也称内扣毛利率）。

（2）餐饮产品的成本毛利率是产品毛利与产品成本之间的比率（产品毛利对应产品成本而言，也称外加毛利率）。

这两种毛利率的概念如使用数学公式可以分别表达如下：

产品销售毛利率（内扣毛利率）= 产品毛利额 ÷ 产品销售价格 × 100%

产品成本毛利率（外加毛利率）= 产品毛利额 ÷ 产品成本 × 100%

毛利率不仅反映着餐饮产品的毛利水平，还直接决定着企业的收入高低，同时关系着消费者的利益。在餐饮产品原料成本费用和相关费用不变的情况下，毛利率越高，销售价格就越高，利润也越高；反之，毛利率越低，销售价格则越低，利润也越低。

因为毛利率有销售毛利率（内扣毛利率）和成本毛利率（外加毛利率）两种方法，所以使用毛利率这个概念时必须说清楚，以免引起误解。在行业中应用时，除了另有说明外，一般指的是销售毛利率（内扣毛利率）。本书在谈到毛利率时，也是指销售毛利率（内扣毛利率）。

2. 毛利率的核定

毛利率的大小是由酒店根据企业的市场定位、经营范围和国家物价部门的有关法规综合平衡之后确定的。在实际工作中，毛利率的类别有三类：一是某个具体的餐饮产品的毛利率，它反映的是某个产品的毛利率水平。二是分类毛利率，它是餐饮企业各经营类别各自的毛利率水平，如按原料分，有海产品菜肴的毛利率、米面制品的毛利率；也可以按经营类别分类，如普通零点菜肴的毛利率、高档宴会的毛利率等。三是综合毛利率，又称平均毛利率，它反映的是整个酒店餐饮产品的毛利率水平。

（1）单个产品毛利率的核定。应根据酒店的经营政策和市场对产品的需求情况，经过核算来确定每个具体餐饮产品的毛利率水平。

（2）分类产品毛利率的核定。它是按某一类经营业务或菜肴、点心的销售价格和毛利来计算的，是餐饮企业制定产品价格的依据。要进行分类毛利率的核定，先要对本企业经营的产品进行分类，下面以生产餐饮产品的原料为出发点进行分类。

①对经营的餐饮产品进行分类

a. 米面制品：主食品（一般米面制品），一般带馅制品，精制点心（油炸、油酥制品，精面、精米制品）等。

b. 菜肴：普通菜肴（操作简单的一般烧、炒菜和冷菜），中档菜肴（用料较好、操作较繁的菜肴），高档菜肴（用料精、制作要求高的菜肴）等。

c. 酒品及其他饮品：普通饮品（汽水、果汁、矿泉水等），普通酒品（啤酒、黄酒、葡萄酒、白酒等），高档酒品（进口酒、国产名酒、鸡尾酒等）等。

②分类产品毛利率核定的原则。粮食主制品（米饭、馒头等）低于其他粮食制品（面条、包子、煎饼、油条等）；素菜低于串荤，串荤低于净荤，净荤低于名菜（但在实际工作中，素菜的毛利率要高于其他菜肴）；操作费工、产值较小的产品毛利率稍高些；耗用原料较贵、精工细作的品种毛利率高于大众化产品；酒席产品的毛利率高于一般菜肴；时菜、名菜、名点的毛利率高于酒席；涉外酒店餐饮产品的毛利率高于非涉外酒店餐饮产品；高星级酒店餐饮产品的毛利率高于低星级酒店餐饮产品等。

（3）综合毛利率的核定。综合毛利率是考核一家酒店餐饮经营方向和经营状况好坏的综合指标。它是按餐饮企业在一定时期内的销售总额和毛利总额来计算的。其公式如下：

$$综合毛利率 = 毛利总额 \div 销售总额 \times 100\%$$

$$（毛利总额 = 销售总额 - 原料成本总额）$$

（4）单位产品毛利率、分类毛利率、综合毛利率三者间的关系。相同类别的单个产品毛利率构成分类毛利率；各经营品种的毛利率（分类毛利率）构成综合毛利率，综合毛利率是企业各经营品种的总反映。表 11–12 反映某酒店餐饮部分类毛利率与综合毛利率的对应关系。

表11–12　某酒店餐饮综合毛利率核算

经营类别	分类毛利率（%）	占餐饮总收入百分比（%）	组成综合毛利率数（%）
经济宴会	50	5	2.5
标准宴会	55	10	5.5
特别宴会	60	5	3
会议用餐	40	10	4
长住客用餐	40	5	2
零点用餐	50	40	20
就餐饮料	40	10	4
酒吧饮料	70	15	10.5
综合毛利率	—	—	51.5

注：综合毛利率 = Σ各类菜肴毛利率 × 各类菜肴占总餐饮收入百分比

（二）餐饮产品价格计算

由于毛利率有内扣毛利率和外加毛利率之分，所以计算餐饮产品价格就有内扣毛利率法和外加毛利率法之分。

1. 内扣毛利率法

简称内扣法，是用餐饮企业规定的某道菜的内扣毛利率和该道菜的原料成本，通过公式来计算这道菜的价格的方法。其计算公式如下：

某菜售价 = 原料成本 ÷（1– 内扣毛利率）

例：清蒸鳜鱼一份的用料规格是：新鲜鳜鱼净料 500 克 24.00 元，笋片、黑木耳等辅料共 2.00 元，调料共 2.00 元，企业确定的该菜的内扣毛利率为 50%，求该菜肴的售价。

解：用上述公式计算：

清蒸鳜鱼的售价 =（24 + 2 + 1）÷（1–50%）= 54.00（元）

答：清蒸鳜鱼的售价为 54 元。

2. 外加毛利率法

简称外加法，是以产品成本为基础，按规定的外加毛利率来计算价格的方法。其计算公式如下：

某菜肴售价 = 产品原料成本 ×（1 + 外加毛利率）

例：仍以上例的已知条件进行计算，该菜的原料成本数额不变，该菜肴的外加毛利率定为 100%。

解：代入计算公式：

清蒸鳜鱼的售价 =（24 + 2 + 1）×（1 + 100%）= 54.00（元）

答：清蒸鳜鱼的售价为 54 元。

上面两种计算方法也说明，当内扣毛利率是 50%时，其对应的外加毛利率恰好是 100%。内扣毛利率与外加毛利率究竟存在怎样的关系呢?

3. 内扣毛利率与外加毛利率的比较与换算

（1）内扣毛利率与外加毛利率的比较。内扣毛利率是以售价为基础的，而外加毛利率则是以原料成本为基础。如果同一售价，同一成本，则外加毛利率的绝对值大于内扣毛利率的绝对值，在这种情况下，用内扣毛利率和外加毛利率分别计算，其毛利额应相等。

内扣毛利率与外加毛利率各有特点。从企业的经营管理和财务管理角度看，用内扣毛利率计算比使用外加毛利率计算方便。因为经营管理活动中的各项指标，如费用率、税金率、利润率，都是以售价为基础计算的，这与内扣毛利率的参照基础一致，便于比较、计算。内扣毛利率与费用率、税金率、利润率的关系可以用下式表示：

内扣毛利率 = 费用率 + 税金率 + 利润率

但如用外加毛利率计算，上式则不能成立，这对分析、检查或编制计划、报表都不方便。

另外，如单从计算售价看，根据外加毛利率计算售价比依靠内扣毛利率计算售价要简单些，因为外加法主要使用加法与乘法，而内扣法则使用减法与除法。厨房的厨师更喜欢用外加法计算菜肴的售价。

（2）内扣毛利率与外加毛利率的换算。

内扣毛利率 = 外加毛利率 ÷（1 + 外加毛利率）

外加毛利率 = 内扣毛利率 ÷（1– 内扣毛利率）

第三节　餐饮营业场所销售决策

餐厅在做销售和经营决策时，要以企业能获得的目标经济效益为前提。这里介绍餐厅营业时间决策、冷清时间价格折扣决策及亏损先导推销决策的方法。

一、餐厅营业时间决策

（一）确定最佳营业时段所需要的数据

餐厅在早上什么时候开业，晚上什么时候停业，要以餐厅获利最大作为决策准则。确定最佳营业时间必须以经营数据作为决策依据。在试开业时要统计下述数据：

（1）各时段销售额。一家进行科学化管理的餐厅需要统计各时段的销售额作为经营决策的一种依据。各时段的销售额数据可用于营业时间决策、清淡时段推销活动决策和人工安排决策。该数据可以由餐厅收银员来收集，也可以用电脑软件统计。

（2）食品饮料成本。从月经营情况表中汇总可得出平均成本。

（3）营业需增加的固定开支。这部分固定费用不包括餐厅固定资产的折旧等，餐厅即使不开业这种费用也已经存在，这种资本是沉入资本。这里仅计算若在清淡时间营业需要增加的（不随销售数量变化而变化的）固定开支。例如增加的人工费（营业需要员工数和每小时的工资），营业需增加的电灯、空调、煤气等能源费及其他费用等。

（4）其他变动费用。除食品饮料成本外，还有些费用会随销售量的增加而增加，如桌布的洗涤费、餐巾纸等，通过实际费用统计，计算变动费用。

（5）营业税。根据上述数据能够算出餐厅营业要求达到的最低销售额。

（二）营业要求的最低销售额求解方式

开业要求的最低销售额 = 开业需增加的固定费用

÷（1– 食品饮料成本率 – 其他变动费用率 – 营业税率）

例如，某餐厅在 21:00 ～ 22:00 期间内开业需增加人工费 120 元，增加其他固定开支 80 元，食品饮料成本率为 35%，其他变动成本率为 10%，营业税率 5%。餐厅开业最低应达到的销售额为：

（120 + 80）÷（1–35% –10% –5%）= 400（元）

如果餐厅在该段时间内得不到 400 元销售额的话，关门比营业更为合适。

（三）延长营业时间的一些其他原因

有些餐厅在早、晚清淡时间内虽然客源少，从经济角度考虑，开业可能不合理，但考虑到下述因素应延长开业时间。

（1）延长营业时间是餐厅或酒店招徕客源的一种推销手段，使酒店及其附属的餐厅树立一种经营时间长、能方便顾客的良好形象。使顾客愿意到酒店住宿或到餐厅就餐。

（2）为正式营业做准备工作。在清早和晚上客源很少时可以做一些营业准备工作。例如叠餐巾、摆台、整理账务，做一些清扫卫生工作。有些企业既要节约费用，又要为顾客留下关门晚的好印象，而在正式停业前作停业准备和打扫。但是这些工作不能给顾客留下可见的迹象，要在后台准备结业，在餐厅前台打扫等于催促客人，会引起客人反感。并且，如果餐厅 22:00 关门，21:45 在餐厅里打扫卫生，顾客会很快得出结论：该餐厅 21:45 关门，这样会造成 21:30 就没有顾客光顾了。

（3）延长营业时间是应对竞争的一种措施。有许多餐厅为战胜竞争者，即使赔钱，营业时间也要比竞争者更长或与他们一样长，以此争夺客源。

（4）新餐厅早开业、晚停业可增加它的可见度，提高企业的知名度。

（5）有的咖啡厅或快餐厅在 14:00 ～ 18:00 之间生意冷清，也许达不到最低营业的销售额，但关门不方便，在这段时间搞一些推销活动可以增加些客源，餐厅就可能会达到最低营业销售额。但是这种促销活动一定要有时间限制，促销时间过早或过晚都会影响盈利。

二、冷清时间价格折扣决策

根据价格的需求弹性理论，通常降低价格会提高销售量。许多企业为了提高座位周转率，在生意冷淡的时间推行价格折扣。在做价格折扣决策，必须研究价格折扣对盈利的影响。

（一）短期价格折扣法

有的餐厅在生意冷清时段推出“快乐时光”（Happy Hour）的推销活动，例如推销鸡尾酒时采取“买一送一”的优惠，或者以发展就餐俱乐部的形式对会员推出“一份价格买两份”的政策。这种折扣政策是否有效，必须对降价前后的毛利进行比较，通过比较可算出降价后的销售量达到折价前的多少倍，以此评判这项折扣决策是否合理。

折价后销售量需达到折价前的倍数＝折价前每份菜品（饮料）的毛利额
÷折价后每份菜品（饮料）的毛利额

例如，某酒店的酒吧考虑在生意冷清的时段利用“快乐时光”推出“买一送一”的鸡尾酒推销活动。鸡尾酒每杯原价为18.00元，饮料成本率是25%，降价后销售量应该是降价前的倍数为：

（18.00元－18.00元×25%）÷（18.00元×50%－18.00元×25%）＝3倍

如果折价后的销售量超过折价前的3倍，也就是增加200%以上的话，这项推销政策是有效的。

（二）长期价格折扣法

在有限的时间内作推销，对增加销售量的计算只需要考虑毛利率。但在较长的经营时间内作推销，还要考虑固定成本、企业获得的利润以及平均降价率。例如某餐厅在每周一到周五15:00～18:00的“快乐时光”中推行“买一送一”的折价活动，这项推销虽然在该段时间内折价 50%，但对于整个经营时间来说，平均折扣率不是 50% 而是 20%。这项推销政策是否有效取决于折价后的销售额能否达到下述水平：

折价后需达到的销售额 =（企业要求获得的利润额 + 固定成本）

÷｛1-［折价前变动成本率 ÷（1- 拟定的折价率）］｝

例如，某餐厅准备在周一到周五 15:00 ~ 18:00 进行“买一送一”的推销活动。餐厅每月的固定成本额是 20 万元，餐厅要求获得月利润为 10 万元，折价前的变动成本率是 60%，由于每周只有 5 天折价，每天只有 3 小时折价，所以平均折扣率只有 20% 左右。在折价前企业要完成 10 万元的利润，需达到的月销售额为：

折价前要求达到的销售额 =（100000+200000）÷（1-60%）= 750000（元）

若要获得同样的利润，折价后需达到的月销售额为：

折价后需达到的销售额 =（100000+200000）

÷｛1-［60% ÷（1-20%）］｝= 1200000（元）

外出就餐享用的往往是一种享受性产品，而不是一般的必需品，故价格下降通常会引起销售量的增加，但并不是每项折价政策都能获得经济效果。管理人员必须详细记录折价前后的就餐人数和销售额等数据，比较实际销售额能否达到上述应达到的水平。如果不能达到，就应立即采取措施改进或取消这项推销活动。

三、亏损先导推销决策

亏损先导（Loss Leader）产品，是企业经过选择将那些价格定得很低的、用来作诱饵吸引客人光顾餐厅的产品。

（一）次级推销效应

分析亏损先导产品折价推销的效果，不能只分析这一产品折价前后的盈利性，还必须分析它们的“次级推销效应”（Secondary Sales Effect）。

“次级推销效应”就是某产品的推销对其他产品的销售带来的影响。顾客利用诱饵产品折价的机会进入餐厅时，通常还会购买其他产品。餐饮产品之间具有互补性，一种产品的销售往往会刺激另一种产品的销售。例如西餐主菜菜品的折价，会增加葡萄酒、开胃品、甜品的销售量。前面提到“快乐时光”或就餐俱乐部的饮料折价政策，还会使餐厅的顾客增加并使其他产品的销售额增加。

假如某餐厅为增加客源，向前来就餐的客人免费提供一杯葡萄酒。这项推销活动会使餐厅的食品收入提高，预计它对餐厅会产生下述影响：其一，由于免费推销葡萄酒，这部分葡萄酒的销售不产生收入。其二，预计客人会增加一倍，从原先的200位客人增至400位。每位客人的平均消费额为55元，则销售额将从11000元增加到22000元。其三，由于客人增加一倍，所用饮料的成本总额也增加一倍，即从800元增至1600元。食品成本总额也增加一倍，即从4070元增至8140元。其四，服务人数需增加，人工费增加400元。这项推销活动对餐厅的收入和利润产生的总体影响如表11–13所示。

表11–13　葡萄酒推销的次级推销效应

	食　品		饮　料		总　计	
	推销前	推销后	推销前	推销后	推销前	推销后
销售额	200位客人，平均消费额55元，共得销售额11000元	400位客人，平均消费额55元，共得销售额22000元	2000元	0元	13000元	22000元
变动成本（指食品饮料成本）	成本率37%，成本额4070元	成本率37%，成本额8140元	成本率40%，成本额800元	成本额1600元	4870元	9740元
毛　利	6930元	13860元	1200元	–1600元	8130元	12260元
工资费用	—	—	—	—	2500元	2900元
净收益	—	—	—	—	5630元	9360元

综上所述，一个产品的推销对其他产品销售所产生的影响（收益），必须减去本产品损失的利益，它的净收益可用下面的公式来表示：

净收益＝其他产品增加的客人数×客人平均消费额×（1–其他产品变动成本率）

–增加的人工费及其他费用–亏损先导损失的收入–亏损先导增加的成本

以表 11–13 的数据计算，葡萄酒推销所增加的净收益如下：

（400–200）×55×（1–37%）–（2900–2500）–2000–（2000×40%）=3730（元）

从上例可见，亏损先导的推销虽然减少了饮料收入，但使餐饮纯收益增加 3730 元。进行亏损先导推销必须做好销售预测和可行性研究，有可能的话先做试推销。

（二）做“亏损先导推销”活动时需收集的数据

在推销过程中要注意收集信息，避免事过境迁，无法弥补。在作亏损先导推销时要收集下列数据：

（1）亏损先导的推销给其他产品增加的顾客数和销售额。

（2）亏损先导推销所增加的成本（包括亏损先导增加的成本及其他产品所增加的成本）。

（3）亏损先导推销所损失的收入。

（4）推出亏损先导销售所增加的其他费用（如人工费、燃料费等）。

（5）计算亏损先导推销所获得的净收益。

第四节　餐饮销售控制

餐饮销售控制是从控制的角度保证餐饮产品最终转化为餐饮商品的过程。这一过程的圆满实现，需要餐饮经营管理人员建立一个完整的餐饮销售控制体系，这个体系包括对点菜单的控制、对出菜检查过程的控制、对收银员的控制、对酒吧销售的控制以及相应的销售控制指标与销售报表的建立与考核。

一、餐饮销售控制的意义

餐饮销售控制的目的是要保证厨房生产的菜品和餐厅向客人提供的菜品都能产

生收入。成本控制固然重要，但销售的产品若不能得到预期的收入，则成本控制的效率就不能实现。假如餐厅售出金额为1000元的食品，耗用原料的价值为350元，则食品成本率为35%。如果餐厅销售控制不好，只得到900元的收入，则成本率会提高至38.9%，这样毛利额就减少100元，成本率就提高了3.9%。由此可见，对销售过程要严格控制。如果缺乏这个控制环节，就可能出现内外勾结、钻制度空子而导致企业利润流失等问题。销售控制不力通常有以下表现：

（1）私吞现款。对客人订的食品和饮料不记账单，将向客人收取的现金全部私吞。

（2）少计品种。对客人订的食品和饮料少计品种或数量，而向客人收取全部价款，二者的差额装入自己腰包。

（3）不收费或少收费。服务员对前来就餐的亲朋好友不记账、不收费，或者少记账少收费，使餐厅蒙受损失。

（4）重复收款。对一位客人订的菜不记账单，用另一位客人的账单重复向两位客人收款，私吞一位客人的款额。在营业高峰期往往容易出现这种投机取巧的现象。

（5）偷窃现金。收银员（或服务员）将现金柜的现金拿走并抽走账单，使账、钱核对时查不出短缺。

（6）欺骗顾客。在酒吧中，将烈性酒冲淡或售给顾客的酒水分量不足，将每瓶酒超量的收入私吞。

二、出菜检查员控制

具有一定规模的餐厅需要在厨房中设置一名出菜检查员。在西方国家的酒店，出菜检查工作通常由厨师长亲自兼任，国内酒店也应提倡由厨师长来担当此职。出菜检查员必须熟悉餐厅的菜品品种与价格，要了解各种菜的质量标准。他的岗位设在厨房通向餐厅的出口处。出菜检查员是食品生产和餐厅服务之间的协调员，是厨房生产的控制员。他的职责是：

（1）保证每张订菜单上的菜都得到及时生产，并保证服务员正确取菜和送菜。

（2）保证厨房只根据点菜单副联所列的菜名生产菜品，每份送出厨房的菜都应在点菜单副联上有记载。这样可以防止服务员或厨师无点菜单私自生产并擅自免费把食品送给客人。

（3）有的餐厅要求出菜检查员检查客人账单上填的价格是否正确，防止服务员为某种私利或粗心将价格写错或写低。

（4）大致检查每份生产好的菜品的份额和质量是否符合标准。

（5）注意防止客人账单副联丢失。

三、酒吧销售控制

有些小型酒吧为节省人力，让调酒师兼做服务员，负责为客人订饮料，向客人提供酒水服务，填写销售记录，收取客人交付的现金并让客人在账单上签字。这些工作由一个人承担，往往会因缺乏控制而发生一系列经营问题。因此，管理人员对酒吧销售控制要采取严格的措施。

如果酒吧使用收银机，要求服务员或调酒师将向客人售出的饮料数量和金额输入收银机。如果无收银机，酒吧就应该使用书面账单。使用收银机的酒吧，服务员收到现金应立即输入收银机并打出账单给顾客，这样如果现金不对，顾客会及时发现。在单纯使用账单的酒吧，调酒师调制的向客人服务的酒水要记载在账单上，以便于每日审查收入。大型企业中的酒吧有专职收银员，舞弊较困难。

客房小吧是为方便客人使用饮料而设置。为加强对客房小吧酒水销售的控制，在小冰箱上要设小吧的饮料订单，小吧内配备的饮料应有规定的品种和数量，客人饮用后，应填写在饮料订单上。每日由客房服务员检查小吧的饮料消耗数并补充至额定量，服务员还要检查客人是否填写饮料单，如没有写，应帮助填写并请客人签字。在客人退房结账时，客房部要及时将客人的饮料账单转至前厅部。

四、餐饮销售指标控制

餐饮销售额是指餐饮产品和服务的销售总价值。餐饮销售额的表现形式可以是现金，也可以是保证未来支付的现金值，例如支票、信用卡等。影响餐饮销售额高低的主要有以下一些控制指标。

（一）平均消费额

管理人员一般十分重视平均消费额。平均消费额是指平均每位客人每餐支付的费用。这个数据之所以重要，是因为它能反映菜单的销售效果，反映餐饮销售工作的成绩，能帮助管理人员了解菜单的定价是否过高或过低，了解服务员和销售员是否努力推销高价菜、宴会菜和饮料。通常，餐厅要求每天都分别计算食品的平均消费额和饮料的平均消费额，其计算方法是：平均消费额 = 餐饮总销售额 ÷ 就餐客人总数。

管理人员应经常注意平均消费额的高低，如果连续一段时间内平均消费额都过低，就必须检查食品饮料的生产、服务、推销或定价是否有问题。

（二）每餐座销售额

每餐座销售额是以平均每个餐座产生的销售金额来表示。平均每餐座销售额是由总销售额除以座位数而得。

每餐座销售额 = 餐饮总销售额 ÷ 餐座数

每座位销售额这一数据可用于比较相同档次、不同酒店经营好坏的程度。如 A 餐厅的年销售额为 458 万元，具有餐座 200 座；而 B 餐厅的年销售额为 250 万元，具有餐座 100 座；A 餐厅的每餐座年销售额为 22900 元，而 B 餐厅的每餐座年销售额为 25000 元，可见 B 餐厅的经营效益要好一些。

每餐座销售额也常用于评估和预测酒吧的销售情况。在酒吧中，一位客人也许喝一杯饮料匆匆而去，也许整个下午在那里商谈公务，要订十几次饮料。这样难以统计座位周转率和平均消费额，所以往往用每餐座销售额来统计一段时间的销售状况。

（三）平均每餐位服务的客人数

平均每餐位服务的客人数也常常被称作座位周转率，它以一段时间的就餐人数除以座位数而得。

座位周转率 = 某段时间的就餐人数 ÷（座位数 × 每天开餐次数 × 企业经营天数）

如果A餐厅的就餐人数为24万，而B餐厅的就餐人数为11万，这两个餐厅每天都供应两餐，则这两家餐厅的年座位周转率分别为：

A餐厅座位周转率 =240000 ÷（200 × 2 × 365）=1.64（次）

B餐厅座位周转率 =110000 ÷（100 × 2 × 365）=1.5（次）

餐厅早、午、晚餐客源的特点不同，座位周转率往往分餐统计。座位周转率反映餐厅吸引客源的能力。上例中，A餐厅吸引客源能力高于B餐厅，但每座位产生的收入却低于B餐厅，说明A餐厅的菜单价格较低或销售低价菜的比例较高。

（四）每位服务员销售量

每位服务员销售量有两种指标：一是以每位服务员服务的顾客人数来表示。这个数据反映服务员的工作效率，为管理人员配备员工、安排工作班次提供基础，也是员工成绩评估的基础。当然，该数据要有一定的时间范围才有意义，因为服务员每天、每餐、每小时服务的客人数是不同的。一位服务员在一天两餐服务中接待的客人总数为120名，该服务员每小时服务20名客人。不同餐别每位服务员能够服务的客人数也不同，一位服务员在早餐能服务的客人数多于晚餐。不同餐厅的服务员能够服务的客人数也不同，高档餐厅的服务员不如快餐厅服务的客人人数多。

每位服务员的销售量也可以用销售额来表示。每位服务员的客人平均消费额是用服务员在某段时间中产生的总销售额除以他服务的客人数而得。例如，某餐厅在月终对服务员工作成绩进行比较时，得到了如表11–14所示的数据。

表11–14　餐厅两服务员的工作成绩比较

	服务员甲	服务员乙
服务客人数（人）	1950	2008
产生销售额（元）	51675	51832
客人平均消费额（元）	26.50	25.81

上述数据明显地反映了服务员乙在服务客人数和产生的销售额方面都超过了服务员甲，说明他在积极主动接待客人方面以及他的工作量都比服务员甲更为出色。但是他服务的客人平均消费额为：

$$51832 \div 2008 = 25.81（元）$$

比服务员甲少 0.7 元：

$$26.5-25.81=0.7（元）$$

说明服务员乙在推销高价菜、劝诱客人追加点菜和点饮料方面不如服务员甲。管理人员可向服务员乙指明努力方向，指出如果他在上述方面努力，则他在提高餐饮销售额方面还有潜力，还能增加销售额的潜力为：

$$0.7 \times 2008=1405.60（元）$$

服务员的销售数据可由收银员对账单的销售数据进行汇总，也可以由餐厅经理对账单存根的销售数据进行汇总而得，现在也可以由电脑自动生成的数据来获得。

（五）时段销售量

某时段（各月份、各天、每天不同的钟点）的销售量数据对于计划人员的配备、餐饮推销和计划餐厅最佳的开始营业和打烊时间是特别重要的。

时段销售量可以两种形式表示：一段时间内所服务的客人数和一段时间内产生的销售额。例如，某咖啡厅 15:00 ~ 18:00 所服务的客人数为 40 位，产生的销售额为 900 元；而在 18:00 ~ 21:00 所服务的人数为 250 位，产生的销售额为 7000 元。很明显，在这两个不同时段应配备不同人数的员工。又如，某餐厅原定于 24:00 停业，但在 22:00 ~ 24:00 期间只产生 60 元的销售额，管理人员经过计算发现这两小时开业时间的费用和成本会超过收入，因此他决定提前停业。

（六）销售额指标

销售额是显示餐厅经营好坏的重要销售指标。一段时间的销售额指标可以通过下式来计算：

一段时间的销售额指标 = 餐厅座位数 × 预计平均每餐座位周转率
× 平均每位客人消费额指标 × 每天供餐数 × 经营天数

由于各餐每位客人的平均消费额相差较大，故销售额的计划往往要分餐进行。

例如，A餐厅计划明年晚餐每位客人的平均消费额指标为30元，晚餐平均座位周转率指标为1.6，A餐厅计划明年晚餐的销售额指标为：

$$30 \times 200 \times 1.6 \times 365=3504000（元）$$

（七）经营、管理、销售、成本等相关餐饮指标汇总

1. 与收入有关的指标

（1）经营期营业收入 = 经营期食品营业收入 + 经营期饮料营业收入 + 服务费 + 经营期其他营业收入（反映的是经营期营业收入水平）

（2）日均营业收入 = 经营期营业总收入 ÷ 经营天数（反映的是日平均营业收入水平）

（3）客均营业收入 = 经营期营业总收入 ÷ 经营期接待客人总数（反映的是就餐者平均消费水平）

（4）餐位平均营业收入 = 经营期营业总收入 ÷ 经营期总餐位座次数（反映的是每个餐位的平均营业收入水平，注：经营期总餐位座次数 = 经营期天数 × 经营期内总开餐次数 × 每餐可提供的餐位总数）

（5）食品营业收入 = Σ各项食品营收（反映的是企业与食品有关的营业收入水平）

（6）客均食品营业收入 = 经营期食品营业总收入 ÷ 经营期接待客人总数（反映的是用餐者在食品上的平均消费水平）

（7）酒类、饮料营业收入 = Σ各项酒类、饮料营收（反映的是企业与酒类、饮料有关的营业收入水平）

（8）客均酒类、饮料营业收入 = 经营期酒类、饮料营业总收入 ÷ 经营期接待客人总数（反映的是用餐者在酒类、饮料上的平均消费水平）

（9）经营期毛利润额 = 经营期营业总收入 – 经营期原料成本总支出（反映的是经营期毛利润额水平）

（10）经营期净利润额 = 经营期营业收入 – 经营期原料成本额 – 经营期费用额 – 营业税金（反映的是经营期净利润额水平）

2. 与支出有关的指标

（1）原料成本总额 = Σ各项原料成本总支出额（反映的是原料总成本支出水平）

（2）食品原料成本额 = ∑各项食品原料成本支出额（反映的是食品原料成本支出水平）

（3）酒类、饮料原料成本额 = ∑各项酒类、饮料原料成本支出额（反映的是酒类、饮料成本支出水平）

（4）企业运行费用额 = ∑各项费用额（反映的是总费用额的支出水平）

（5）人工费用额 = ∑所有人工费用额（反映的是人工费用额的支出水平）

（6）税金总额 = ∑各项税金额（反映的是企业总税金额的缴纳水平）

3. 其他指标

（1）餐位上座率 = 经营期总就餐人次数 ÷ 经营期总餐位座次数 ×100%（反映的是经营期内，餐位的上座情况。注：经营期总餐位座次数 = 经营期天数 × 经营期内总开餐次数 × 每餐可提供的餐位总数）

（2）餐饮成本率 = 原料成本额 ÷ 餐饮营业收入 ×100%（反映的是经营期内餐饮原料成本在营业收入中所占的比重）

（3）餐饮费用率 = 企业运行费用额 ÷ 餐饮营业收入 ×100%（反映的是经营期内企业运行费用额在营业收入中所占的比重）

（4）餐饮综合毛利率 =（经营期营业收入 – 原料成本额）÷ 营业收入 ×100%（反映的是经营期内整个企业的总体毛利率水平）

（5）餐饮利润率 = 企业利润额 ÷ 餐饮营业收入 ×100%（反映的是经营期内企业利润额在营业收入中所占的比重）

（6）员工年服务就餐者人数 = 年用餐者总人次 ÷ 企业员工人数（反映的是一年内员工人均服务的就餐者人次）

（7）员工人均创收额 = 经营期营业额 ÷ 企业员工人数（反映的是经营期内员工人均创收额）

（8）食品原料净料率 = 原料净料重量 ÷ 原料毛料重量 ×100%（反映的是原料的可利用程度）

（9）食品原料的净料价格 = 食品原料的毛料价 ÷（1– 原料的损耗率）（反映的是原料净料的单位成本）

以上是一些常用的餐饮经营管理指标，使用时应考虑到每个企业的具体情况，综合、交叉、灵活地予以处理。

五、餐饮销售日报表

为及时反映餐厅的经营情况，餐厅每日都需编制营业日报表。营业日报表一般反映各餐厅各餐的就餐人数、销售额和客人的平均消费额等数据。为作比较，报表上还要列出本月的累计值、上年本月的累计值数据，这样可清楚地反映本日和本月经营的情况，有利于管理人员作出正确决策。为了综合反映酒店的经营情况，许多企业都将销售报表与成本报表合在一起（表 11–15）。

表11–15　餐饮营业日报表

日期：2010/05/30（星期日）　　　　　　　　　　　　　　　　　　天气：晴

	总额（元）			××餐厅		咖啡厅		宴会厅	
食品成本	直拨原料采购额 5296.50			1087.41		1420.29		2788.80	
	库房领料成本额 2159.93			482.67		473.47		1203.79	
	转食品的饮料成本 153.20			23.10		101.10		29.00	
	转饮料的食品成本 87.80			15.20		32.40		40.20	
	职工用餐成本额 3644.24			—		—		—	
	其他杂项扣除额 888.27			128.10		547.44		212.73	
	本日净额成本合计 12229.94			1736.48		2574.70		4274.52	
	本月累计成本额 321432.52			191883.72		62208.62		67340.63	
食品销售		今日（元）	本月累计（元）	今日（元）	本月累计（元）	今日（元）	本月累计（元）	今日（元）	本月累计（元）
	销售额	37901.55	950871.00	17450.05	586761.23	13552.00	192740.52	6899.50	171369.25
	早餐	4950.50	142234.25	4950.50	142234.25	—	—	—	—
	午餐	11468.60	265681.39	3331.60	93534.89	6174.00	105782.77	1963.00	66363.73
	晚餐	21482.45	542955.36	9167.95	350992.09	7378.00	86957.75	4936.50	105005.52
	就餐人数	679	18372	415	14166	162	2125	102	2081
	早餐	151	4216	151	4216	—	—	—	—
	午餐	182	4337	70	2231	68	1171	44	935
	晚餐	346	9819	194	7719	94	954	58	1146
	平均消费额	55.82	51.76	42.04	41.42	83.65	90.76	67.64	82.35
	早餐	32.78	33.74	32.78	33.74	—	—	—	—
	午餐	63.01	61.26	47.59	41.93	90.79	90.34	44.61	70.98
	晚餐	62.09	55.03	47.26	45.47	78.50	91.15	85.11	91.63
食品成本率		32.27%	33.80%	9.95%	32.70%	19.00%	32.28%	61.95%	39.30%

本章小结

本章首先介绍了如何才能做好餐饮销售计划，然后叙述了餐饮销售时的各种定价方法、餐饮经营经常碰到的一些销售决策模型，最后强调了如何做好餐饮销售控制。

复习与思考

一、思考题

1. 对餐饮统计数据汇总时，通常采用哪些方法？它们各自的重点是什么？

2. 常用的餐饮定价策略有哪些？

3. 在进行餐厅营业时间决策时需要收集哪些数据？

4. 常用的餐饮销售控制指标有哪些？

二、练习题

1. 单选题

（1）毛利与销售价格的比率叫作（　　）。

A. 成本率　　B. 纯利率　　C. 内扣毛利率　　D. 外加毛利率

（2）为单个餐饮产品定价一般较多采用（　　）。

A. 内扣毛利率法　　B. 随行就市法　　C. 系数定价法　　D. 外加毛利率法

2. 判断题

（1）餐饮产品销售统计工作是餐饮产品销售预测的基础。（　　）

（2）人们通常将餐饮价格中的费用、税金、利润等合称为毛利。（　　）

（3）亏损先导产品是企业经过选择将那些价格定得很低的、用来作诱饵吸引客人光顾餐厅的产品。（　　）

（4）销售控制的目的是要保证厨房生产的菜品和餐厅向客人提供的菜品都能产生收入。（　　）

第十二章 酒店餐饮服务管理

学习意义 通过餐厅服务这一环节的工作，菜肴最终由产品变成了商品，做好这一环节的监管工作十分重要。

内容概述 本章的主要内容是餐饮服务的主要环节、餐饮服务质量控制和零点餐厅收银管理。

学习目标

知识目标

1. 熟悉餐饮服务的主要环节，即餐前准备环节、开餐服务环节、就餐服务环节和餐后服务环节。
2. 了解餐饮服务质量管理的方法。
3. 掌握零点餐厅服务活动中的收银管理方法。

能力目标

1. 熟练处理4个服务环节中的各类细节情况及相应的服务要求。
2. 掌握服务质量控制的原则与方法。
3. 熟悉“三线两点”的收银控制体系。

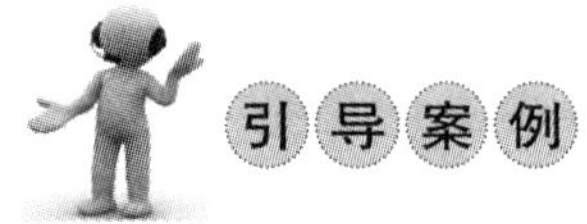

中国宴香飘 APEC

2001 年 10 月 20 日晚，上海国际会议中心大酒店，会议东道主江泽民主席举办欢迎晚宴，招待参加 2001 年 APEC 亚太经合组织领导人非正式会议的嘉宾。晚宴的菜单是：迎宾冷盘、鸡汁松茸、青柠明虾、中式牛排、荷花时蔬、申城美点和硕果满堂。

宴会取得了圆满成功，但你不一定知道，为了做好此次接待工作，早在 4 个月前，餐饮部总监、行政总厨和酒店老总就开始为国宴菜单而忙碌。为了就餐者的饮食忌口和宗教习惯，菜单一改再改，为了席间服务的整齐划一、不出差错，服务人员不知操练了多少遍。

——资料来源：姚明宝主编．服务的艺术：上海 APEC 会议接待服务案例．上海教育出版社，2002

以上案例说明，一场完整的餐饮用餐活动包括许多具体的环节，只有面面俱到，餐饮活动才能圆满完成。

第一节　餐饮服务的主要环节

一、餐前准备环节

在餐厅开门营业前，服务员有许多工作要做。首先是要接受任务分配，了解自己的服务区域，然后检查服务工作台和自己的服务区域，熟悉菜单及当日的特选菜，了解重点宾客和特别注意事项等。充分的餐前准备工作是优良服务、有效经营的重要保证，是不可忽视的重要一环。

餐前准备环节包括任务分配、餐厅准备工作、熟悉菜单、餐前短会 4 个方面。

（一）任务分配

通常需在餐厅里将所有餐台按一定的规律划分成几个服务区域。理想的划分方法是一个餐厅能够划分成就座客人的数量相同、到餐具柜和厨房的距离相同（一个区域有一个服务柜台的除外）、座位受欢迎程度大致相同的若干服务区域。事实上这在大部分餐厅都是不可能的，服务路线总是有长有短，座位总有靠近厨房和靠近门口的，各座位能观赏到的景色也不一样，这样无疑会造成某个区域比较受客人欢迎，工作较忙，而有些区域则比较清闲。所以无论从客人还是服务员的观点来看，各服务区域并不会同时都是很理想的。这就要求餐厅经理应轮流给服务员分配不同的值台区域，以尽量做到公平合理。

为了方便，餐厅经理常常要制定一系列餐桌编号，将同组编号的餐桌固定为一个区域，然后按区域分配给各服务员。服务员便将餐桌号码用在点菜单和客人账单上，以方便上菜和结账。

服务区域的分配方法因餐厅而异，通常是两个服务员为一组，一人负责前台，一人当助手，这样始终保持前台服务区域内至少有一人值台，不会出现“真空”现象。服务员与客人的比例根据服务的要求和餐厅水准的不同也很难有一个固定的标准。一个经验丰富的服务员能够照料、接待更多的客人，服务质量也高；新来的服务员和见习服务员一般先应担任助手或被分配到接待量较轻的区域，以便通过为少量的客人服务来积累经验。

任务分配一般是服务员签到后自行从告示栏上了解，餐厅经理有时也会作特别的交代。服务员接到自己的任务后，要了解本区域的台子是否有客人已经预订、客人是否有特别要求，并相应放留座卡；了解本区域内是否有重要宾客，并严格按餐厅经理的吩咐做准备。

做后台服务工作的服务员通常相对固定，如餐具室、洗涤间等处的服务员应按规定的程序在规定的时间内完成准备工作。

服务员助手应协助服务员做好准备工作。

零点餐厅中，一个服务区域通常应包括几个餐位，每个服务区域应配备多少值台人员？

（二）餐厅准备工作

有些餐厅规定前一班工作结束前要为下一班铺好餐台，有些餐厅则要求接班的服务员负责铺台。无论怎样，准备工作都要按下列步骤进行：

1. 准备餐桌

开餐前服务员的第一项职责就是检查其值台的区域，检查场地。有时客人会移动桌子原定的位置，将几张桌子拼拢在一起，所以首先需将餐桌摆好位，同时检查桌子是否稳固。然后要为已预订席位的客人安排好足够座位的餐桌。

摆放餐具前，要用在清洁剂和温水溶液里浸泡过的抹布擦洗餐桌，要检查座位，扫掉食品屑渣，清除有黏性的地方。

2. 准备台布

首先要选择合适的尺寸，台布的摆放应按照规格大小分开存放。台布的颜色通常有白色、黄色、粉红色、红色和红白等，以白色最为普遍，一般来说一个餐厅只选用一种颜色的台布。台布又分为圆桌台布和方桌台布。台布的大小要根据桌子的尺寸确定，方桌台布以每边下垂约40厘米为宜，台布下垂的边要正好触及椅子的座位面。

为使台布的外观更加平整、挺括、饱满，同时减轻餐具和桌子声响的碰撞，普遍的做法是在桌面上加一个橡皮的垫子或者垫布，然后铺上台布。

铺大圆桌的台布时，人站在桌子的一侧将台布抖开，使台布的十字褶缝居中，四角下垂部分相等且正好盖住桌子的四脚。周围餐桌有客人在就餐而需翻台时，不可大幅度地抖动台布，此时应该两人合作铺大圆桌台布。

小方桌的台布铺起来比较容易，只要将台布放在桌子中间，打开台布，盖住桌面就行。这种方法也可以用在客人在场时更换弄脏的台布。

当餐桌上有调味品、烛台和烟缸等而又必须更换台布时，可先将这些用品移到一端，卷起脏台布，再将用品移到已卷起台布的桌面上，便可收掉脏台布，此时要注意将台上的食品屑渣等卷在台布里，以免撒落在座位或地板上。

铺台布的方法与收台布步骤相似，也是一半一半地进行，如图 12–1 所示。

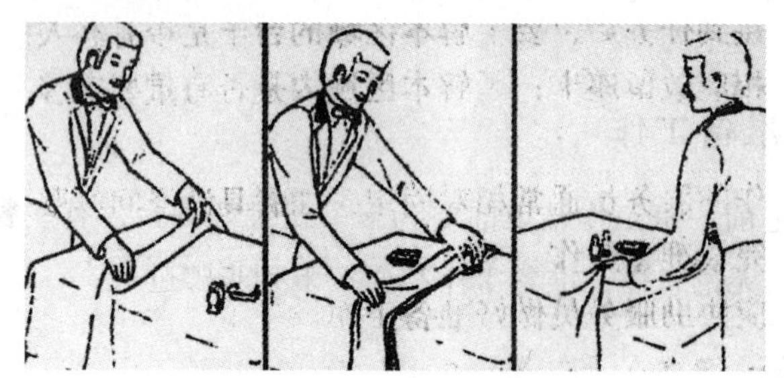

图12–1　台布的铺法与步骤

3. 准备餐具

待桌垫和台布等铺好后开始摆台。首先是给每一席位摆上一副餐具，西餐由盘子、碟子、餐刀、餐叉、餐巾和玻璃杯等组成，中餐则由骨盘、搁碟、筷子（已置于筷套里）、筷架、汤匙和餐巾等组成。餐具的具体摆法取决于采用何种服务方式和要上什么样的饭菜。

摆台时要用干净的托盘端出瓷器、玻璃杯、餐具和餐巾等。不要图省事而用手捧或拿洗涤塑料筐当托盘使用，这是不合规范的。

摆台时，拿餐具也要讲究一定的要求，瓷器要拿其边沿，玻璃杯要拿其底部或杯脚，刀、叉、勺、匙要拿其把柄处。摆台时还要对餐具进行检查，把任何破损的或不干净的餐具挑出来，退回洗涤间。使用破损的餐具既影响餐厅的水准又不安全，更重要的是不卫生。

有的餐厅规定玻璃杯在营业前应当倒扣在台上，但要注意玻璃杯只能倒扣在干净的台布或垫子上，以保持杯口的卫生；同时在开始营业时，要将所有杯子翻正过来，否则给人以餐厅仍未准备好的印象。

摆好餐台后必须仔细检查一遍，以确保所有的桌上用品都是干净的、齐全的，是按照规格摆放的。检查蜡烛是否已换上整支的，灯具是否处于正常状态，中餐的转盘是否运转正常、是否清洁光亮，公筷、公勺是否妨碍转盘运转等。如果备有酒店的火柴应将正面朝上摆在烟缸上。帐篷式菜单或当日特选菜单应按统一规格摆放。花瓶应换水，无枯叶、败花，并摆放整齐。台面布置要整齐划一。

4. 准备餐具柜

一个餐厅至少要有一个餐具柜，许多餐厅往往是一个服务区域一个餐具柜。餐厅餐具柜用于储藏服务的器具，放在靠近服务区的地方，它可以避免服务员频繁地来往于厨房和餐厅之间取餐具、台料等用品。收台时，值台服务员也可以将收回的脏餐具放在托盘里暂时搁在餐具柜台上，由助手负责送到洗涤间。

服务员在开始营业前要负责将各种餐具、调料和服务用品领来，贮存在本区域的餐具柜中，不同餐厅所配备的餐具贮存柜的物品是不一样的，通常包括：新鲜咖啡／茶壶及加热装置；冰壶和冰块夹；干净的烟灰缸和火柴（越来越多的餐饮场所已禁烟）；叠好的干净餐巾、各种台布等；各种刀、叉、匙、筷等餐具；点菜本和圆珠笔；盐瓶、胡椒盅、色拉油和其他调料；各种固体饮料、柠檬茶等；黄油、糖、奶油、柠檬切片等；儿童的桌垫、菜谱、围嘴和餐具；特种菜的餐具和用品，如柠檬压汁器、吸管、海味叉等；清洁的菜单；饮料杯、杯垫等；账夹（也叫收银夹）和服务托盘；各种瓷器、银器和玻璃杯具等。

中餐厅的服务餐具柜中的物品除了摆台用的各种中餐具外，还应备有中餐的调料，如酱油、醋、胡椒和盐；备有中餐的服务用品，如小毛巾、分羹匙；茶和茶具等。

餐厅里的餐具柜就在客人的眼皮底下，容易被客人看得一清二楚，所以服务员必须养成保持餐具柜整齐清洁的习惯。要随时清理，服务员助手则应负责不停地将脏的餐具用托盘收回洗涤间。餐具柜内部的摆放亦应分类，存放整齐，以避免翻找餐具造成噪声。在餐具柜操作必须保持轻声，以免影响客人。

（三）熟悉菜单

菜单是一家酒店的招牌，它往往能体现出酒店的特色、档次和服务水平。服务员对酒店菜单是否熟悉，直接影响到服务质量和经营效果。首先，熟悉菜单可以方便推销。餐厅服务员在介绍推销菜肴时就好比是商品的售货员，菜单上的食品菜肴就是他的产品。服务员对食品的了解程度会影响到其他销售食品能力的发挥。当售货员不了解商品、不会向顾客介绍商品时，顾客常常会拒绝购买这种商品，同样，服务员能否为餐厅打开销路，取决于其对菜单的了解和掌握程度。其次，对菜单的了解有助于服务员向客人提供建议，当顾客置身于异国他乡，对当地菜式所知无几时，常常乐于从服务员那里得到帮助，这时菜单知识将发挥作用。同时，对菜单的了解还能帮助服务员回答客人提出的各种问题，服务员会根据客人的需求提出一些供需要节食或关心价格等有特殊需求的客人进行选择的建议。

1. 熟悉菜单的变化

服务员在正式接待客人前必须熟悉当天的菜单，它可以帮助服务员增进与客人之间的关系，并为餐厅树立良好的形象。即使是固定菜单也会定期地变化，而且餐厅还常常提供当日特选和季节菜单，对此更应不断地加以了解。菜单的变化一是为了使菜式多样化，二是由原料或菜的季节性以及成本决定。

2. 熟悉菜单的种类

餐厅服务员应当熟悉本企业的各种菜单。以西餐为例，最为普遍的菜单是早餐菜单、午餐菜单和晚餐菜单。也有将午餐、晚餐菜单合二为一的，午餐菜单和晚餐菜单的区别是午餐菜单中包括三明治和量小的主菜。而晚餐菜单中则备有量大的主菜，还包括各种配菜，如各色蔬菜等。

除了这些正规的菜单外，还有儿童菜单、特选菜单（立式）、甜品单和酒单。

菜单上通常标有点菜价格和套菜价格，以供客人选择。套菜一般包括汤、面包、沙拉和主菜。中餐一般也是荤、素搭配，有汤有饭。餐厅经理和领班通常还负责根据客人的要求为客人临时配套菜。

3. 熟悉菜单的内容

根据客人的饮食习惯和就餐次序，西餐菜单通常按下列顺序排列：冷热头盆、沙拉、汤、鱼和海鲜、主菜（牛排类等）、蔬菜、甜品、饮料。头盆有冷热之分，又叫开胃品类，包括蔬菜、果汁、水果和海味等。主菜包括牛排、家禽、肉食和特色菜。中餐的菜单分类排列，一般包括：厨师特选、冷盘、鱼类、海鲜、牛肉、猪肉、鸡、鸭、野味、蔬菜、点心、汤羹等。

菜单因餐厅的水准和管理者的经营思想不同而有很大的差异，有些以特制精美菜肴见长，有些以廉价家庭菜式为主，有些以品种繁多、选择广泛称雄，有些则以品种限量来削减成本，凡此种种，不一而足。

当天的特色菜可以附加在菜谱上，也可以用立式餐单放在台面上，有时还在餐厅的门口用广告牌形式陈列。一道特色菜可能是原料过剩的品种，也可能是时令菜或是特聘厨师的拿手菜。如果它是剩余菜或时令菜，通常是比较便宜的，但应尽量避免以剩余原料做特色菜。

一流的服务员还应当熟悉菜单上每一品种的原料和配料，要虚心向厨师学习，处处留心，日积月累，了解菜肴的口味，以利于推销和释疑。

4. 熟悉烹调方法

当客人向你询问某一道菜是怎样烹制的并想了解其制作过程时，掌握下列烹调常识对提供服务是很有帮助的。

（1）烘——用稳定的火烤。

（2）煮——在100℃的沸水中制作，水泡会不断上升到水面，随之分解，特点是汤菜各半，汤宽汁浓，口味清鲜。

（3）焖——将经过炸、煎、炒或水煮的原料加入酱油、糖等调味汁，用旺火烧开后再用小火长时间加热成熟。焖的特点是：制品的形态完整，不碎不裂、汁浓味厚。

（4）炸——在灼热的食油中炸煎制作，有的用少量食油嫩煎，也有的在量大的热油中深炸。

（5）烤——将经过腌渍或加工成半熟制品的原料放入以柴、煤炭或煤气为燃料的烤炉或红外线烤炉中，利用辐射热能直接把原料烤熟。

（6）烩——将加工成片、丝、条、丁的多种原料一起用旺火加工成半汤、半菜的状态。

（7）氽——将食物在沸水中稍微煮一下。

（8）爆——将脆性原料放入中等油量的油锅中，用旺火高油温、快速加热。

（9）蒸——在有压力或没有压力的锅具里用蒸汽制作。

（10）炖——在能淹没食物的足量水中慢火制作。

（11）煨——在水将沸未沸的条件下用文火慢慢地烧煮。

5. 熟悉烹制时间

烹调制作时间是指做好菜单上某一道菜并将其装盘所需要的时间。菜肴的烹制时间取决于厨房的设备、厨师的工作效率、积压订单的多少和菜肴本身烹制所需花费的时间。掌握菜肴所需的烹制时间，可以帮助服务员在不同情况下恰当地给客人推荐菜肴，例如对于赶时间的客人，你得为他推荐烹制时间短的菜肴等。对烹制时间的掌握要向厨师请教，平时注意观察和积累。通常西餐菜食的烹制时间如表 12–1 所示。

表12–1　西餐菜食的烹制时间

鸡　蛋	10 分钟
鱼（炸或烤）	10 ~ 15 分钟
牛排（约一英寸厚）	
半生熟	10 分钟
适中的	15 分钟
熟透的	20 分钟
羊肉排	20 分钟
猪　排	15 ~ 20 分钟
野　味	30 ~ 40 分钟
炸　鸡	10 ~ 20 分钟
蛋奶酥	35 分钟

如果使用现代最新设备和烹调方法将大大地缩短菜肴的烹制时间。有些食品可以根据需求预测事先做好，称“预制食品”。客人选点时，在微波炉中加热，只需几分钟甚至几秒钟便可上台。

6. 熟悉菜式的配料

无论中餐还是西餐，许多菜都配有一定的调味品、为色香味而配的汁料以及和主菜相配的配菜。根据约定俗成的步骤，服务员要知道哪些调料需在上菜前上台，哪些应在上菜后服务，并做到调味品的盛器要干净。有时，常用的配料用品可以保存在餐厅的餐具柜里，如经常要用的沙拉汁盛器等。常用西餐菜肴配料如下：

鱼菜配“V”形柠檬片，鱼和海鲜类配鞑靼调味汁（汁中含有凿碎的熟蛋黄、碎酸菜、橄榄油、干葱粒等），汉堡包配番茄酱和泡菜，牛排配牛肉酱汁，热狗配芥末酱汁，土豆薄煎饼配苹果酱，薄煎饼配糖酱、蜂蜜，沙拉配调味汁（准备 3 种以上供选择），面包配黄油，烤面包配黄油、果酱，汤配苏打饼干，龙虾配澄清的黄油，主菜配欧芹以增加色彩，咖啡配牛奶和糖，茶配柠檬切片和糖，烤鸭配薄饼、葱和甜酱，煎炸的鸡鸭等配椒盐和番茄酱，等等。

需要用手指帮助食用的菜肴如螃蟹、龙虾等要配净手盅，在净手盅里要倒入五成温水，放入少许柠檬片、菊花瓣等。

（四）餐前短会

在服务员已基本完成各项准备工作、餐厅即将开门营业前，餐厅经理或领班负责主持召开短时间的餐前会，其作用在于：

（1）检查所有服务人员的仪表仪容，如头发、制服、名牌、指甲、鞋袜等。

（2）使员工在意识上进入工作状态，形成营业气氛。

（3）再次强调当天营业的注意事项，提重要客人的接待工作以及已知的客人的特殊要求。

餐前短会结束后，值台服务员、迎宾引座员、收银员等前台服务人员迅速进入工作岗位，准备开门营业。

婚宴正午 12 点之前就得开始

丁经理作为南方某酒店管理公司的职员被派到北方某市管一家酒店的餐饮部，这天要举行他到任后接手的第一次婚宴。由于南北风俗习惯的差异，丁经理不太适应婚宴安排在中午。丁经理一边准备着，一边左右协调、安排着。不知出于何故，眼见正午 12 点将至，可婚宴准备工作仍未结束。这时婚宴的主办者及司仪都急了，通知酒店方面，婚宴无论如何必须在正午 12 点之前开始，否则与酒店没完。南北文化、习俗不同，在婚宴上也可以得到反映。在北方的许多地方，婚宴必须在中午 12 点之前开始是铁定的规矩，不然将被视为不吉利、倒霉。

二、开餐服务环节

开餐服务是餐厅对客服务工作的开始，也是餐厅服务工作的重要一环，包括迎接客人，安排客人就座接受点菜、把点菜单送入厨房以及从厨房出菜，其中回答客人询问、向客人推荐菜肴等也是开餐服务的重要内容。

本部分着重介绍安排宾客入座、接受宾客点菜、回答宾客询问、向宾客推荐菜肴、传送点菜单进厨房等方面的业务内容。

（一）安排宾客入座

安排客人就座的工作通常由餐厅经理、专职迎宾引座员负责。建立这种引座制度一方面能使客人感到自己受欢迎，从而对餐厅留下美好的第一印象；另一方面也使得餐厅有能力控制客人的流动量，使餐厅处于有效的控制之下。即使在客人可以自己挑选餐位的餐厅，问候和引座也是很重要的。

给客人安排座位时应注意：一张餐桌只安排同一批的客人就座；要按照客人的人数安排适当的餐桌，将全家同来就餐的客人安排在大圆桌上，将夫妇安排在供两人用餐的小餐桌上；吵吵嚷嚷的大批客人应当安排在餐厅的单间里或餐厅靠里面的地方，以避免干扰其他客人；老年客人或残疾客人尽可能安排在靠餐厅门口的地方，这样可以减少走动量；年轻的情侣喜欢安静而又有优美景色的角落里的餐桌；服饰漂亮的客人可以渲染餐厅的气氛，可以将其安排在餐厅中心引人注目的位置；等等。

当然，最主要的是不要违背客人的意愿，尽量安排客人在其想去的餐桌就座。经理或引座员在门口迎接客人时，要礼貌问候，如“早上好，×× 先生 / 女士”。这时客人将会告诉你，他们是否已预订过席位，如果他们没有预订席位，可以问他们“一共几位”，当只有一位客人独自到来时，要问“请问要一个人的餐桌吗”，不要问“你独自一个人吗”。然后拿上菜单，把客人引领到对应的餐桌席位上。

当同一批客人中有女宾时，餐厅经理或领班要将她们安排在视线较好的位子，让女士们面壁而坐是错误的。通常同来的男宾会帮助安排在场的女宾入座，引座员和领班为女宾客拉椅让座时，并不直接指定她们就座的位子。

当客人要入座背靠墙的软席座位时，领班或引座员可以将餐桌稍微拉出一点，以便客人容易就座。然后将打开的菜单送给每位客人（西餐的做法，中餐则无须人手一份）。在整个迎客的服务过程中，说话的方式要亲切自然。

如果有儿童就餐，要提供专给儿童就座的小椅子或高椅子，换上儿童餐具。

在安排客人就座时，要掌握餐厅里的客流量，要避免将两批客人同时安排在一个服务区域内；要尽量分散安排，这样既可以避免某一服务区域的服务员负担过重，同时能使客人得到更好、更迅速的服务。

在就餐高峰期，常常会出现客人必须排队等候的状况，引座员要注意根据客人到达和登记的先后次序去安排他们入座用餐，不可有种族歧视或厚此薄彼的行为。对已经预订的客人应在他们的预约时间里优先照顾。

（二）接受宾客点菜

在客人入座并看了菜单后就要招待他们，如果是由引座员或领班安排入座的客人，西餐服务时服务员要先向客人问候，说“早上好／晚上好”，“请问要喝点什么鸡尾酒吗”，然后介绍几种鸡尾酒或餐前酒，如果客人不点餐前酒，则问客人“我可以接受您的点菜吗”。

在一批客人中，当主人为他（她）邀请的客人点菜时，服务员应从左边先去招呼这位主人；如果主人是请其客人各自点菜的话，则从他（她）右边的那个客人开始，或者从其中的一位女宾开始，有时也可以从已经准备好的那位客人开始。

服务员正在服务时，可能会有新的客人被领到其服务区域，这时应先去招呼一下这批新到的客人。这样，客人们将会赞赏你对他们的关注，从而不会觉得受到冷遇。

招呼客人不仅要热情有礼、面带微笑、态度诚恳，还要灵活机动，恰到好处。

1. 服务姿势

领班或服务员在接受客人点菜时，要端正地站在客人的左边，手拿点菜记录本，并备有一支圆珠笔或一支削好的铅笔，填写点菜单时千万不要图省劲而将点菜记录本放在餐桌上去写客人点的菜食。

2. 将顾客与其所点菜肴对号

西餐服务时，服务员开点菜单必须使用一些技巧，记录第一个点菜客人的特征，如头发颜色、衣服颜色、戴不戴眼镜、年龄、性别等区别于在座其他客人的主要特征。然后从这位做记号的客人开始，逆时针地绕桌接受其他客人的点菜，并在菜后编上 1 号、2 号等号码。这样在上饭菜时就能够正确地端上每个客人所点的菜，而不需要一一询问。类似的另一种方法是餐厅统一规定某一朝向的座位为 1 号，然后逆时针地依次为 2 号、3 号，这样可以起到同样的作用。编号的另一个功能是如果客人要求分单结算时，收款员可以据此准确地开出每位客人的账单。

3. 填写点菜单的要求

填写点菜单时要书写清楚，符合规格。通常应根据菜单上的项目次序，分类填写，这既便于服务员按顺序上菜，也利于厨师看单准备菜肴。

在记录客人点菜时，必须完整地记清客人的要求，以西餐为例，要记录的内容可能包括：饮料中是否要加冰块；选用何种沙拉调味汁；牛排要做到什么程度，通常有生（Rare）、半生（Medium Rare）、适中（Medium）、八成熟（Medium Well）、全熟（Well Done）；烤土豆配酸奶油还是黄油；鸡蛋的嫩、老程度；选用什么蔬菜配菜；什么时候上咖啡，等等。

在填写订单时，要使用厨房员工都明白的通用缩写，不要随意简化。以下为几种常见的通用缩写：Chicken–ch；French Fries–ff；Filet，Mignon–F，m；Butter Steak–Stk.Butt；Strip Steak–Stk.Strip；Chopped Steak–stk.chop；Rare Cooked–r；Medium Cooked–m；Well Cooked–w；Tossed Salad–toss；Thousand Island Dressing–1000；French Dressing–Fr；Bacon，Lettuce & Tomato Sandwich–BLT；Hamburgel–Hb；Casserole–Cass；Tetrazzini–Tet；Coffee–Cof。

服务员在记录完客人的点菜以后，为了避免差错，应向客人重复一遍他（她）所点的菜肴，以便得到确认，尤其是客人在用不合常规的方法点菜时，更应如此。在点菜完毕后，要记住收回每位客人的菜单。

4. 接受点菜的方法

目前较为普遍的接受点菜的方式是开据点菜单（Captain's Order），服务员根据订单上的栏目，逐项填写，先填表头，然后是菜名，表 12–2 是标准餐厅点菜单，一式三联。

表12–2　餐厅点菜单

No.12345　　　　　　××餐厅

<table>
<tr><td colspan="2">台　号</td><td>人　数</td><td>日　期</td><td>服务员</td></tr>
<tr><td>数　量</td><td colspan="2">菜　名</td><td colspan="2">备　注</td></tr>
<tr><td></td><td colspan="2"></td><td colspan="2"></td></tr>
<tr><td colspan="5">白色——收款员，黄色——厨房，红色——服务员</td></tr>
</table>

在备注栏内记录点该菜的客人号和对菜肴的特别要求，最后统计数量。这种订单一般一式三联，一联到收银员处，由收银员准备账单；一联经收银员确认后送到厨房，由厨师根据订单准备菜肴；最后一联由服务员保存，对照上菜。

饮料另开一份订单。如冷热菜分开的厨房，点菜单也应分开填写，各开一份。

通常，进入厨房的订单联在营业结束后将汇集于餐饮成本控制部门用于统计和成本控制，并与餐厅收款发票存根相核对，检查漏账。

在点菜项目有限的快餐餐厅里采用一种现点、现填菜单的方式，服务员只要在事先已印有菜名的账单上将客人选定的菜点做个记号就可以了。

此外还有餐厅向客人提供笔和菜单、让客人自己填写的方式，现已很少使用。

（三）回答宾客询问

作为餐厅的服务员，在与客人接触的过程中，往往会被问及许多涉及餐厅食品和饮料、有关本酒店以及当地旅游、历史文化方面的问题，服务员只有通过长期的学习、观察和培训，才能保证给予客人准确的回答。

拥有知识、能圆满地回答客人的问询，有助于和客人建立良好的关系，有利于帮助客人对餐厅留下良好的印象，并有助于推销菜肴饮料。服务员应当了解的情况包括：本餐厅及酒店其他餐厅的营业时间、电话号码、菜肴特色；本餐厅菜单的各种菜肴知识、制作方法、名菜名点；有关传统菜肴的历史趣闻；当地的历史文化和风景名胜等。

碰到难题不能马上回答时，应主动代客查询，不要胡乱作答。

当菜单发生变化和有特选菜单时，应安排专门的时间进行服务培训，不应带着疑问去上班服务。

（四）向宾客推荐菜肴

恰到好处地推荐菜肴是一门技巧。成功的推荐，既可以使客人满意，又能为餐厅增加收入。

推荐要掌握适当的时机，例如西餐在用餐前要推荐鸡尾酒，吃主菜时建议配沙拉，根据主菜推荐适当的酒水饮料，主菜后推荐甜品和餐后酒。尤其是陈列在小推车上的海鲜台、沙拉台和甜品台上的食品，令人垂涎，容易引起客人食欲，有利于促进销售。这些食品可以推到餐桌边展示，供客人选择。

推荐食品时不能让客人感到你是在为餐厅利润推销，应当使客人感到服务员是站在他们的立场上，为他们提供服务。这时语言的技巧就非常重要，要学习掌握沟通技巧。

对计较账单金额的客人，应建议便宜的特色菜；对搞喜庆活动的客人，要加强酒水的销售；对儿童则应建议小份额的菜肴或儿童菜单；对节食的客人则更应投其所好地提供建议。

推荐时应多用建设性的语言，不要问客人“请问要鸡尾酒吗”“喜欢甜品吗”，这样问话的结果很可能就是“不用了”。而当你问“吃牛排来一瓶红葡萄酒怎么样”或“您喜欢香草冰激凌还是草莓冰激凌”，得到的结果将大不一样。

当客人问服务员今天有什么好菜时，要用更具体的建议回答，如果回答说“今天的菜都不错”，将毫无帮助，同时也不礼貌。

推荐的艺术还反映在能恰当地使用诱人的描述性语言去促进客人的胃口，如“我建议您先来一点冷冻的新鲜苏格兰虾开胃小菜”或者说“尝一尝我们的火烧樱桃欢乐佳节菜怎么样”这样的推荐更能引起客人的食欲和好奇心。

（五）传送点菜单进厨房

服务员开好点菜单后，经收银员确认，将进入厨房的一联交给厨师长，由厨师长分配给厨师烹制。也有的厨房里有一个能转动的轮盘，挂上一个个夹子，服务员按先后顺序依次夹在轮盘上，厨师也按先后顺序准备菜肴。如果有计时器，在订单进入厨房后，先打上进入厨房的时间，然后交给厨师长，以便于检查控制。

服务员在递交订单时，应当注意：其一，遵守秩序，有特殊情况与厨师长商量，不得偷偷向前挪动顺序。其二，订单上的特别要求应与厨师长解释清楚。其三，要与厨师紧密协作，不大声喊叫，互相尊重，发扬团体精神。其四，不得长时间借故在厨房停留或与厨师聊天。

三、就餐服务环节

就餐服务亦即台面服务，是指把客人点的食品、饮料送到餐桌，并在整个进餐过程中照料客人的需要。良好的就餐服务包括用有效的服务方法上菜、上食品，这个有效的服务方法将正确的服务技巧和彬彬有礼的服务结合在一起，能最大限度地使顾客满意。

本部分将介绍出菜服务，掌握上菜时机与台面服务，用餐过程中特殊情况的处理，就餐服务中的安全与卫生问题等服务环节。

（一）出菜服务

为避免发生事故，很多厨房分设进出两扇门，服务员在出菜时应遵守规则。出菜时要注意：

（1）核对菜肴食品，不要拿错其他客人的菜。

（2）注意出菜要摆得令人喜爱，点缀要美观。

（3）发现菜式的差错自己又拿不准时，应请教厨师长。

（4）将菜盘平衡地摆到托盘上，端送到餐厅。

（5）行走时要注意保持平衡，留心周围情况，以免发生意外。

（二）掌握上菜时机与台面服务

1. 掌握上菜时机

在接受客人点菜之后，服务员应根据情况掌握上菜的时间，掌握好服务的节奏，服务员在客人与厨房之间可以起到一个联系人的作用。一旦失去这个联系，就可能出现厨师一股脑儿将所有的菜都做好，或者上菜不接下菜等种种不正常的情况，影响服务的质量。服务员在接受一份完整的点菜后，必须根据情况决定是把点菜单立即送入厨房还是暂缓一会儿，当客人正慢慢地品尝鸡尾酒和冷菜时，点菜单可以略迟一些送去。

另外，服务员要了解主菜的烹制时间，而根据其所需时间的长短送交点菜单和通知厨师做菜。服务员还要根据厨房的忙闲程度决定何时送点菜单，忙时提前送单，闲时迟些时候送单，这是常识。

要正确掌握上菜时机就要在实践中学习和总结经验，做到既不让客人等菜，又不出得太快而使客人感到有催促之意。

2. 台面服务

以西餐的台面服务为例，其台面服务的要点及要求如下：

（1）每上一道菜，按通常的礼貌都是女士和年长的客人优先。

（2）如在一批客人中，由主人招待他（她）的朋友，则先从主人右边的贵宾开始上菜，然后按逆时针方向绕台依次进行。

（3）上菜不应再询问客人点了什么菜，而应从菜单上了解他们各人选定的菜食。

（4）按不同的服务方式，从规定的一边上菜。

（5）为方便客人，避免胳膊碰撞客人，应采用用左手从左边上菜、用右手从右边上菜的方法。

（6）端盘子时，用四个手指托住盘子的下面，大拇指搭在盘子的边沿上，避免在菜盘上留下指纹（摆台时亦是如此）。

（7）上菜、上点心时要将盘子放在客人面前一套餐具的中央。

（8）开胃品是餐前食品，如虾仁鸡尾杯、水果或鲜果汁。这道开胃品应放在一个垫盘里，端到客人餐位的正前方。

（9）在上虾仁鸡尾杯等海鲜类开胃品时要给客人送上海鲜叉，也可以将海鲜叉放置在垫盘右侧，并与开胃品一起送上。

（10）汤可以代替开胃品先上，也可以作为第二道菜。热汤要将盛器也加热，上台时要提醒客人小心。带盖的汤盅上台后要揭去其盖放在托盘内带走。汤要摆在席位的正中，汤匙放在垫盘的右边。

（11）沙拉可以用小推车推到客人的台子前让客人选点，盛器一般用木质的沙拉钵。上台后要放在餐具的左边，把正中的位置留出来上主菜。因为很多客人喜欢主菜与沙拉同时食用。

（12）主菜是一餐的主要部分，餐具必须与所选定的主菜相对应，如吃牛排要配牛排刀、吃龙虾时要配龙虾开壳夹和海味叉、吃鱼类要配鱼刀、鱼叉等。

（13）像牛排汁酱一类的调味品应当在客人需要的时候随时送到餐桌上。主菜要放在摆台的正中位置，并要注意将肉食鲜嫩的一面朝向客人。

（14）甜品是最后一道食品，首先将甜品的勺或叉放正位置，甜品摆在席位正中。同时应收拾餐桌上的多余用品，为客人斟满咖啡或水，并把干净的烟缸和火柴放到餐桌上。

（15）上饮料时，所有的饮料如冰水、牛奶、咖啡、酒水等都从客人的右边用右手送上。牛奶、红茶和咖啡杯具要放在摆台的右边。

（16）在斟咖啡、酒水等饮料时，不要用手端起杯具，而应直接向餐桌上的杯具或玻璃杯中斟饮料。要为座位间距较密的一批客人斟热饮料时，左手要拿一块干净、叠好的餐巾护住客人，以免客人碰到热烫的饮料盛器。

（17）在为座位靠墙的客人服务时，要先为坐在里面的客人服务，从比较方便、不影响客人的一侧上菜、上饮料，通常是用左手为坐在右侧的客人上菜服务，用右手为坐在左侧的客人上菜服务，用这种方法可以避免与客人碰撞。

（18）为方便客人即使是打破正常的服务规矩也是应该的，如为座位靠墙的客人斟酒倒咖啡时，就可以从左边或端起杯子倒。

（19）应在餐桌上所有的客人都吃完一道菜后再撤走脏盘。一般客人将刀、叉平行地放在盘子里时，表示客人已吃完了这道菜。如果对此还有疑问，可以询问一下客人是否已吃完了。

在上下一道菜食前，将所有用过的脏盘子和用具全部撤下。中餐收盘、换骨盆时，如盘中还有剩菜、要询问客人是否还要享用，先收脏盘，后换上干净的骨盆。

（20）收盘时，要用右手从客人的右边撤下盘子。然后绕桌按逆时针方向从每位客人的右边撤下餐具。撤盘子时，要同时收拾纸屑和刀、叉、勺、筷子等餐具，如图 12-2 所示。

① 收入第一个脏盘，刀叉呈十字形拿走。

② 收入第一个脏盘时的拿法。

③ 将第二个脏盘刮净。

④ 准备收下一个脏盘和餐具。

图12-2　收盘程序

（三）用餐过程中特殊情况的处理

餐厅服务员的任务是要使成千上万个来餐厅用餐的客人吃得满意，而要做到这一点是很不容易的。在餐厅里服务员会遇到各种各样的客人，会碰到形形色色的事情。处理每种情况，服务员都要从诚恳的态度出发，用所掌握的为客人服务的最好方法去接待他们。这时服务员所做的每一点努力，都会得到客人的赞赏。

1. 对年幼客人的接待

（1）对小客人要耐心、愉快地接待，并且帮助其父母使小客人坐得舒适。要端一张儿童坐的椅子来，并且尽量不要把他安排在过道一边的座位上。

（2）在不明显的情况下，把糖缸、盐瓶等易碎的物品移到小客人够不着的地方。

（3）如果备有儿童菜单，应让小孩的父母为他点菜。

（4）不要把小客人用的玻璃杯斟得太满，不要用高脚玻璃器皿，最好用较短小的甜食餐具。

（5）尽可能地为小客人提供围兜儿、新的坐垫和餐厅送的小礼品，这会使其父母更开心。

（6）如果小客人在过道上玩耍或者打扰了其他客人时，要向他们的父母建议，让他们坐在桌边以免发生意外事故。

（7）不要抱、逗小孩或抚摸小孩的头，没有征得其父母同意，不要随便给小孩吃东西。

2. 对醉酒客人的处理

（1）值班的餐厅经理要先确定该客人是否确已喝醉，然后决定是否继续为其提供含酒精饮料。

（2）如果客人确已喝醉，经理应该礼貌地告诉客人或他（她）的同伴不可以再向他提供含酒精饮料，同时安排客人到不打扰其他客人的靠里面的席位上，或者安排在隔开的餐室内。

（3）如果客人呕吐或带来其他麻烦，服务员要有耐心，迅速清除污物，不要抱怨。

（4）如果该客人住在本酒店，而没有人搀扶又不能够回房间时，应通知保卫部门陪同客人回去。

（5）如果该客人不住在本酒店，也应交由保卫部门陪同他离开。

（6）事故及处理结果应记录在工作日记上。

3. 对残疾客人的接待

遇到残疾客人在无人照料下来到餐厅时，要理解他的不便之处，恰当、谨慎地帮助他，使他能够享用到美味佳肴。

（1）应将坐轮椅车来的客人推到餐桌旁，尽量避免将其安排在过道上；拐杖要放好，以免绊倒其他人。

（2）盲人需要更多的照顾，但要适当，不要因过分的关照而引起客人的不愉快；要小心地移开桌上的用品，帮助他选择菜肴。上完饮料和菜肴后，要告诉他放在什么地方。

（3）接待耳聋的客人时要学会用手势示意，上菜、上饮料时要轻轻地用手触一下客人，表示从这边或那边上菜服务。

（4）对突然发病的客人要保持镇静，如果客人昏厥过去或摔倒，不要搬动他，应马上通知医生和经理来处理。

4. 对客人投诉的处理

餐厅的经理总是努力使客人的投诉控制在最低限度内，通常餐厅服务越好，客人的投诉也就越少。然而，一旦客人确有投诉，应当将其作为餐厅服务管理的反馈，用来改进今后对客人的服务。服务员应在服务工作和客人的投诉中吸取经验。有些投诉是可以事先采取措施避免的，如当客人所点的菜在厨房被延误时，要主动向客人说明，表示他点的菜没有被忘记；又如客人提出需要某种附加配料和服务，但这些需要另外加收费用的，应当事先向客人讲清楚，如此等等，要机灵礼貌，防患于未然。

处理客人投诉的程序如下：

（1）认真倾听客人的全部意见。

（2）简要地重复客人的意见并表示理解。

（3）诚恳地赞同客人提的某些意见，如“你把这个问题提出来是正确的”，这就使你和客人站在一边，以取得他的信任，并和他一起分析问题。

（4）及时处理客人的意见，作出纠正，对待顾客要设身处地地为其着想。若非自己权力范围内所能处理的问题，应迅速向上级反映。

（5）感谢客人向你反映问题。

（6）记录投诉和处理经过，可作为案例用于培训。

5. 对停电事故的处理

（1）餐厅经理立即询问工程部。

（2）尽快了解何时恢复供电，然后据此决定是否停止营业（或向更高一级的领导请示）。

（3）向客人解释正采取措施恢复供电，对给客人带来的不便表示道歉。

（4）如果很快就可以恢复供电而无须关闭餐厅，迅速给各餐桌点上蜡烛。

6. 对衣冠不整的客人的接待

（1）引座员或餐厅经理应向客人解释餐厅有关衣着的规定，欢迎客人穿好衣着再次光临。

（2）感谢客人的理解和支持。

（3）如果客人仍感不满，应请示上级或由大堂副理协助解决。

7. 对携带小动物进餐厅的客人的接待

（1）引座员应礼貌地告诉客人本企业关于小动物的规定。

（2）如客人不满，应通知值班经理。

（3）经理应认真听完客人的意见。

（4）经理先向客人道歉，然后向客人解释关于禁止带动物进餐厅和有关健康的规定。

（5）感谢客人的理解与支持。

8. 对服务员不慎弄脏客人衣物事故的处理

（1）迅速帮助客人清除衣服上的污点。

（2）经理应对给客人造成的不便表示歉意。

（3）如果是住店客人，可免费为客人在洗衣房洗衣。

（4）如果是非住店客人，应由酒店付费为客人洗衣。这时餐厅经理可给客人一张名片，客人可将洗衣发票送来报销。

（5）在工作日记中做好详细记录。

（四）就餐服务中的安全与卫生问题

1. 安全

创造一个井井有条、安全方便的工作环境，避免操作事故，是餐厅服务员的责任。安全操作既保护客人也保护服务员自己。

安全注意事项包括：

（1）在餐桌之间的过道上行走时，应从其他工作人员的右边走过去。

（2）在端托盘超越其他员工时，应小声提醒对方留心。

（3）推门前要特别小心，以免撞在他人身上。

（4）为了防止滑倒，服务员应穿矮跟的橡胶底鞋。

（5）食品或饮料洒泼到地上后要立即清除，如来不及清除应先在此放一把椅子提醒他人，以免滑倒。

（6）行走时要留心客人放在过道上的手提包或公文箱，有可能时应帮客人放置妥当。

（7）托盘上菜时，如遇客人正准备起身或做其他动作或谈兴正浓时，应轻声招呼“对不起”，以免被客人碰翻托盘。

（8）装托盘要合理，不要过满，高的、后用的物品放在靠身体的一侧，矮的、先用的放在托盘的外侧，壶嘴和把柄要放在托盘的边沿之内。

（9）使用托盘时应按照：理盘——清理托盘、装盘——按上述合理方法装盘、起托——用正确的方法及姿势托盘的三步骤进行。

（10）重托时要弯曲膝盖，用左手全掌放在托盘下面的中心部位，将托盘托至齐肩处，依靠腿部用力站起，可防止脊背扭伤。

2. 卫生

餐厅服务员要面对面地为客人服务，在工作中保持个人的清洁卫生和操作卫生是十分重要的。它既会直接影响客人的健康，也会因为不卫生的操作而失去顾客、损坏餐厅的声誉。

下列规则是操作中必须遵守的：

（1）为了避免头发掉落到食品中或拖碰到食品，餐厅服务员不宜留长发，女服务员可戴发网，男服务员也要擦些护发油，保持头发整齐。

（2）保持工作服、围裙和指甲始终都是干净的，以免把有害的细菌传给食品，也避免影响客人的胃口。

（3）去过卫生间后要洗手，收拾完用过的盘子和接触现金后，也必须洗手。

（4）服务时，要拿盘子的边沿、玻璃杯底部和餐具的把柄，手指不可接触食品，如图 12–3 所示。

①拿盘子时，拇指要紧贴盘子的边外沿。

②拿玻璃杯时，要只拿住底部或靠近杯底的部分，注意不要触及杯口。

③拿餐叉、餐刀等时，要拿餐具的把柄。

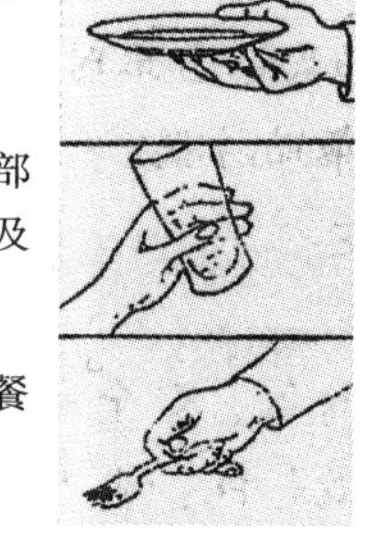

图12–3　餐具的卫生操作

（5）用消过毒的抹布擦拭餐桌和服务柜台，不可把餐巾、小毛巾当抹布用。

（6）掉落地面的餐具必须重新更换。

（7）在餐厅里不要用手摸头、挖鼻、挖耳和搔痒等；打喷嚏时，要用手巾纸或手帕捂口。

四、餐后服务环节

餐后服务系指宾客用餐结束后，由餐厅为其提供相关服务。这些服务一般指协助宾客做好结账、引领客人离开餐厅、重新整理桌面等。

本部分着重介绍结账与收款、重新整理台面等业务内容。

（一）结账与收款

客人可以到账台付款，也可以由服务员为客人结账。餐厅结账的方式一般有现付、签单和使用信用卡等。

1. 现付

当客人要求结账时，服务员迅速到账台取来客人的账单，并将其放在收银夹或小托盘里送交客人。客人对账单有疑问时要负责耐心解释，客人付了现金后，服务员将其送到账台，由收银员收账找零，并加盖“付讫”章。服务员再将找零和给客人的发票回呈客人，并向客人致谢，欢迎再次光临。

2. 签单

如果是住店客人，通常是用签单的形式一次性结账付款。在这种情况下，当客人示意结账时，服务员要迅速到账台取来账单（表 12–3），放在收银夹里交给客人。客人签单时，一般应出示房卡或钥匙，服务员也应对照钥匙上的房号是否与客人所签一致。签单一般在餐厅里不会给发票，而在前台一次收款时才给客人。客人签完单后，服务员应向客人致谢，欢迎再次光临，然后迅速将签过的账单送交账台。

表12-3　账单样张

<table>
<tr><td colspan="4">餐厅账单</td></tr>
<tr><td>台　　号</td><td>人　　数</td><td>服务员</td><td>日　　期</td></tr>
<tr><td>数　　量</td><td>摘　　要</td><td>单　　价</td><td>金　　额</td></tr>
<tr><td></td><td></td><td></td><td></td></tr>
<tr><td colspan="2" rowspan="4">姓名正楷______________
房　　号______________
签　　署______________</td><td colspan="2">小　　计</td></tr>
<tr><td colspan="2">服务费 10%</td></tr>
<tr><td colspan="2">合　　计</td></tr>
<tr><td colspan="2">No.12054</td></tr>
</table>

3. 信用卡

餐厅接受客人用信用卡方式付账时，服务员首先要了解本餐厅所接受的信用卡种类。在客人示意付账时，服务员要迅速取来账单放在收银夹内，交给客人，然后将账单和信用卡一道送交账台，由收款员复印或印压，并请客人在校样单上签字。最后服务员向客人致谢，欢迎再次光临。

接受付款的形式还有很多，如使用支票等。结账工作要求准确、迅速、彬彬有礼。碰到客人付小费时，应婉言拒绝；辞谢不掉时，应请经理处理。账单一般一式两份，收款员应依号码先后使用，不得遗失。

（二）重新整理台面及其他结束工作

主要工作内容包括：

（1）客人用餐完毕离开餐厅时，餐厅经理或引座员应主动向客人道谢，欢迎客人再次光临。

（2）全部客人都已离开餐厅后，各值台区域的服务员进行收台清扫工作。

（3）按照规定的要求重新布置台面，摆齐桌椅，清扫地面。

（4）擦净调料盛器和花瓶等，将转盘用清洁剂擦洗抹净。

（5）服务柜台收拾整齐，补充必备品，归还借用的服务用品。

（6）引座员整理客人意见，填写餐厅记录簿。

（7）经理检查收尾工作，召开餐后会，简短总结，和接班者进行交接手续，交代遗留问题。

第二节 餐饮服务质量控制

促使餐厅的每一项工作都围绕着给宾客提供满意的服务来展开，是进行餐饮服务质量控制的目的。

一、餐饮服务质量控制的基础

要进行有效的餐饮服务质量控制，必须具备三个基本条件。

（一）建立服务规程

餐饮服务质量的标准就是服务过程的标准。服务规程即餐饮服务所应达到的规格、程序和标准。为了提高和保证服务质量，我们应把服务规程视为工作人员应该遵守的准则，视为内部服务工作的法规。

酒店的餐饮服务规程，必须根据住店客人和来店用餐者的生活水平和对服务要求的特点来制定。西餐厅的服务规程更应适应欧美宾客的生活习惯。另外还要考虑到市场需求、酒店等级风格、国内外先进水平等因素的影响，结合具体服务项目的目的、内容和服务过程，来制定出适合本酒店的标准服务规格和程序。

餐厅的工种很多，各岗位的服务内容和操作要求都不相同。为了检查和控制服务质量，餐厅必须分别对零点、团队餐和宴会以及咖啡厅、酒吧等的整个服务过程制定出迎宾、引座、点菜、走菜、酒水服务等全套的服务程序。

制定服务规程时，首先确定服务的环节程序，再确定每个环节服务人员的动作、语言、姿态、时间要求、用具、手续、意外处理、临时要求等。每套规程在首、尾处有和上套服务过程以及下套服务过程相联系、相衔接的规定。

在制定服务规程时，不要照搬其他酒店的服务程序，而应在广泛吸取国内外先进管理经验、接待方式的基础上，紧密结合本店大多数顾客的饮食习惯和本地的风味特点，推出全新的服务规范和程序。

管理人员的任务主要是执行和控制规程。特别要注意抓好各套规程即各个服务过程之间的薄弱环节。一定要用服务规程来统一各项服务工作，从而使之达到服务质量标准化、服务岗位规范化和服务工作程序化、系列化。

（二）收集质量信息

餐厅管理人员应该知道服务的结果如何，即宾客是否满意，从而采取改进服务、提高质量的措施；应该根据餐饮服务的目标和服务规程，通过巡视、定量抽查、统计报表、听取顾客意见等方式来收集服务质量信息。

（三）抓好员工培训

企业之间服务质量的竞争主要是人才的竞争、员工素质的竞争。很难想象，没有经过良好训练的员工能有高质量的服务。因此，新员工上岗前必须进行严格的基本功训练和业务知识培训，不允许未经职业技术培训、没有取得一定资格的人上岗操作。在职员工也必须利用淡季和空闲时间进行培训，以提高业务技术，丰富业务知识。

二、餐饮服务质量的特点和内容

酒店出售的商品有别于一般市场上的商品。它是通过固定的有形设施和服务员热情周到的无形服务相结合来体现其价值的。

在有形设施上，要为顾客提供优美、舒适的就餐环境、质价相符的精美膳食；在无形服务上，则在“情”字上下工夫，做到热情、友好、好客。有形设施和精美食品虽然是为顾客提供的基本物质基础，然而要提供一流水平的服务，则只有通过服务员的精心工作、热情服务和熟练的服务技术技巧去体现和完成。

（一）餐饮服务质量的特点

服务是无形的，无法像有形产品那样定出一系列数量化的标准。但我们可以根据顾客对酒店服务的共同、普遍的要求对服务质量的特点进行分析，进而有针对性地采取相应措施，加强管理，实现优质服务。一般认为，服务质量有下述四个显著特性：

1. 综合性

餐饮服务是一个精细复杂的过程，而服务质量则是餐饮管理水平的综合反映。它的实现有赖于餐饮计划、餐饮业务控制、设备、物资、劳动组合、餐饮服务人员的素质、财务等多方面的保证。

2. 短暂性

餐饮产品生产与消费几乎同时进行。短暂的时间限制对餐饮管理及餐饮工作人员的素质是一个考验。能否在短暂的时限内很好地完成一系列工作任务，也是对服务质量的一种检验。

3. 关联性

从饮食产品生产的后台服务到为宾客提供餐饮产品的前台服务有众多的环节，而每个环节的好坏都关系到服务质量的优劣。这众多的工序与人员只有通力合作、协调配合、发挥集体的才智与力量，才能够保证实现优质服务。

4. 一致性

这里说的一致性是指餐饮服务与餐饮产品的一致性。质量标准是通过制定服务规程这种形式来表现的，因此服务标准和服务质量是一致的。即产品质量、规格标准、产品价格与服务态度保持一致。

（二）餐饮服务质量的内容

餐饮服务质量包含两个方面的内容，即餐厅的设施条件和服务水平。这里着重讨论服务水平方面的内容。

根据宾客需要配齐和增添新的设备、改善就餐条件、美化就餐环境和就餐气氛是提供餐饮服务和提高餐饮服务质量的物质基础。而服务水平则是检验服务质量的重要内容。餐饮服务水平主要包括：礼节礼貌、服务态度、清洁卫生、服务技能技巧与服务效率等方面。

1. 礼节礼貌

礼节礼貌在整个服务工作中是很重要的。礼貌是人与人之间在接触交往中相互表示敬重和友好的行为规范。礼节是人们在日常生活和交际场合中相互问候、致意、祝愿、慰问以及给予必要的协助与照料的惯用形式。礼节是礼貌的具体表现。

酒店中的礼节礼貌，则是通过服务人员的语言、行动或仪式来表示对宾客的尊重、欢迎、感谢和表达谦逊、和气、崇敬的态度和意愿。

一个优秀的餐厅服务员要注重仪容仪表、服装发型，使用敬语，讲究形体动作、举止合乎规范。要时时、事事、处处表现出彬彬有礼、和蔼可亲、热情好客的态度，给宾客一种如归之感。

2. 服务态度

整个餐饮销售过程，从迎宾到就餐，直至送走宾客，自始至终一直伴随着服务员的服务性劳动。作为服务员，不仅要担任出售食品的技术性劳动，还要把服务性劳动作为本身主要的职责。

服务员为顾客服务的过程，首先是从接待开始的。顾客对服务员的印象首先来自服务员的外表，然后是服务员的语言、手势、举止等。服务员要用良好的服务态度去取得顾客的信任与好感，从双方开始接触就能建立起友善的关系。因此，我们说良好的服务态度是进一步做好服务工作的基础，是贯彻“顾客第一”和员工有无“服务意识”的具体表现。

在酒店管理中要特别注重处处体现出“服务意识”，并且不断地灌输给所有员工，使之形成一种思想，一种意识，并融入职业习惯，作为工作中的指南。

在餐厅工作中，要体现良好的服务态度，就应做到以下几点：

（1）微笑，问好，最好能重复顾客的名字。

（2）主动接近顾客，但要保持适当距离。

（3）含蓄、冷静，在任何情况下都不急躁。

（4）遇到顾客投诉时，要虚心听取。最好是请其填写顾客意见书。如果事实证明是服务人员错了，应立即向顾客道歉并改正。

（5）遇有顾客提出无理要求或顾客错了，只需向顾客解释明白，不应要求顾客认错，坚持体现“顾客总是对的”。

（6）了解各国各阶层人士的不同心理特征，提供针对性服务。

（7）在时间、方式上处处方便宾客，并在细节上下功夫，让宾客感到服务周到。

希尔顿酒店的创始人希尔顿先生的治业三训——勤奋、自信、微笑，对服务态度是十分重视的。而驰名世界的麦当劳快餐的总裁克拉克先生，把“微笑、热情、干净”看作“达到企业旺盛的诀窍”。这些成功者的经验，应该给我们以深刻的启迪。

3. 清洁卫生

餐饮部门的清洁卫生工作要求高，体现着经营管理水平，是服务质量的重要内容，必须认真对待。

首先，要制定严格的清洁卫生标准，这些卫生标准包括：厨房工艺流程卫生标准；餐厅及整个就餐环境的卫生标准；各工作岗位的卫生标准；餐饮工作人员个人卫生标准。

其次，要制定明确的清洁卫生规程和检查保证制度。清洁卫生规程要具体地规定设施、用品、服务人员、膳食饮料等在整个生产、服务操作程序的各个环节上为达到清洁卫生标准而在方法、时间上的具体要求。

在执行清洁卫生制度方面，要坚持经常和突击相结合的原则，做到清洁卫生工作制度化、标准化、经常化。

4. 服务技能技巧与服务效率

服务人员的服务技能技巧是服务水平的基本保证和重要标志。如果服务人员没有过硬的基本功，服务技能技巧不高，那么，即使你的服务态度再好，微笑得再甜美，顾客也只会热情而有礼貌地拒绝。因为，顾客是不需要这种没有服务质量和实际内容的空洞服务的。

服务效率是服务工作的时间概念，是提供某种服务的时限。它不但反映了服务水平，而且反映了管理的水平和服务员的素质。它是服务技能的体现与必然结果。

消费心理表明，等候是就餐顾客最感到头痛的事情。等候会抵消服务员在其他服务方面所作出的努力，稍长时间的等候，甚至会使服务员前功尽弃。

为此，在服务中一定要讲究效率，尽量缩短就餐顾客的等候时间。缩短候餐时间，是客我两便的事情，顾客能高兴而来、满意而去，餐厅也能提高餐位利用率，增加营业收入。

餐饮部门有必要对菜食烹制时间、翻台作业时间、顾客候餐时间作出明确的要求和规定，并将其纳入服务规程之中。在服务人员达到一定的时限标准后，再制定新的、先进合理的时限要求来确定效率标准。

餐厅应该把尽量减少甚至消灭等候现象作为服务质量的一个目标来实现。

三、餐饮服务质量控制方法

根据餐饮服务的三个阶段（准备阶段、执行阶段和结果阶段），餐饮服务质量可以相应地分为预先控制、现场控制和反馈控制。

（一）餐饮服务质量的预先控制

所谓预先控制，就是为使服务结果达到预定的目标、在开餐前所做的一切管理上的努力。预先控制的目的是防止开餐服务中所使用的各种资源在质量上产生偏差。预先控制的主要内容是：

（1）人力资源的预先控制。餐厅应根据自己的特点，灵活安排人员班次，以保证有足够的人力资源。那种“闲时无事干，忙时疲劳战”或者餐厅中顾客多而服务员少、顾客少而服务员多的现象，都是人力资源使用不当的不正常现象。

开餐前，必须对员工的仪容仪表做一次检查。开餐前数分钟所有员工必须进入指定的岗位，姿势端正地站在最有利于服务的位置上。女服务员双手自然叠放于腹前或自然下垂于身体两侧，男服务员双手放背后或贴近裤缝线。全体服务员应面向餐厅入口等候宾客的到来，给宾客留下良好的第一印象。

（2）物资资源的预先控制。开餐前，必须按规格摆好餐台；准备好餐车、托盘、菜单、点菜单、订单、开瓶工具及工作台小物件等。另外，还必须备足相当数量的“翻台”用品，如桌布、口布、餐纸、刀叉、调料、火柴、牙签、烟灰缸等物品。

（3）卫生质量的预先控制。开餐前半小时对餐厅卫生从墙、天花板、灯具、通风口、地毯到餐具、转台、台布、台料、餐椅等都要作最后一遍检查。一旦发现不符合要求的，要安排迅速返工。

（4）事故的预先控制。开餐前，餐厅主管必须与厨师长联系，核对前后台所接到的客情预报或宴会指令单是否一致，以避免因信息的传递失误而引起事故。另外，还要了解当天的菜肴供应情况，如个别菜肴缺货，应让全体服务员知道。这样，一旦宾客点到该菜，服务员就可以及时向宾客道歉，避免事后引起宾客不满。

（二）餐饮服务质量的现场控制

所谓现场控制，是指现场监督正在进行的餐饮服务，使其规范化、程序化，并迅速妥善地处理意外事件。这是餐厅主管的主要职责之一。餐饮部经理也应将现场控制作为管理工作的重要内容。现场控制的主要内容是：

（1）服务程序的控制。开餐期间，餐厅主管应始终站在第一线，通过亲自观察、判断、监督、指挥服务员按标准服务程序服务，发现偏差，及时纠正。

（2）上菜时机的控制。掌握上菜时间要根据宾客用餐的速度、菜肴的烹制时间等，做到恰到好处，既不要让宾客等待太久，也不应将所有菜肴一下子全上来。餐厅主管应时常注意并提醒掌握好上菜时间，尤其是大型宴会，上菜的时机应由餐厅主管，甚至餐饮部经理掌握。

（3）意外事件的控制。餐饮服务是面对面的直接服务，容易引起宾客的投诉。一旦引起投诉，主管一定要迅速采取弥补措施，以防止事态扩大，影响其他宾客的用餐情绪。如果是由服务态度引起的投诉，主管除向宾客道歉外，还应替宾客换一道菜。发现有醉酒或将要醉酒的宾客，应告诫服务员停止添加酒精性饮料。对已经醉酒的宾客，要设法让其早点离开，以保护餐厅的气氛。

（4）人力控制。开餐期间，服务员虽然实行分区看台负责制，在固定区域服务（一般可按照每个服务员每小时能接待 20 名散客的工作量来安排服务区域）。但是，主管应根据宾客变化进行第二次分工、第三次分工……如果某个区域的宾客突然来得太多，就应从其他区域抽调员工支援，等情况正常后再将其调回原服务区域。

用餐高峰过去，应让一部分员工先休息一下，留下一部分人工作，到了一定的时间再交换，以提高工作效率。这种方法对于营业时间长的餐厅（如咖啡厅等）特别必要。

（三）服务质量的反馈控制

所谓反馈控制，就是通过质量信息的反馈，找出服务工作在准备阶段和执行阶段的不足，采取措施加强预先控制和现场控制，提高服务质量，使宾客更加满意。

信息反馈系统由内部系统和外部系统构成。内部系统是指信息来自服务员和经理等有关人员。因此，每餐结束后应召开简短的总结会，以不断改进服务质量。外部系统是指信息来自宾客。为了及时得到宾客的意见，餐桌上可放置宾客意见表，也可以在宾客用餐后主动征求客人意见。宾客通过大堂、旅行社等反馈回来的投诉，属于强反馈，应予以高度重视，保证以后不再发生类似的质量偏差。

建立和健全两个信息反馈系统，餐厅服务质量才能不断提高，更好地满足宾客的需求。

四、餐饮服务质量的监督检查

服务质量的控制和监督检查是餐饮管理工作的重要内容之一。在酒店服务质量系统中，部门和班组是执行系统的支柱，以岗位责任制和各项操作程序为保证，以提供优质服务为主要内容。上对下逐级形成工作指令系统，下对上逐级形成反馈系统，将部门所制定的具体质量目标分解到班组和个人，由质量管理办公室或部门质量管理员协助部门经理负责对餐饮服务质量实施监督检查。

企业的竞争归根结底是人才的竞争。因此，提高员工个人素质便是提高服务质量的最佳途径。对服务质量进行监督检查和对员工进行长期不懈的培训是搞好餐饮经营管理的两大法宝。

（一）餐饮服务质量监督的内容

（1）制定并负责执行各项管理制度和岗位规范。抓好礼貌待客，优质服务教育。实现服务质量标准化、规范化和程序化。

（2）通过反馈系统了解服务质量情况，及时总结工作中的正反典型事例并及时处理投诉。

（3）组织调查研究，提出改进和提高服务质量的方案、措施和建议，促进餐饮服务质量和经营管理水平的提高。

（4）分析管理工作中的薄弱环节，改革规章制度，整顿纪律，纠正不正之风。

（5）组织定期或不定期的现场检查，开展评比和优质服务竞赛活动。

（二）餐饮服务质量检查的主要项目

根据餐饮服务质量内容中的礼貌礼节、仪容仪表、服务态度、清洁卫生、服务技能和服务效率等方面的要求，将其归纳为服务规格、就餐环境、仪容仪表和工作纪律四项，并将其列表分述如下。这个检查表既可以作为常规管理的细则，又可以将其数量化，作为餐厅与餐厅之间、员工与员工之间竞赛评比或员工考核的标准，如表 12-4 所示。

表12-4　餐厅服务质量检查表

检查项目	检查细则	等级			
		优	良	中	差
服务规格	1. 对进入餐厅的宾客是否问候，是否表示欢迎 2. 迎接宾客是否使用敬语 3. 使用敬语时是否点头致意 4. 在通道上行走是否妨碍宾客 5. 是否协助宾客入座 6. 对入席来宾是否端茶送巾 7. 是否让宾客等候过久 8. 回答宾客提问是否清脆流利悦耳 9. 要跟宾客讲话，是否先说“对不起，麻烦您了” 10. 发生疏忽或不妥时，是否向宾客道歉 11. 告别结账离座的宾客，是否说“谢谢” 12. 接受点菜时是否仔细聆听并复述 13. 能否正确地解释菜单 14. 能否向宾客提建议，进行适时推销 15. 能否根据点菜单准备好必要的餐具 16. 斟酒是否按操作规程进行 17. 递送物品是否使用托盘 18. 上菜时是否介绍菜名 19. 宾客招呼时能否迅速到达餐桌旁 20. 撤换餐具时是否发出过大声响 21. 是否及时、正确地更换烟灰缸 22. 结账是否迅速准确无误 23. 是否检查餐桌、餐椅及地面有无宾客失落的物件 24. 是否在送客后马上翻台 25. 翻台时是否影响周围宾客 26. 翻台时是否按操作规程作业 27. 与宾客谈话是否点头行礼 28. 是否能根据菜单预先备好餐具及作料 29. 拿玻璃杯是否叠放，是否握下半部 30. 领位、值台、上菜、斟酒时的站立、行走、操作等服务姿态是否合乎规程				
就餐环境	1. 玻璃门窗及镜面是否清洁、无灰尘、无裂痕 2. 窗框、工作台、桌椅是否无灰尘和污斑 3. 地板有无碎屑及污痕 4. 墙面有无污痕或破损处 5. 盆景花卉有无枯萎带灰尘现象 6. 墙面装饰物有无破损 7. 天花板有无破损、漏水痕迹 8. 天花板是否清洁、有无污迹 9. 通风口是否清洁，通风是否正常				

续表

检查项目	检查细则	等级			
		优	良	中	差
就餐环境	10. 灯泡灯管灯罩有无脱落、破损、污痕 11. 吊灯是否照明正常、是否完整无损 12. 餐厅内温度和通风是否正常 13. 餐厅通道有无障碍物 14. 餐桌椅是否无破损、无灰尘、无污痕 15. 广告宣传品有无破损、灰尘及污痕 16. 菜单是否清洁，是否有缺页破损 17. 台面是否清洁卫生 18. 背景音乐是否适合就餐气氛 19. 背景音乐音量是否过大或过小 20. 总的环境是否能吸引宾客				
仪表仪容	1. 服务员是否按规定着装并穿戴整齐 2. 制服是否开缝、清洁、有无破损与油污 3. 标志牌是否端正地挂于左胸前 4. 服务人员打扮是否过分 5. 服务员是否留有怪异发型 6. 男服务员是否蓄胡须、留大鬓角 7. 女服务员头发是否清洁清爽 8. 外衣是否烫平挺括、无污边皱褶 9. 指甲是否修剪整齐，不露出指头之外 10. 牙齿是否清洁 11. 口中是否发出异味 12. 衣裤口袋中是否放有杂物 13. 女服务员是否涂有彩色指甲油 14. 女服务员发卡式样是否过于花哨 15. 除手表戒指外，是否还戴其他首饰 16. 是否有浓妆艳抹现象 17. 使用香水是否过分 18. 衬衫领口袖口是否清洁并扣好 19. 男服务员是否穿深色鞋袜 20. 女服务员着裙时是否穿肉色长袜				
工作纪律	1. 工作时间是否相聚闲谈或窃窃私语 2. 工作时间是否大声喧哗 3. 是否有人放下手中工作 4. 是否有人上班时打私人电话 5. 是否在柜台内或值班区域随意走动 6. 有无交手抱臂或将手插入衣袋现象 7. 有无在前台吸烟、喝水、吃东西现象				

续表

检查项目	检查细则	等级			
		优	良	中	差
工作纪律	8. 有无上班时间看书、干私事行为 9. 有无在宾客面前打哈欠、伸懒腰行为 10. 值班是否倚、靠、趴在柜台上 11. 有无随背景音乐哼唱现象 12. 有无对宾客指指点点的动作 13. 有无嘲笑宾客失慎的现象 14. 有无在宾客投诉时作辩解的 15. 有无不理会宾客询问的 16. 有无在态度上、动作上向宾客撒气的 17. 有无对客过分亲热现象 18. 有无对熟客过分随便的现象 19. 对宾客能否做到既一视同仁，又个别服务 20. 能否对老、幼、残顾客提供方便服务，对特殊情况提供针对性服务				

上述餐厅服务检查表在使用的时候，可视酒店本身的等级和本餐厅的具体情况增加或减少检查项目细则，还可以将四大类检查项目分为四个检查表分别使用。在“等级”栏目中，也可以将“优、良、中、差”分别改为得分标准，如将“优”改为4分，“良”3分，“中”2分，“差”1分，最后将4大项90个细则得分总计进行评比。

第三节　餐饮服务中零点餐厅的收银控制

酒店餐饮收银工作的内部控制是项比较复杂的系统工程。如何卓有成效地对餐饮收银进行控制，是酒店及社会餐饮业普遍关注的问题。

本节就酒店零点餐饮收银控制的基本出发点与程序、点菜单的控制等专题分别进行阐述。

一、酒店餐饮收银控制的相关特点与程序

餐饮和客房是酒店营业的两大支柱。经营餐饮远比经营客房潜力大，效益好，因为餐饮不但面向酒店的住客，而且面向当地的企业、机关、居民等。一家餐饮经营比较好的酒店，其餐饮收入往往赶上甚至超过客房营业收入。加强餐饮收入的内部控制，对酒店有着极为重要的意义。

（一）餐饮收银控制相关特点

1. 餐厅种类多，相应的收银点多

同一家酒店可能有几个甚至十几个风格、主题、服务方式、服务时间不同的餐厅、酒吧，每个餐厅都需要设置相应的收银点。

2. 餐厅服务项目繁多，价格差异较大

餐厅提供的服务项目既有食品、菜肴，又有酒水、饮料，还有香烟及其他服务。各种服务项目价格各异，因此，计价的工作量较大。即使是同一种服务，在不同的餐厅或不同的时间，收费标准也出入很大，有的要设最低消费，有的要给折扣，名目繁多。

3. 餐厅空间大，人员流动性大

餐饮经销活动是在一个较大的空间内进行的，服务及管理需要较多的人手，劳动密集型特点比较明显，客人及服务人员都处于流动之中。凡此种种，为控制餐饮收入的发生、计算及最后取得增加了一定的困难。

总之，餐饮收入的内部控制既重要又有难度，需要我们从实际出发，调查研究，根据上述特点进行管理和控制。

4. 常见的与收银有关的舞弊和差错

（1）舞弊。

①走单。指故意使整张账单走失，以达到私吞餐饮收入的目的。其作弊方法是：有意丢弃或毁掉账单，私吞相应的收入或不开账单，私吞货款或一单重复收款。通常一张账单只能用于一个对象，收一次钱，但收银员或其他人取出已收过钱

的账单向另一桌客人收款。由于同一张账单收了两次款，则可把其中的一次装入私囊。

②走数。指账单上的某一项目的数额或者该项目数额中的一部分走失。其作弊手法是：a. 擅改菜价。在结算时把价格高的项目金额擅自减小，或者开账单时，把实际消费的价格高的项目换为价格低的项目，使实际收取的餐饮费用大大小于应该收取的费用。b. 漏计收入。在结算时故意漏计几个项目，以减少账单上的餐饮费用总额。

③走餐。指不开账单，也不收钱，白白走失餐饮收入。其手段是：餐厅服务人员与客人串通一气，客人用餐后，让其从容离去，而不向其结算餐费；或者客人实际消费的菜品式样多，而送到收银台结账的菜品少，使客人少付款。在餐饮服务人员的亲朋好友用餐时，这类作弊尤易发生。

（2）差错。

酒店餐饮收入工作繁杂，计算、汇总环节多，即使杜绝了舞弊问题，也不能绝对保证营业收入永远正确，差错时有发生。常见的差错主要表现在以下方面：①账单遗漏内容或计算错误；②外汇折算不正确；③给予客人的优惠折扣错误；④账单汇总计算发生错误等。

凡此种种，说明没有一套完整、有效的内部控制系统是不行的。

5. 餐饮收银控制的主要手段——单据控制

餐饮收入的日常控制手段主要是单据控制。为此，必须设计和运用适当种类及数量的单据来控制餐饮收入的发生、取得和入库。这里需要特别强调的是要单单相扣，环环相连。任何一单一环短缺，整个控制就可能脱节，差错和舞弊就可能随之而来，从而损害酒店的利益和形象。因此，餐饮收入内部控制主要是针对餐饮收入过程中可能发生的差错和舞弊而设计和组织的。

（二）餐饮收银控制的基本程序

餐饮收入活动涉及钱、单、物三个方面。三者的关系是，物品消费掉、账单开出去、货款收进来，从而完成餐饮收入活动的全过程。在钱、单、物三者之间，物品是前提，因为物品不消费，其余两者都是空的；货款是中心，因为所有控制都是紧紧围绕货款收入而进行的，保证正确无误地收进货款，是内部控制的基本任务；单据是关键，因为物品是根据单据制作和发出的，货款是根据单据计算和收取的，失去了单据，控制就失去了依据。因此，设计餐饮收入内部控制的基本程序，既要把握三者的有机联系进行综合考虑，又要对三者分开单独进行考察和控制。“三线两点”是这一原则的具体体现。

所谓“三线两点”，是指把钱、单、物分离成三条互相独立的线进行传递，在三条传递线的终端设置两个核对点，以联络三线进行控制。经手物品的人不经手账单和货款，而仅仅从事物品传递，形成一线，经手账单和货款的人将账单和货款分开进行传递形成另两条线，从而形成餐饮收入的三条传递线运作。而每一条传递线又由许多紧密相连、缺一不可的传递链条或传递环节组成。每向前传递一步，就对上一步的传递核查、总结一次，以保证每条传递线传递结果的正确性，最后再将三个传递结果互相核对、比较，从而进一步提高整个控制系统的可靠性。

现将“三线两点”的运作程序简述如下。

1. 物品传递线

一般来说，餐饮物品的传递是自厨房取出开始到客人消费掉为止。但从内部控制的角度看，客人将餐饮物品消费掉仍不能看作物品传递的结束，而应该把这部分物品传到财会成本部门计出成本为止。这一传递线主要是由代表实物的单据的传递构成。这个单据即是“点菜单”，或称“取菜单”、“出品单”。酒店对物品（或称出品）的控制就是通过点菜单进行的。其具体步骤如下：

（1）餐厅服务员根据入座客人的要求开出点菜单。点菜单一式三联，其格式如表 12–5 所示。

表12–5　点菜单

<table>
<tr><td colspan="2">酒店标志及餐厅名称
点菜单
台号________　　人数________　　账单号码________</td></tr>
<tr><td>项目</td><td>数量</td></tr>
<tr><td></td><td></td></tr>
<tr><td></td><td></td></tr>
<tr><td></td><td></td></tr>
<tr><td colspan="2">日期______________　　　　　　　　服务员________________</td></tr>
</table>

（2）餐厅服务员把一式三联的点菜单交给收银员盖章，收银员留下一联，用于开立或打印账单，其他两联退还给服务员。

（3）服务员自己留存一联点菜单，把第三联点菜单送到厨房或酒吧。

（4）厨房或酒吧根据点菜单制作菜品或配制酒水。

（5）送菜员将菜品或酒水送到餐台上（不专设送菜员的餐厅由服务员送菜）。

（6）每班结束后，厨师或调酒师把取菜单按餐厅名称及编号顺序整理好交送其主管。

（7）厨房及酒吧主管将各厨师或调酒师交来的取菜单进一步汇总整理，交送财务部。

2. 账单传递线

账单是餐费账单的简称，表 12–6 是账单的具体格式。

表12–6　餐费账单

（酒店标志及餐厅名称） 台号＿＿＿＿＿　人数＿＿＿＿＿　日期＿＿＿＿＿		账单号码	
项目	单价	数量	金额
合计			
序号＿＿＿＿＿	签名＿＿＿＿＿		

（1）收银员将取菜单的内容键入收银机（没有收银机的则开立账单），打印出账单，并把点菜单附在其后，按餐台号码的顺序排放好，等待客人结账。如果服务员又送来点菜单，属于已打印出账单的餐台，即该餐台的客人又增加菜品或酒水，收银员应按照服务员开来点菜单上的餐台号，再键入收银机，按着账单上前面的项目打印账单。

（2）客人结账时，根据打印账单的下角即计结账单的总金额向客人收款，并把结完账的账单按餐单的编号顺序放好。

（3）每班结束时，根据账单编制本班收银员报告，并在收银机上打印出本班的收入情况记录纸带，将此纸带与收银员报告核对后，连同账单一起交到夜间稽核处。

收银员报告的具体格式如表 12–7 所示。收银员报告主要由两大部分组成：收入项目和结算项目。收入项目的合计数额必须与结算项目的合计数额相等。收银员报告中的更正栏目是用于修改已输进收银机但在结账后发现记错的项目，如把应属酒店开支的应酬费账单误作挂账结算账款；或应记入食品项目的，误记到饮料项目里等。更改时用正数表示调增，负数表示调减。无论调增还是调减，需更正的账单号码一律在“账单号码”栏里填写清楚，有几个账单就填几个账单号码。最后一栏“总计”是更改后的金额。

表12–7　收银员报告

班次＿＿＿＿＿＿　　　　日期＿＿＿＿＿＿

项目	金额	更正		总计
		金额 +	账单号码	
食品				
饮料				
服务费				
杂项				
总计				
人民币				
房客				
挂账				
信用卡				
应酬费用				
总计				

收银员报告下面的“账单使用情况”（如表 12–8 所示）是用来统计该收银员使用账单的情况。夜审稽核人员把一天的账单及收银员报告全部审核一遍，做出当日

"餐饮收益日报表"，然后把账单、收银员报告、当日餐饮收益报告表一起交日间稽核人员，由日间稽核人员再进一步稽核。

表12-8　账单使用情况

	发给数目	使用数目						
		总数	现金	房客	挂账	信用卡	应酬	取消
编号	至	至						
数目								

本地客人数 ________　　房客人数 ________
总食客人数 ________　　取消价目总数 ________
稽核员 ________　　夜审稽 ________　　收银员 ________

3. 货款传递线

（1）收银员根据账单向客人结算收款。有些酒店餐厅的结账收款采用柜台方式，即让客人自己到收银柜台付款。而正规的方式是餐台付款，即服务员从收银台拿来账单，把账单放在托盘上，送到餐台递给客人。许多客人匆匆看过总数就付款，而欧美人比较认真，不但看总数，也审看明细项目，所以付账时英语称"Check"。客人检查后，把钱款放在托盘上，由服务员交到收银台并负责传递找零。这种结账方式，一方面避免收银员直接接触客人，减少发生舞弊的机会，另一方面餐厅提供了全套服务，方便了客人。

在账单结算时，如属信用卡、挂账、支票等非现金结算，收银员应严格按照有关程序办理结算。

（2）收银员下班时，按币种、票面清点现金，填写交款信封，将现金装进封妥后，投进指定的保险箱内。

（3）总出纳员与监点人一起打开保险箱，点收当日全部收银员投交的现金，并将现金送存银行。

（4）根据现金送存银行的回单，编制"总出纳员收款报告"（表 12–9），并把银行回单附在此报告上，送交日间收入稽核员审核。

上述三条传递线，最后形成三个终端。在三条传递线的终端设置两个核对点，从而将三条传递线连接起来控制。

表12-9　总出纳员收款报告

日期

<table>
<tr><th colspan="2">收银员姓名</th><th>交款金额（元）</th><th>备　　注</th></tr>
<tr><td rowspan="4">大堂</td><td></td><td></td><td></td></tr>
<tr><td></td><td></td><td></td></tr>
<tr><td></td><td></td><td></td></tr>
<tr><td></td><td></td><td></td></tr>
<tr><td rowspan="3">中餐厅</td><td></td><td></td><td></td></tr>
<tr><td></td><td></td><td></td></tr>
<tr><td></td><td></td><td></td></tr>
<tr><td>……</td><td></td><td></td><td></td></tr>
<tr><td colspan="2"></td><td></td><td></td></tr>
</table>

交出纳员＿＿＿＿＿＿

4. 点菜单与账单核对点

收入稽核人员将厨房交来的点菜单与收银员交来的账单进行核对，以检查或测试账单上的项目是否与点菜单的项目相符，即账单是否完全根据点菜单的内容开立，有无遗漏。如有不符，应追查原因并写出处理报告或建议。有关点菜单与账单的核对方法，参见本节后面的内容。

5. 账单与货款核对点

收入稽核人员将根据账单编制的餐饮收入日报表中的各币种现金结算数（有的酒店把银行支票收入数也包括在现金里边）与总出纳员交来的总出纳员报告及银行存款回单等有关单据的数额进行核对，根据核对的结果，编制现金收入控制表（表12-10），并对现金溢缺写出追查结果的报告。

上述两个核对点是整个收入程序的关键控制点。核对点菜单与账单是保证单单相符，揭露走单、走数的关键，核对账单与货款是保证账款相符、揭露现金短缺的重要环节，两者缺一不可。如果缺少点菜单与账单的核对点，就难以搞清应计入账单的账目是否实际全部计入，也难以发现有无跑、漏的账项，一些诸如一单重复收款、私送客人餐饮等舞弊行为也难以及时揭露；如果缺少账单与货币核对点，就难以发现和控制应收款项是否全部收入到账以及现款短缺等现象。

表12-10 现金收入控制表

日期______

收银员姓名		成交金额（元）	实交金额（元）	溢（缺）
大堂				
中餐厅				
……	……			
合计				

编表人________

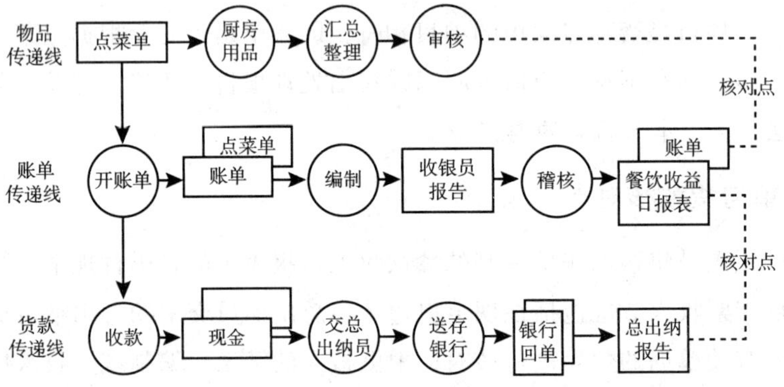

图12-4 “三线两点控制”示意图

二、点菜单的控制

点菜单（Captain’s Order）也称“取菜单”或“出品单”，是餐厅服务员根据客人点菜的内容和要求开立的用于到厨房、酒吧拿取菜肴、酒水等食品的书面凭证，同时是餐饮营业点收银员开具账单、收取餐饮账款的依据，是餐饮收入发生过程中所需的第一张单据。

（一）点菜单的作用与基本内容

1. 点菜单的作用

搞好销售控制的第一个环节是要求将客人点订的菜品及其价格清楚而正确地记载在客人的点菜单上。如果销售的菜品不记载在点菜单上，营业收入会遗漏，现金短缺难以追查。客人点菜单具有以下作用：

（1）使用客人点菜单帮助服务员记忆客人订的菜品，以便向厨房下达生产指令，厨房必须凭点菜单生产。

（2）客人点菜单上记载客人订的菜品的价格，作为向客人收费的凭证之一。

（3）书面记载各菜品销售的份数和就餐人数，以利于生产计划、人员控制、菜单设计等。

（4）用点菜单核实收银员收款的准确性，核实各项菜品的出售是否都产生收入。账与款的核实可控制现金收入的短缺。

（5）客人点菜单可以作为餐厅收入的原始凭证，将点菜单上的销售金额汇总，可统计出餐厅各餐次的营业收入，而且是收取营业税的基础。

2. 点菜单的基本内容

为使客人点菜单能产生以上作用，点菜单应包括以下内容：

（1）基本信息。在客人点菜单上要有日期、桌号、服务员姓名（或工号）、客人人数等基本信息。这些信息便于服务员向客人服务，以免将菜送错餐桌，并帮助辨别点菜单和餐桌的服务由哪位服务员负责。这样，如果在服务过程和收入核算过程中发现问题，便于追查责任。基本信息还可以用于管理决策，汇总这些信息能统计每天餐厅服务的客人人数、各时段服务的客人人数以及每位服务员服务的客人人数。

（2）订菜信息。客人点菜单要包括客人订的菜品和价格。点菜单上的菜品是客人要求订的菜，是对厨房生产下达的指令，其金额是向客人收费的凭证。订菜信息也是产品销售信息，汇总产品销售额可统计出餐厅每日的营业收入，并在销售过程中起着核算和控制营业收入和现金收入的作用。在经营管理决策时，可利用点菜单上各菜品的销售量的汇总信息，帮助确定菜品的生产计划和人员的配备安排。

（3）存根。有的餐厅客人点菜单的下方有一联作存根。存根上有客人点菜单的编号、日期、服务员姓名（或工号）、点菜单总金额、收银员签字。服务员向收银员送交点菜单和客人的付款后，收银员在点菜单和存根上盖上“现金收讫”字样，并将存根撕下交服务员保存，此存根可以证明服务员已将点菜单和收取的钱款交给收银员，如再有单据和现金的短缺，应由收银员负责（表 12–11）。

表12–11　餐厅客人点菜单（样本）

<table>
<tr><td>台　号</td><td>客人数</td><td colspan="2">服务员</td><td>日　期</td><td colspan="2">编　号</td></tr>
<tr><td></td><td></td><td colspan="2"></td><td></td><td colspan="2">No.0054651</td></tr>
<tr><td>序　号</td><td colspan="3">品　名</td><td>数　量</td><td colspan="2">金　额</td></tr>
<tr><td>1</td><td colspan="3"></td><td></td><td colspan="2"></td></tr>
<tr><td>2</td><td colspan="3"></td><td></td><td colspan="2"></td></tr>
<tr><td>3</td><td colspan="3"></td><td></td><td colspan="2"></td></tr>
<tr><td>4</td><td colspan="3"></td><td></td><td colspan="2"></td></tr>
<tr><td colspan="2">食　品</td><td colspan="2"></td><td colspan="3">房号或账号</td></tr>
<tr><td colspan="2">饮　料</td><td colspan="2"></td><td colspan="3"></td></tr>
<tr><td colspan="2"></td><td colspan="2"></td><td colspan="3">签　名</td></tr>
<tr><td colspan="2">总　计</td><td colspan="2"></td><td colspan="3"></td></tr>
<tr><td colspan="7">………………………………………………………………</td></tr>
<tr><td>台　号</td><td>客人数</td><td>服务员</td><td>收银员签字</td><td>金　额</td><td>日　期</td><td>编　号</td></tr>
<tr><td></td><td></td><td></td><td></td><td></td><td></td><td>No.0054651</td></tr>
</table>

有的餐厅客人点菜单上还注意印上餐厅的名称和店徽、电话号码，有的还注明需加服务费等。这样的点菜单必须专门定制。使用定制点菜单可以防止有人在市场上购买普通点菜单以充当餐厅点菜单使用，用这种假点菜单向客人收款会造成现金私吞。

如果企业有多个餐厅和酒吧，应使用不同颜色的点菜单以免相互混淆。服务员填写点菜单时必须使用圆珠笔或其他不易擦掉字迹的笔。

（二）点菜单的制作和检查核对

1. 点菜单的制作

（1）点菜单必须统一印制，不得用便笺、小纸块来代替。因为用便笺、小纸块来代替点菜单，势必难以整齐划一，失去凭证的正规性和严肃性，不利于分类整理，不利于核对检查，也不利于对点菜单采取比较严格的管理和控制措施。

（2）各个餐厅及营业点使用的点菜单，须用不同颜色的纸张印刷，以便于分辨、归类、管理。

（3）点菜单须用无法擦去字迹的纸张印刷，并用不易擦去字迹的笔填写，以防私自涂改。

（4）点菜单如果写错或需更改，应划去重写，不得涂改或挖补。

（5）点菜单须实行编号控制，作废的点菜单须交回，编号控制的方法与餐厅账单相同。

2. 点菜单的检查核对

点菜单通常一式三联，第一联交收银处用于开立或打印账单，并附在账单后，作为账单的根据或原始凭证；第二联厨房留存，作为厨房发菜的根据；第三联由开单人（指餐厅服务员）留存备查。

对点菜单最严密、最有效的控制方法是将厨房留存的一联与餐饮账单逐项核对检查。这是堵塞餐饮收入漏洞、防止舞弊行为的一个关键环节。但在现实工作中，实施这种控制难度较大，这是因为一方面点菜单数量大，核对起来工作量大，所用的人力物力也大；另一方面点菜单分散，一个餐厅的点菜单往往分散到几个厨房。例如，中餐厅的点菜单可能散布在中餐厨房、西餐厨房、酒吧等出品点，因为中餐厅客人的消费不仅仅局限于中餐厨房的出品，有时还要消费西点、酒水等。因此，在现实工作中通常采用一些比较简便的办法。

（1）印章审核法，即只审核厨房交来的点菜单上有无收银员印章的方法。其程序是：

①点菜单在送厨房之前先交收银员，由收银员检查点菜单内容后盖章或签字（也有的酒店采取让收银员在打时钟上打上日期时点的方法），收银员留下一联，制作账单，把其余点菜单交由服务员送往厨房（如果采用收银机强化控制的方法，收

银员则将点菜单的内容输入收银机并打印出一份点菜单送往厨房）。

②各个厨房根据收银员盖章或签字的点菜单发菜。如果没有收银员的印章或签字则不发菜。这就有效地防止了餐厅服务人员私自送餐给予亲朋好友而不收银入账的舞弊现象。

③营业结束后，各个厨房把点菜单整理好送交稽核部，由收入稽核员审核。审核时，只需逐张检查点菜单上有无收银员的印章即可，无须烦琐地与账单后面点菜单逐张逐项核对。在检查中如发现个别点菜单上没有收银员的印章，除找出相应的收银账单，检查其点菜单是否已计入收银账单外，还应追究厨房接受不盖章的点菜单就发菜的责任，以确保认真执行凭收银员印章取菜制度。

（2）页数审核法，即只核对点菜单的页数，不核对每页内容的方法。其程序是：

①每班结束后，厨房主管把当班的点菜单收集起来，按所属餐厅分类整理，送交主管全部厨房事务的行政总厨。行政总厨指定专人对各个厨房交来的点菜单作进一步整理，编制“点菜单收交表”（表 12–12）。

表12–12　点菜单收交表

日期____________

厨房／页数／餐厅	中　厨	西　厨	酒　吧	其　他	合　计
中餐厅					
早　餐					
中　餐					
晚　餐					
西餐厅					
早　餐					
中　餐					
晚　餐					
酒　吧					
客房用餐部					
宴会部					
合　计					

制表人__________　接收人__________

此表中，所有餐厅点菜单的张数合计数必须与全部厨房、酒吧点菜单的张数合计数相等。“点菜单收交表”编好后，与点菜单捆扎在一起，送交日间稽核人员。

②日间稽核人员将厨房交来的点菜单的数目进行复核后，填在“点菜单核对表”（表12-13）的“厨房交来张数”栏里，并把从账单后面拆下的点菜单数目填在“收银员交来张数”栏里。然后两栏进行比较，如果张数相等，则不必再作详细检查；如果张数不等，则要将不相等的餐厅、班次收银员交来的点菜单和厨房交来的点菜单找出来，逐张进行核对，检查不符的原因。两栏张数不相等，一般有如下两种情况：

表12-13　点菜单核对表

日期＿＿＿＿＿

餐　厅	收银员交来张数	厨房交来张数	差异数	备　注
中餐厅				
早　餐				
中　餐				
晚　餐				
西餐厅				
早　餐				
中　餐				
晚　餐				
酒　吧				
日　班				
夜　班				
客房用餐部				
宴会部				
合　计				

制表人：＿＿＿＿＿

收银员交来的点菜单多于厨房交来的点菜单。此种情况有两种可能：一种可能是厨房发菜后遗失了点菜单；另一种可能是服务员没把点菜单送到厨房，厨房没发此单的菜，而收银员则把点菜单的内容计入了账单，多收了客人费用。

厨房交来的点菜单多于收银员交来的点菜单。此种情况也有两种可能：一种可能是收银员把该点菜单计入账单后遗失了该点菜单；另一种可能是收银员未收到该点菜单或者是收到了但在计入账单之前遗失了点菜单。前一种可能未给酒店造成损失；后一种可能直接给酒店造成损失。

对于厨房交来的点菜单数大于收银员交来的点菜单数的问题，一定要根据点菜单的编号和餐台号把多出的那张或那几张点菜单找出来，查明：①有无计入收银的账单。如果有没计入收银的账单，则要追究造成损失的责任者；②有无收银员的印章。如果厨房那联点菜单有收银员的印章，则说明收银员把点菜单丢失了；如果没有收银员的印章，要追究开单服务员及厨房发菜人的责任。

核对点菜单页数也比较烦琐。为此，有的酒店餐厅在打印账单时，把点菜单的号码输进收银机里，让收银机打出的报表统计出点菜单的数目，以便与厨房交来的点菜单核对。

（3）抽查法，即对各厨房、酒吧交来的点菜单只抽出其中一部分，与相关的餐饮账单核对。其程序是：

①点菜单在送厨房之前，交由收银员在一式三联点菜单的“账号号码”栏里填上即将制作的账单号码，然后退给服务员两联，由服务员送到厨房制作出品。这里需要注意：收银员在既定号码的账单上如果打印有错或由于其他原因需要将此账单作废，另开新的账单时，则应在作废的账单上注明“此账单数额转入 ×××× 编号账单”的字样，以便于抽到此张账单时追踪审核。

②厨房及酒吧汇总整理点菜单时，应按点菜单“账单号码”栏所填的账单号码顺序排放，而不是按照点菜单自己的号码排放，并将相同“账单号码”的点菜单订起来，以便与餐单核对。

③稽核人员抽查时，可抽查一个餐厅的点菜单和账单，也可抽查某几个收银员的点菜单和账单。方法是从厨房、酒吧交来的点菜单中，按照账单号码取出所属的全部点菜单，与相关号码的账单逐项进行核对：核对点菜单的项目、数量是否与账单相符，是否有漏入账单的消费项目，即厨房、酒吧的出品是否正确、完整地打进餐费账单。经过抽查没有发现问题，当天的抽查工作就告一段落；相反，如果抽查中发现问题，则应根据具体情况增加抽查的数量，扩大抽查的范围；如果发现的问题较多或较严重，则应对该餐厅或该收银员改用详查法，即全面审查厨房的点菜单与账单的相符情况，不但要详查当天的，还要检查当月的，甚至要追溯到前几个月，以彻底查清问题。

本章小结

本章首先介绍酒店餐饮服务中的主要环节（餐前准备环节、开餐服务环节、就餐服务环节、餐后服务环节等），然后叙述了餐饮服务质量的控制，最后讲解了餐饮服务中零点餐厅的收银控制等内容。

复习与思考

一、思考题

1. 餐前服务环节工作应包括哪些方面？

2. 餐饮服务质量控制的基础有哪些？

3. 餐饮收银控制的基本程序与要点有哪些？

二、练习题

1. 单选题

（1）方桌台布的大小以每边下垂（　）为宜。

A. 10 厘米　B. 20 厘米　C. 30 厘米　D. 40 厘米

（2）年长的用餐者通常被安排在餐厅的（　）。

A. 里面位置上　B. 近门口处　C. 中心位置处　D. 角落处

（3）餐饮收银控制的主要手段是（　）。

A. 物品控制　B. 人员控制　C. 货款控制　D. 单据控制

（4）下列要素中，不属于“三线两点”控制系统内容的是（　）。

A. 物品传递线　B. 账单传递线　C. 货款传递线　D. 饮料传递线

2. 判断题

（1）餐厅应婉拒牵带宠物的用餐者进餐厅就餐。（　）

（2）上菜时，应做到先主后宾。（　）

（3）餐饮服务质量管理主要采用阶段控制法进行。（　）

（4）点菜工作通常应由餐厅的领班来承担。（　）

参考文献

[1] 施涵蕴. 餐饮管理 [M]. 天津：南开大学出版社，1993.

[2] 傅启鹏. 餐饮服务与管理 [M]. 北京：高等教育出版社，1991.

[3] 文志平. 旅馆餐饮服务与运转 [M]. 北京：科学技术文献出版社，1991.

[4] 马开良. 餐饮生产管理 [M]. 北京：科学技术文献出版社，1996.

[5] 国家旅游局人教司. 饭店餐饮部的运行与管理 [M]. 北京：旅游教育出版社，1991.

[6] 孙勇涛. 酒店财会内部控制策略与技巧 [M]. 北京：中信出版社，1994.

[7] 汪纯孝. 饭店食品和饮料成本控制 [M]. 北京：旅游教育出版社，1990.

[8] 张永宁. 饭店服务教学案例 [M]. 北京：中国旅游出版社，1999.

[9] 李勇平. 现代饭店餐饮管理 [M]. 上海：上海人民出版社，1998.

[10] 李勇平. 餐饮企业人力资源管理 [M]. 北京：高等教育出版社，2003.

[11] 李勇平. 餐饮服务与管理 [M]. 第 4 版，大连：东北财大出版社，2010.

[12] 李勇平. 餐饮企业流程管理 [M]. 北京：高等教育出版社，2010.

[13] 李勇平. 酒店餐饮业务管理 [M]. 北京：旅游教育出版社，2011.

[14] 杨柳. 中国餐饮产业发展报告 [M]. 北京：社会科学文献出版社，2009.

[15] 中国旅游饭店协会网：http：//www.ctha.org.cn.

[16] 中国烹饪协会网：http//www.ccas.com.cn.

[17] 中国饭店协会网：http//www.chinahotel.org.cn.

责任编辑：李冉冉
责任印制：冯冬青
封面设计：正美设计公司

图书在版编目（CIP）数据
酒店餐饮运行管理实务 / 李勇平编著. --北京：
中国旅游出版社，2013.4（2018.1重印）
国家示范性高职高专重点建设专业酒店管理专业系列教材
ISBN 978-7-5032-4696-8

Ⅰ.①酒… Ⅱ.①李… Ⅲ.①饭店—饮食业—运营管理—高等职业教育—教材 Ⅳ.①F719.2

中国版本图书馆CIP数据核字（2013）第062599号

书　　名：酒店餐饮运行管理实务

作　　者：李勇平编著
出版发行：中国旅游出版社
（北京建国门内大街甲9号　邮编：100005）
http://www.cttp.net.cn　E-mail:cttp@cnta.gov.cn
营销中心电话：010-85166503
排　　版：北京中文天地文化艺术有限公司
印　　刷：河北省三河市灵山红旗印刷厂
版　　次：2013年4月第1版　2018年1月第2次印刷
开　　本：720毫米×970毫米　1/16
印　　张：21.5
印　　数：4001–5000册
字　　数：366千
定　　价：39.80元
I S B N　978-7-5032-4696-8

图书在版编目(CIP)数据